E-Book inside.

Mit folgendem persönlichen Code können Sie die E-Book-Ausgabe dieses Buches downloaden.

3r65p-6xrv0-18900-tn2sz

Registrieren Sie sich unter
www.hanser-fachbuch.de/ebookinside
und nutzen Sie das E-Book auf Ihrem Rechner*, Tablet-PC und E-Book-Reader.

Der Download dieses Buches als E-Book unterliegt gesetzlichen Bestimmungen bzw. steuerrechtlichen Regelungen, die Sie unter www.hanser-fachbuch.de/ebookinside nachlesen können.
* Systemvoraussetzungen: Internet-Verbindung und Adobe® Reader®

Hackmann

Bunt gewinnt!
Die Vielfalt der Mitarbeiter nutzen

Beate Hackmann

BUNT GEWINNT!

Die Vielfalt der Mitarbeiter nutzen

HANSER

Bibliografische Information der Deutschen Nationalbibliothek
Die Deutsche Nationalbibliothek verzeichnet diese Publikation in der Deutschen Nationalbibliografie; detaillierte bibliografische Daten sind im Internet über <http://dnb.d-nb.de> abrufbar.

Dieses Werk ist urheberrechtlich geschützt.

Alle Rechte, auch die der Übersetzung, des Nachdrucks und der Vervielfältigung des Buches, oder Teilen daraus, sind vorbehalten. Kein Teil des Werkes darf ohne schriftliche Genehmigung des Verlages in irgendeiner Form (Fotokopie, Mikrofilm oder ein anderes Verfahren), auch nicht für Zwecke der Unterrichtsgestaltung, reproduziert oder unter Verwendung elektronischer Systeme verarbeitet, vervielfältigt oder verbreitet werden.

© 2017 Carl Hanser Verlag München
www.hanser-fachbuch.de

Lektorat: Cordula Hubert, Lisa Hoffmann-Bäuml
Herstellung: Thomas Gerhardy
Satz: Kösel Media GmbH, Krugzell
Umschlaggestaltung: Stephan Rönigk
Druck & Bindung: Hubert & Co, Göttingen
Printed in Germany

ISBN 978-3-446-44928-2
E-Book-ISBN 978-3-446-44987-9

Vorwort

Sind Sie wirklich begeistert von:
- dem Erfolg Ihres Unternehmens?
- der Entwicklung und den Zukunftsperspektiven Ihres Unternehmens?
- der Erfolgsquote von Entscheidungen?
- dem Zusammenwirken der Menschen, die Sie umgeben?
- dem Potenzial, das Ihre Mitarbeiter entfalten?
- der Bindung und Gewinnung geeigneter Mitarbeiter und Mitarbeiterinnen?
- dem Zeitaufwand, den Sie für die Lösung von Problemen aufbringen?
- Und nicht zuletzt: Können Sie und Ihre Mitarbeiter Ihr volles Potenzial nutzen?

Wenn Ihre Antworten „ja" lauten, lohnt sich Weiterlesen nicht. Denn Zufriedenheit ist kein Ansporn für Verbesserungen! Aber wenn Sie nicht rundum zufrieden sind, denken Sie einmal darüber nach, was wäre, wenn:
- Sie den Unternehmenserfolg kurz- bis mittelfristig um zum Beispiel 30 Prozent steigern könnten?
- Sie die Mittel hätten, um Ihr Unternehmen besser und leichter auf die Anforderungen der Zukunft auszurichten?
- Sie deutlich merkbar gesündere Mitarbeiter hätten?
- Sie deutlich weniger gestresste Mitarbeiter hätten – und selbst weniger gestresst wären?
- Ihre Mitarbeiter bis in späte Arbeitsjahre hinein aufgeschlossener, leistungsfähiger und interessierter am Unternehmen wären – und Sie ebenfalls?
- Ihre Mitarbeiter innovativer wären – so wie Sie auch?
- Ihre Mitarbeiter einen deutlich höheren Teil ihrer Gehirnkapazität einbringen könnten?
- Ihre Mitarbeiter und Sie selbst auch privat ein schöneres Leben führen würden?

Wenn das für Sie lohnende Ziele sind, sollten Sie weiterlesen. Und auch wenn Sie Anregungen erwarten und eine Lektüre, die Ihnen Freude am Thema macht und Storys und Empfehlungen anbietet, unter denen Sie nach Bedarf und Dringlichkeit wählen können.

Die Lektüre lohnt sich natürlich auch, wenn Sie für Ihren Unternehmensalltag die Fragen nicht begeistert bejahen konnten.

Die Studie Deutscher Industrie 4.0 Index der Staufen AG beschäftigt sich mit der zunehmenden Digitalisierung und vernetzten Fabriken in der Unternehmens- und Arbeitswelt. Dabei klingt an, dass die deutsche Wirtschaft zwar eine Spitzenposition für sich reklamiert, die Staufen AG stellt jedoch eine „passive Schockstarre" der Mehrheit der befragten 140 Unternehmen fest, während die Konkurrenz vorbeiprescht. Die „smart factory" benötige angepasste Führungsstrukturen, schnelle und situative Steuerung, dezentrale Entscheidungsmechanismen, gute Kommunikation und einen teamorientierten Führungsstil. Die Mitarbeiter seien nicht gut vorbereitet, dabei sei zu erwarten, dass die Quote qualifizierter Stellen zunehme. Auch in anderen Umfragen zeigt sich, dass die Anforderungen an die Menschen steigen, sie qualifiziertere Arbeit leisten müssen, selbstständiger arbeiten und mehr entscheiden werden. Wissenschaftler und Praktiker nehmen an, dass die meisten Menschen bei ihrer Arbeit nur rund 15 Prozent ihrer Gehirnkapazität nutzen.

Im Alltag sind innere Kündigungen, Krankheiten und viele Widrigkeiten mehr die Regel. Und das liegt mehr an verbesserungswürdigen Rahmenbedingungen als an fehlendem guten Willen. Methoden wie Lean Production, Prozessoptimierung und Sparen waren eine lange Zeit nach ihrer erstmaligen systematischen Nutzung hilfreich, scheinen jedoch zumindest allein nicht mehr die Lösung für die Fragen der Zukunft zu sein. Die Produktivität steigt zur Verwunderung der Wissenschaft in Deutschland und anderen europäischen Staaten nicht mehr (Jörg Feld, Wirtschaftsprofessor und Mitglied des Sachverständigenrats Wirtschaft, Badische Zeitung vom 11.11.2015).

Der Wettbewerb ist hart, Zeit scheint ein immer knapperes Gut zu werden. Wirtschaftliche und technische Veränderungen, demografische und gesellschaftliche Entwicklungen fordern uns heraus. Klassische Führungs- und Managementmethoden werden zu Rate gezogen, liefern jedoch keine Patentrezepte mehr. Die Anforderungen an Strategien und Visionen von Unternehmern wachsen.

Ohne die kluge Nutzung von Heterogenität können Unternehmen der Vielfalt der Anforderungen, die auf sie zukommen, nicht bestmöglich entsprechen. Wie die Kraft der Heterogenität in den richtigen Rahmenbedingungen dazu beitragen kann, wettbewerbsfähig zu bleiben, und gleichzeitig den Menschen einen Nutzen in Form eines besseren Arbeitslebens bietet, statt sie auszunutzen, erfahren Sie auf ebenso informative wie unterhaltsame Weise in diesem Buch.

Wenn Sie mit dem bisherigen Zustand unzufrieden sind und das Ziel haben, in Ihrem Gebiet, vielleicht im ganzen Unternehmen, Veränderungen einzuleiten, lassen Sie sich jetzt inspirieren. Richten Sie den Fokus noch klarer in Richtung Zukunft aus.

Für wen dieses Buch geschrieben wurde

Es eignet sich für Führungskräfte und Manager (womit jeder gemeint ist, der seinen Bereich zu leiten hat und dabei mit anderen zusammenarbeitet) in Unternehmen und Organisationen. Und für diejenigen, die sich in Führung und Management einbringen wollen, und das auf Basis bestmöglicher, d. h. ergebnisbringender Zusammenarbeit. Außerdem generell für die, die sich gegen das Jammern und für die Aktivität entschieden haben, in dem Wissen, dass Veränderung bei jedem Einzelnen beginnt.

Ein Buch für Menschen also, die Dinge zum Besseren wenden, mehr Vielfalt in ihrem Unternehmen, ihrem Leben erwirken wollen. Die etwas daran verändern wollen, dass vieles auf ewig gleiche Weise geschieht – mit den gleichen, oft unbefriedigenden Ergebnissen. Wie das Einstein zugesprochene Zitat sagt: *Die Definition von Wahnsinn ist, immer wieder das Gleiche zu tun und andere Ergebnisse zu erwarten.*

Die Auswirkungen der im Buch beschriebenen Veränderungen können sich auch ins Privatleben erstrecken – mit besseren Beziehungen und mehr gemeinsamen Träumen, mehr Verständnis und gemeinsamer Zielerreichung. Denn wo so viel Potenzial zusammenwirkt, können bei gutem Willen nur unglaublich gute Resultate entstehen – nicht zuletzt auf menschlicher Ebene.

Vor wissenschaftlichem Hintergrund, leicht lesbar und verständlich, werden zentrale Themen und praktische Lösungsansätze vorgestellt. Beispiele aus der Praxis zeigen: Bessere Vorgehensweisen gibt es schon. Gehen Sie mit auf die Erkundungsreise, ergänzen Sie Ihr Wissen und nehmen Sie Anregungen für die Praxis mit, wo notwendig und sinnvoll im Tempo Ihrer Wahl! Ich wünsche Ihnen viel Freude und viel Erfolg dabei.

Seelbach, Herbst 2016 *Beate Hackmann*

Inhalt

Vorwort V

1	Zum Einstieg	1
1.1	Vom Reiz und vom Wert der Vielfalt	1
1.2	Studien, Untersuchungen und Gewinnaussichten – eine kleine Auswahl ..	6
1.3	Zum Aufbau des Buchs	9

2	Vielfalt als Erfolgspotenzial entdecken statt Diversity managen	11
2.1	Großer Einsatz, magerer Gewinn?	12
2.2	Wie sieht der Umgang mit Heterogenität in der Praxis aus?	15
2.3	Erfolgsaspekte der Vielfalt	18
2.4	Kurz und knapp	29
2.5	Handlungsempfehlungen	30
2.6	Literaturverzeichnis	31

3	Neue Töne in der Führung	33
3.1	Früher die Regel, noch immer gern praktiziert: autoritärer Führungsstil ..	34
3.2	Junge Generationen und Führung	38
3.3	Das Führungs-Ist: freudlos für alle Seiten	40
3.4	Führungsstile in Forschung und Lehre	42
3.5	Persönlichkeit und Führungsstil – Einfluss und Risiken	44
3.6	Richtige Kommunikation	49
3.7	Gewinn aus guter Führung	50
3.8	Kurz und knapp	51
3.9	Handlungsempfehlungen	52
3.10	Literaturverzeichnis	53

4 Führen heißt Menschen kennen ... 55
- 4.1 Der beste Kandidat – die beste Kandidatin ... 57
- 4.2 Persönlichkeitstests – eine objektive Lösung? ... 61
- 4.3 Der Nutzen der besseren Menschenkenntnis ... 62
- 4.4 Wohlbefinden am Arbeitsplatz – ein überschätzter Faktor? ... 63
- 4.5 Emotionen erlaubt – emotionale Intelligenz schafft Wohlbefinden ... 65
- 4.6 Das Thema Stärken ... 67
- 4.7 Kurz und knapp ... 70
- 4.8 Handlungsempfehlungen ... 71
- 4.9 Literaturverzeichnis ... 72

5 Miteinander reden und dann entscheiden ... 75
- 5.1 Entscheidungen im Wandel ... 76
- 5.2 Perfekte Entscheidungen ... 77
- 5.3 Mehrheits- contra Einzelentscheidung ... 82
- 5.4 Die Liebe zum Nebel – wie viel Information darf es sein? ... 88
- 5.5 Kurz und knapp ... 90
- 5.6 Handlungsempfehlungen ... 91
- 5.7 Literaturverzeichnis ... 93

6 Stark statt steif – die neue Organisation ... 95
- 6.1 „Oben ohne" – ganz ohne Chef? ... 97
- 6.2 Weniger und flexibler arbeiten ... 103
- 6.3 Kurz und knapp ... 107
- 6.4 Handlungsempfehlungen ... 108
- 6.5 Literaturverzeichnis ... 109

7 Wie gute Gründe motivieren ... 111
- 7.1 Gute Gründe I: Bedürfnisse ... 112
- 7.2 Gute Gründe II: persönliches Wachstum und einen Beitrag leisten können ... 115
- 7.3 Gute Gründe III: Bedürfniserfüllung als Temperaturfühler ... 118
- 7.4 Gute Gründe IV: Werte – und gelungenes Zusammenwirken ... 119
- 7.5 Gute Gründe V: Vision und Sinn ... 123
- 7.6 Gute Gründe VI: Ziele ... 125
- 7.7 Gute Gründe VII: Inspiration ... 126
- 7.8 Kurz und knapp ... 127
- 7.9 Handlungsempfehlungen ... 127
- 7.10 Literaturverzeichnis ... 129

8	**Vertrauen – nicht einfach, aber gewinnbringend**	**131**
8.1	Was können Regeln regeln?	133
8.2	Betrug und Regelbrüche	134
8.3	Exzessive Regelungen nehmen Handlungsspielräume	136
8.4	Vertrauen ist und hat Wert	143
8.5	Der bessere Weg: Kontrolle, aber sinnvoll	147
8.6	Kurz und knapp	148
8.7	Handlungsempfehlungen	149
8.8	Literaturverzeichnis	150
9	**Warum Schnelligkeit kein Selbstzweck ist**	**153**
9.1	Was beschleunigt und wie lässt sich das bremsen?	156
9.2	100 Prozent Auslastung	159
9.3	Umstrukturierung: Alles muss schnellstens anders werden	161
9.4	Kurz und knapp	164
9.5	Handlungsempfehlungen	164
9.6	Literaturverzeichnis	166
10	**Jenseits der Selbstaufopferung**	**167**
10.1	Sich selbst unter Druck setzen	171
10.2	Du bist, wie du denkst – die inneren Störenfriede	172
10.3	Veränderungen beginnen mit guten Fragen	173
10.4	Ein Hoch dem Müßiggang	175
10.5	Die Dinge richtig tun – die richtigen Dinge tun	178
10.6	Kurz und knapp	179
10.7	Handlungsempfehlungen	180
10.8	Literaturverzeichnis	180
11	**Darum haben Sie dieses Buch gelesen!**	**183**
12	**Index**	**187**
13	**Die Autorin**	**191**

1 Zum Einstieg

Jeder von uns hat den Wunsch nach einer besseren Zukunft. Und jeder kann den ersten Schritt auf diesem Weg nur allein gehen. Doch stellen Sie sich die Kraft vor, die tausende von Individuen entfalten, die sich im Ziel, Zukunft positiv zu gestalten, einig sind!

Francois-Henri Pinault, CEO der Kering-Gruppe, zu der unter anderem Gucci, Saint Laurent, Balanciaga, Boucheron und Puma gehören

1.1 Vom Reiz und vom Wert der Vielfalt

Lieben Sie die Vielfalt, zum Beispiel die farbenfrohen Bilder von Gewürzbasaren, von hübschen Städten, von Herbstlaub in Kanada? In diesen oder ähnlichen Erlebnissen können wir schwelgen, unser Herz erfreuen, so etwas suchen wir immer wieder fürs Wohlgefühl. Im Urlaub gelingt es uns, uns für Vielfalt zu begeistern, den Blick für eine andere Umgebung, andere Kulturen zu öffnen. Wir gehen darin auf, suchen das andere, das Fremde, den Austausch.

Aber wie ist das im Alltag? Da funktioniert es schon weniger, wir sind eingebunden in Routinen und Abläufe und haben vielen Aufgaben. Die alltägliche Hetze verstellt den Blick, lässt den Fokus unscharf werden. Die Wahrnehmung ist ausgerichtet auf das Bekannte, Vertraute. Zeit fehlt, um über den ersten Blick hinaus das Interessante in anderen Menschen entdecken zu können. Da ist das Bunte nicht so leicht erkennbar, strahlt nicht so offensichtlich Freude aus. Wir suchen nicht mehr – folglich finden wir auch seltener. Woran das liegt? Menschen streben danach, sich zu bestätigen, was sie ohnehin schon glauben. Auch dann, wenn wir wissen, dass einiges nicht optimal verläuft, ist es einfacher, quasi wirtschaftlicher, so weiterzumachen wie immer. Das Bekannte bestätigt uns, macht uns glauben, es sei „normal" und richtig. Vertrautes sorgt für Wohlgefühle. So fällt es leicht, sich abzuwenden, wegzusehen von dem, was für uns ungewohnt ist.

Das Wegsehen hat auch seinen Nutzen: Vielfalt kann beunruhigen, verlangt Aufmerksamkeit und Zeit. Vielfalt bringt auch Gewinn, aber nicht im Handumdrehen, nicht so offensichtlich wie andere Maßnahmen. Wir ersetzen also das Kennenlernen, das Ergründen von Möglichkeiten durch Vorannahmen, schnelle Einschätzungen. Und so schwinden die Möglichkeiten, die Chancen. Wir erkennen nicht, was geschieht. Doch irgendetwas vermissen wir. Wie wir Urlaubsgefühle vermissen.

Das ist nicht nur im Privatleben so. Wenn es eine harte Schnittstelle zwischen Arbeit und Leben gäbe, die Work-Life-Ebenen, die in Balance zu bringen wären, würden sich die Nachteile einer solchen Ausklammerung der Vielfalt des Privatlebens auch nur in den „Life-Bereich" erstrecken. Doch Arbeit ist ein Teil unseres Lebens. Wir bringen uns in allem, was wir tun und wie wir es tun, auch ins Berufsleben ein. Unsere Einstellung, unsere Eigenschaften, Fähigkeiten und Kenntnisse strahlen auf die Arbeit, die Zusammenarbeit, unsere eigene Motivation und so weiter aus. Insofern ist Arbeiten vom Leben nicht trennbar: Das eine hat wesentlichen Einfluss auf das andere. Das Nichtwahrnehmen, das Ausklammern auf der Ebene „Life" hat Folgen für die Wahrnehmung in der Ebene „Work".

Wie gut sind die Ergebnisse unseres Unternehmens, der Zusammenarbeit, wie gut ist unser Leben, wenn Vielfalt ausgeklammert wird? Und wann findet Leben für die meisten Menschen statt? Bei der Arbeit, in der Freizeit oder bei allen Aktivitäten? Oder eben doch nur im Urlaub mit seinen besonderen Reizen?

Diese Reize, diese Vielfalt auszuschließen, der Rückzug auf Vertrautes, haben für die Menschen privat genauso wie für Unternehmen den Nachteil, dass nur noch wenig Wachstum stattfindet, wir uns nicht verändern können, nicht verbessern. Dass wir Möglichkeiten verschenken. Freude, Inspiration, Begeisterung, Antrieb kommen nicht aus dem ewig Gleichen. Wachstum und Veränderung gehören zwingend zum Leben – was nicht wächst, was steif ist statt beweglich, stagniert, geht unter. Und das geht den Unternehmen genauso wie den Menschen darin: Die Gefahr von Misserfolgen steigt, wo Erfolge wichtig wären.

> **„Erfolg" – was gemeint ist**
>
> Erfolg kann je nach Unternehmen und Mensch völlig verschieden sein. So wie ein Unternehmen gemeinnützig tätig und das andere gewinnorientiert ist, gibt es eine große Bandbreite von Möglichkeiten, Erfolg zu definieren, die jeder Leser für jeden Lebensbereich selbst nutzen mag.

Wenn wir etwas anders haben wollen, mehr Erfolg für unser Unternehmen, unser Leben, wird es Zeit, den Blick zu heben, offen zu sein für eine Veränderung, für neue Perspektiven, und uns in Bewegung zu setzen, den besten Weg zu suchen. Zeit, offen zu sein dafür, zu erkennen, zu verinnerlichen, dass unsere Welt bunt ist, voller Chancen und Möglichkeiten, die genutzt werden wollen, und dass wir unser Leben nicht mit dem Blick in den Rückspiegel leben können, sondern voraussehen dürfen. Zeit dafür, dass wir entscheiden und mit Wirkung auf andere gestalten, welche Rollen wir übernehmen, ob wir führen oder folgen, wie viel Freude am Leben einschließlich der Arbeit entsteht.

Die Offenheit für die Vielfalt lässt uns Gelegenheiten ergreifen, die die täglich sich ändernden Verhältnisse bieten. Veränderungen anstoßen, wo eine Wendung zum Positiven erforderlich ist. Und die Möglichkeit zur Veränderung besteht jederzeit: Denn wie in einem Kartenspiel wird das Blatt immer wieder neu ausgeteilt, Chancen ergeben sich immer aufs Neue. Das Gestern muss nicht entscheiden, wie das Morgen sich entwickelt.

> In diesem Buch werden die Begriffe einheitlich dafür verwendet, dass Individuen oder Gruppen unterschiedliche Merkmale aufweisen wie zum Beispiel: Kultur (Ethnie), Alter, Geschlecht, Religion oder sonstige soziale und kulturelle Unterschiede wie Kommunikationsstil, Arbeitsstil, Wahrnehmungsmuster und so weiter. Je genauer man etwas betrachtet, desto mehr Vielfalt kommt zum Vorschein: Es gibt nicht nur den offensichtlichen Unterschied zwischen verschiedenen Nationalitäten, sondern auch innerhalb eines Landes wie Deutschland existieren erhebliche kulturelle Unterschiede, zum Beispiel zwischen Norden und Süden, die sich unter anderem in Kommunikation und Gewohnheiten äußern. Das reicht bis auf die Ebene des Individuums mit seinen unterschiedlichen Motivationsgründen. Gegenstand des Buchs ist die Wertschätzung von Vielfalt, Heterogenität, Diversity oder Buntheit. Und damit gemeint ist all das, was jeder Mensch an Individualität nützlich mit- und einbringen kann, wie dies am besten gefördert wird und in das Gesamtgefüge des Unternehmens eingebunden werden kann.
>
> **Jenseits der Mann-Frau-Thematik (des Gender-Konflikts)**
>
> Ebenso ist das Gender-Thema zwar sehr wichtig, es kann allein jedoch Vielfalt im Sinne dieses Buchs nicht begründen, weil Unterschiede nicht nur in diesen Kategorien Herausforderungen bilden. Wir müssen aber zur Kenntnis nehmen, dass es keine eindeutige Typisierung in männlich oder weiblich geben kann.

> In PNAS, der Wissenschaftlichen Sammlung der Nationalen Akademie der Wissenschaften der USA, beschreibt ein Team aus Forschern der Universität Tel Aviv und des Max-Planck-Instituts Leipzig die Untersuchung von 1400 Probanden auf Unterschiede der Hirnsubstanz und Verknüpfungen zwischen verschiedenen Hirnbereichen. Dabei hat sich gezeigt, dass nur sechs Prozent der Probanden durchgängig weibliche oder männliche Kennzeichen aufweisen. Im Übrigen zeigt sich eine bunte Mischung von Merkmalen aus beiden Geschlechtern. Rein weibliches oder rein männliches Denken ist also – fast – ein Märchen. Viele Studien, die auf Unterschiede hinweisen, sind laut der Zeitschrift Geist und Gehirn, Ausgabe November 2015, darüber hinaus häufig nicht nachvollziehbar oder unter Bedingungen zustande gekommen, die auf das Feststellen von Unterschieden ausgerichtet und somit voreingenommen waren.
>
> Aus Gründen der Lesbarkeit wird keine durchgängig Gender-korrekte Adressierung durchgeführt. Gemeint ist immer jeder Mensch.

Wie wir Vielfalt positiv einsetzen können

Wie gehen wir nun vor, was tun wir? Zuerst einmal treffen wir die klare Entscheidung dafür, Dinge voranzutreiben, zu verbessern. Die Voraussetzung: offen hierfür, also veränderungsbereit und flexibel sein.

Die Beschäftigung mit Vielfalt, der aktive Umgang mit Unterschieden und den Stärken darin ist gerade in der heutigen Zeit Chance und – vielleicht einzige Möglichkeit für Verbesserungen und Wachstum. Hin zu mehr Gemeinsamkeiten statt Betrachtung der trennenden Elemente. Strukturen zu öffnen, beweglich zu werden, Stand-Punkte zu verlassen. Junge Unternehmen machen den Weg in die Zukunft vor, schleifen Hierarchien, sprengen Grenzen in der Zusammenarbeit, öffnen sich, tauschen sich unbefangen aus. Ihre Erfolge liegen jenseits der Grenzen, die wir noch vor wenigen Jahrzehnten vermutet haben. Diese Unternehmen bringen bereits erfolgreich jenseits des Urlaubserlebens Buntes in den Alltag. Auch sie sind auf einem stetigen Weg von Versuch und Irrtum, denn nicht alles Neue, nicht alles, das sich gut anhört, gelingt. Und nicht alles, was gut war, ist bei anderen Unternehmen reproduzierbar. Erfolg ist mehr denn je eine Frage der Individualität, der Wahl des richtigen Wegs zur richtigen Zeit am richtigen Ort.

Erfolge für Mensch und Unternehmen erzielen zu wollen, gleicht einer Expedition zum Mount Everest. Die Ausrüstung ist sehr wichtig – stimmt sie grundsätzlich, macht das Wetter mit, bleibt der Erfolg dennoch aus, wenn die unterschiedlichen Stärken und Eigenschaften der Teilnehmer nicht passend, nicht vollständig sind. Darüber hinaus muss der absolute Wille, auf einer gemeinsamen Basis zusammenzuarbeiten, vorhanden sein. Unredlichkeiten und fehlende Offenheit werden bestraft – spätestens in kritischen Situationen.

Im Unternehmensalltag versuchen wir, solche Expeditionsbestleistungen aus Menschen herauszuholen. Und wundern uns, dass es nicht so gelingt, wie wir wollen. Doch meist liegt der Fokus auf der Ausrüstung. Meist wird gar nicht berücksichtigt, was der Mensch mitbringen sollte, ob neben den Kenntnissen und Fähigkeiten die menschlichen Eigenschaften, die Stärken, eine Bereicherung, eine sinnvolle, gar notwendige Ergänzung sind. Und es wird kaum bedacht, wie unterschiedlich die Mitarbeiter sein müssen, um Fortschritt zu bringen. Darüber hinaus fehlt oft das Verständnis dafür, dass bei allen Unterschieden wie dem Geschlecht, der Kultur und so weiter eine gemeinsame Basis der Zusammenarbeit geschaffen werden muss, damit Eigenheiten bewahrt und konstruktiv eingesetzt werden können.

In Unternehmen werden meist noch Stellen „besetzt", Lücken in Organisationen gefüllt. Jenseits der Klärung der gemeinsamen Grundlagen. Und jenseits der Frage, ob der Mensch an sich in all seinem Mensch-Sein das Unternehmen weiterbringt. Ob er genug Andersartigkeit mitbringt, ob das Unternehmen auch menschlich vielfältiger, leistungsfähiger wird, ob so neue Ideen, mehr Flexibilität entstehen. Und ob er seinen individuellen Beitrag zum Expeditionsziel Unternehmenserfolg leistet, überhaupt leisten kann.

Es ist das Wahr-Nehmen des Menschen und seiner Stärken, seines möglichen Beitrags zum Unternehmensziel, das ihn seine Kraft entfalten, seinen Beitrag ungehindert einbringen lässt. Genau dann zeichnet sich auch für den Mitarbeiter und die Mitarbeiterin ab, im Unternehmen den speziellen, richtigen Platz gefunden zu haben und zum Sinn entsprechend der Unternehmenskultur und des Unternehmenszwecks beitragen zu können. Dann offenbaren sich Möglichkeiten und Chancen und werden nutzbar.

Entscheiden Sie sich für diese Buntheit – der Lohn ist Gewinn für Mensch und Unternehmen in monetärer und menschlicher Hinsicht. Ich wünsche Ihnen viel Erfolg dabei!

Der Nutzen gut geführter Heterogenität

Diversity wirkt sich positiv auf den Umgang mit vielen Herausforderungen aus, denen wir gegenüberstehen:

- menschlichen, wirtschaftlichen und technischen Herausforderungen,
- der demografischen Entwicklung,
- der Zuwanderung,
- der Bindung und Gewinnung von Mitarbeitern,
- den Ansprüchen jüngerer Generationen,
- der Globalisierung mit den verschiedenen Menschen und der Ideenvielfalt,
- der Gewinnung von Marktanteilen, auch durch Innovationen,
- der zunehmenden Vernetzung,
- den wachsenden Ansprüchen der Menschen an Führung,
- intelligenten, besseren Entscheidungen,
- den wachsenden zeitlichen Engpässen der Führung in Bezug auf wichtige, oft zu kurz kommende Aufgaben,
- der Entwicklung von Organisationsstrukturen, die modernen Menschen und modernem Wirtschaftsgeschehen Rechnung tragen
- und nicht zuletzt der Herausforderung, Unternehmen wirtschaftlich und erfolgreich zu betreiben.

1.2 Studien, Untersuchungen und Gewinnaussichten – eine kleine Auswahl

> In diesem Buch werden die Begriffe gemäß der Definition von Warren Bennis verwendet, einem US-amerikanischen Wirtschaftswissenschaftler und einer der führenden Autoritäten im Bereich Organisationsentwicklung, Führungstheorie und Änderungsmanagement.
>
> Danach erneuert und entwickelt eine Führungskraft, fragt „was" und „warum", behält das große Ganze im Blick, konzentriert sich auf die Menschen und schenkt Vertrauen. Sie macht „die richtigen Dinge". Der Manager hingegen „macht die Dinge richtig", er verwaltet, konzentriert sich auf Systeme und Strukturen, kontrolliert, fragt „wie" und „wann".
>
> Entsprechend werden die Begriffe Führung und Management verwendet. Und ebenfalls in diesem Sinne wird hier Diversity als Führungsthema betrachtet, als Thema außerordentlicher Wichtigkeit. Denn wenn die Führungskraft das Was und das Warum von Diversity nicht deutlich macht, ist es überflüssig, die Fragen nach dem Wie und Wann zu stellen.
>
> Quelle: https://de.wikipedia.org/wiki/Warren_Bennis (letzter Aufruf: 20.5.2016)

Gewinn durch praktizierte Heterogenität

Manfred Spilker, Direktor der Bertelsmann Stiftung, wollte 2009 der Frage auf den Grund gehen, wie genau und in welchem Maße Diversity – oder Heterogenität, wie er es angesichts der vielen damit verbundenen Aspekte lieber nennt – Unternehmen nun tatsächlich nützt. Und zwar jenseits der hauptsächlich geführten Männer-Frauen-Debatte. Eine Umfrage ergab, dass 41 Prozent der Unternehmen eine höhere Eigenkapitalrendite aus praktizierter Diversity ableiten. Noch höher wurden bei den meisten Unternehmen die Auswirkungen auf Marktzugang und Kundenzufriedenheit eingeschätzt.

Die Beratungsgesellschaft Roland Berger rechnet vor, dass sich Diversity Management mit einer Ersparnis von rund 21 Milliarden Euro für die deutsche Wirtschaft auszahlen würde, wenn sie mehr auf Vielfalt in den Unternehmen setze (www.rolandberger.de, 2012).

Gewinn durch heterogene Führung

McKinsey hat in der Studie women matter 2007/2008/2012 (unter http://www.mckinsey.com/client_service/organization/latest_thinking/women_matter) für Unternehmen, in deren Führungsetage mindestens drei Frauen sitzen, höhere Renditen und bessere Betriebsergebnisse festgestellt: eine bis zu 48 Prozent höhere Eigenkapitalrendite, eine Verkaufsrendite von 42 Prozent und einen Profit von 66 Prozent über dem Durchschnitt unabhängig vom untersuchten Industriezweig.

Für Deutschland kommt Professor Dr. Clemens Werkmeister mit seiner Studie unter den DAX-30-Unternehmen ebenfalls zum Schluss, dass die Anzahl weiblicher Führungskräfte positiv mit der Aktienrendite korreliert. Die Untersuchung „Frauen in Führungspositionen" für das Bundesministerium für Familie (2011) bestätigt positive Performance-Wirkungen. Sie grenzt sie allerdings ein: „signifikant und robust für Unternehmen mit hohem Frauenanteil unter den Gesamtbeschäftigten, die ihre Produkte und Leistungen vorwiegend an private Kundinnen und Kunden verkaufen (B2C-Geschäft)."

Bunte Mischung: profitabel und stabil

Roy D. Adler wurde von der Frage getrieben, welche Faktoren beständig zu höheren Unternehmensgewinnen führen und helfen können, Unternehmen in schwierigeren Zeiten sowohl profitabler als auch stabiler zu machen. Das Ergebnis findet sich in seiner Langzeituntersuchung, der über sechs Jahre laufenden Pepperdine Studie (zuletzt 2009). Adler hat seit dem Jahr 1980 Daten von 200 Fortune-500-Unternehmen in den USA verglichen. Die Performance folgt dem höheren Anteil leitender weiblicher Führungskräfte dauerhaft und deutlich. Je engagierter Firmen darin waren, Frauen an Führung zu beteiligen, desto besser waren die Unternehmensergebnisse. Je mehr also vom einen, desto mehr vom anderen. Die 25 „best firms for women" übertrafen zum Beispiel 2001 den Median der Industrieunternehmen mit einer 34 Prozent höheren Umsatzrentabilität und einer 69 Prozent höheren Eigenkapitalrentabilität. Die Ergebnisse werden von der Catalyst-Studie für eine ähnliche Gruppe von Unternehmen unterlegt. Zu Aussagen wie der besten Mischung als 1:1-Verhältnis zwischen Mann und Frau konnten die Studien mangels Frauen in hohen Positionen leider nicht kommen. Dabei müssen wir uns noch mit Vermutungen begnügen.

Stark im heterogenen Team

Studien zu der Zusammensetzung optimaler Teams liefern zumindest Hinweise darauf, dass die Lösung zum einen im gleichberechtigten Anteil der Geschlechter zu finden ist, zum anderen in einer möglichst heterogenen Zusammensetzung überhaupt. Wenn Teams gute Leistungen erbringen und die Leistung des Teams die des Einzelnen übertreffen soll, ist es naheliegend, dass die Besetzung möglichst heterogen ist, damit möglichst viele Ideen und Aspekte in die Arbeit einfließen können.

Eine große Bandbreite von Ideen kommt in heterogenen Teams besser zustande, weil unterschiedliche Perspektiven, Erfahrungen und Ansprüche in den Entwicklungsprozess einfließen. Alle drei Faktoren waren in Teams mit einem Geschlechterverhältnis von je 50 Prozent am ehesten gegeben (London Business School 2007). Wichtig sind darüber hinaus die Kultur, das Alter und die individuellen Fähigkeiten. Dabei ist zu beachten, dass die Teammitglieder nach ihren Stärken eingesetzt sind, dass sie sich wohlfühlen in der Gruppe, wie risiko- und experimentierfreudig sie sind und wie effizient sie arbeiten. Die Studie belegte, dass heterogene Teams den wirtschaftlichen Erfolg von Unternehmen steigern.

Accenture, einer der weltweit größten Managementberatungs-, Technologie- und Outsourcing-Dienstleister mit etwa 319 000 Mitarbeitern, folgt dem in einer Studie aus 2010: Es gibt einen direkten und ausgeprägten Zusammenhang zwischen Diversity (hinsichtlich Internationalität und Geschlecht) und Performance sowohl im Aktienwert als auch in der Profitabilität. Und dieser Zusammenhang werde in der Zukunft noch deutlicher werden. Ein guter Mix an Menschen, der Geschlechter, der Kulturen, kann zu deutlich besseren Ergebnissen führen.

Offenheit als Erfolgsfaktor von Diversity

Unabhängig von den Auswirkungen, die die Aktivität einzelner Menschen mit sich bringt, lohnt sich der Blick aufs Gesamtgefüge: In Unternehmen, in denen es Frauen an die Spitze schaffen können, treibt möglicherweise ein offeneres Klima die Leistung des gesamten Unternehmens voran. Diesen Gedanken stützt die Untersuchung der Deutschen Bank: Vermutlich profitieren Unternehmen, die Frauen in Spitzenpositionen fördern, insgesamt von ihrer fortschrittlicheren Kultur und progressiveren Maßnahmen (DB Research, Frauen auf dem Weg ins Jahr 2020). Bis zum Jahr 2020 werden demnach Kooperation und Innovation stetig an Bedeutung gewinnen, Soft Skills wie soziale Kompetenzen und Kreativität werden 2020 stärker gefragt sein.

Und weder die Kultur noch die Maßnahmen sind Privileg weiblichen Denkens, allerdings scheint der Blick auf die Möglichkeiten des weiblichen Anteils die offenere Kultur bislang noch vergleichsweise mehr zu fördern als auf Heterogenität überhaupt.

Tendenzen der Studien insgesamt

Die Ergebnisse zeigen, dass positive Effekte messbar sind, wenn bisher unterrepräsentierte Gruppen (die bestens untersuchte davon die Großgruppe Frauen) stärker an entscheidenden Arbeiten beteiligt werden. Angesichts der Ergebnisse ist davon auszugehen, dass nicht die Mitwirkung eines bestimmten Geschlechts entscheidend ist, sondern der Umstand, dass andere Ideen und ungewohnte Perspektiven ins Spiel kommen, die sich positiv im Unternehmen auswirken. Sie sind einfach anders. Egal, in welcher Hierarchiestufe.

Die Praxisfälle im Buch unterstreichen diese Aussagen.

Diversity ist nicht nur sinnvoll, sondern zwingend notwendig

Der Letzte macht das Licht aus – so heißt es scherzhaft. Nicht in dem Sinne, dass lange gearbeitet wurde, sondern dass keine Mitarbeiter mehr zu finden sind. Die Zeitung Die Welt berichtete am 21.5.2015 von der Erwartung, dass im Jahr 2020 allein in Deutschland 1,8 Millionen Arbeitskräfte fehlen werden. Dies werde sich über alle Tätigkeiten, Fachrichtungen und Berufe erstrecken – es gibt also keine Entwarnung für irgendeinen Wirtschaftszweig. Eine Studie der Unternehmensberatung Boston Consulting Group

(BCG) ermittelte laut der Wirtschaftswoche vom 28.5.2015, dass Deutschland bis 2030 rund 6,1 Millionen Arbeitskräfte fehlen könnten und deswegen die Wirtschaftsleistung (Bruttoinlandsprodukt) im Jahr 2030 um rund 440 Milliarden Euro geschädigt werde. Laut dem McKinsey-Report 2007 fehlen bis zum Jahr 2040 24 Millionen Arbeitskräfte in Europa. Da die Arbeitsplatzsuche in Europa inzwischen deutlich erleichtert ist, entsteht ein gesamteuropäisches Problem.

Die Arbeitgeber der Zukunft werden also um Arbeitskräfte konkurrieren müssen. Wenn Strategie, Führung und Personalpolitik nicht stimmen, wenn das Unternehmen nicht attraktiv ist, sind im Markt der Zukunft nur noch mit Schwierigkeiten qualifizierte Mitarbeiter zu finden. Oder anders: Es gibt keine Wahlmöglichkeit mehr. Hohe Ansprüche an Mitarbeiter haben viele Unternehmen. Doch ohne Auswahl nützt auch das Herunterschrauben dieser Ansprüche – und damit des Erfolgs – nichts. Unternehmen stehen vor der Herausforderung, sich zu attraktiveren Arbeitgebern entwickeln zu müssen. Und sie müssen sich darstellen können, Sogwirkung entfalten. Diese Sogwirkung entsteht am besten dadurch, dass Menschen im Unternehmen geschätzt und gefördert werden. Der Gewinn fürs Unternehmen liegt in der Mitarbeiterbindung, einem besseren Image und Weiterempfehlungen als nicht zu unterschätzender Quelle für neue Arbeitskräfte.

Diversity bewusst in Führung und Management zu etablieren, geht damit untrennbar einher.

■ 1.3 Zum Aufbau des Buchs

Der erste Teil des Buchs hat die Wichtigkeit, den Gewinn der Beschäftigung mit Heterogenität im Allgemeinen deutlich gemacht. Erfolgsstorys liefern Ideen für Mensch und Unternehmen.

Der nun folgende zweite Teil liefert in jedem Kapitel die Schlüssel zur Bewältigung zentraler Themen.

Die Kapitel ergänzen einander. Sie können nach Belieben beim Lesen springen, allerdings hilft es, die Reihenfolge der Kapitel beim Lesen einzuhalten.

Symbole helfen dem eiligen Leser und beim Finden wichtiger Stellen:

Das Fragezeichen zeigt am Anfang jedes Kapitels an, welche Themen genau behandelt werden.

Der Doktorhut weist wie oben bereits geschehen auf wissenschaftliche Ergebnisse wie Studien- und Untersuchungsergebnisse hin.

Die Glühbirne steht für Storys, also für Beispiele aus der Unternehmenspraxis, die sowohl im Positiven als gelegentlich auch im Negativen Anregungen für die eigene Tätigkeit liefern.

„Kurz und knapp" gibt es am Ende jedes Kapitels einen Überblick zu den wesentlichen Ergebnissen.

 Der Haken weist Ihnen den Weg zu den Handlungsempfehlungen zum jeweils behandelten Themenbereich. Sie können Ihr Wissen in die Praxis transferieren, um zu erkennen, wo Sie, wo Ihr Unternehmen in Win-win-Lösungen profitieren können, und Anregungen ableiten, was sich dafür ändern darf.

 Ein Literaturverzeichnis mit Hinweisen auf Quellen und weiterführende Literatur, sofern nicht direkt im Text genannt, schließt jedes Kapitel ab.

2 Vielfalt als Erfolgspotenzial entdecken statt Diversity managen

 In diesem Kapitel

- Warum Vielfalt einer der Erfolgsbringer der Zukunft ist
- Wie potenzielle Gewinne der Heterogenität unterschätzt werden
- Vielfalt als Führungs- und nicht nur als Managementthema
- Warum der Nutzen der Vielfalt weit hinter den Potenzialen zurückbleibt
- Wie inspirierte Führung die Potenziale hebt
- Welche Aspekte der Vielfalt Erfolgsschlüssel zur Zukunftssicherung von Unternehmen und zu einer besseren Arbeitswelt sind

Das teilweise noch in der Führung und unter Mitarbeiterinnen und Mitarbeitern ungeliebte Thema Diversity ist der Baustoff, aus dem die Zukunft ist, *die* Antwort auf den Wettbewerb. Offen zu sein für Neues und Vielfalt aktiv zu finden statt reaktiv mit Heterogenität umzugehen, erschließt erfolgreiche Wege. Management genügt dazu nicht: Vielfalt ist Führungsaufgabe.

Was denken Sie spontan zum Thema Vielfalt? Zum Beispiel:
- Haben wir doch schon alles!
- Brauchen wir nicht!
- Wieder jede Menge Arbeit!
- Damit muss ich mich mal beschäftigen, wenn ich Zeit habe!
- Da geht's doch eh nur um Frauen!
- Nee, nicht schon wieder!
- _____!

Ein Thema, mit dem für die meisten wenig Spaß verbunden zu sein scheint. Zu Unrecht!

Sie haben dieses Buch aufgeschlagen und das ist gut. Gut, denn die Aussage „Vielfalt ist ein Gewinn!" ist in den Antwortmöglichkeiten nicht genannt. Diese Antwort alleine ergibt Sinn, Sinn dafür, sich im Führungsalltag mit dem Thema Vielfalt auseinanderzusetzen. Mit gelungener Integration von Unterschieden gewinnen alle Beteiligten und dieser Gewinn kann gewaltig sein. Wobei mit Gewinn hier nicht nur auf den ersten Blick in Geld Messbares wie zum Beispiel mehr Ertrag gemeint ist, sondern alle möglichen Arten von Vorteilen beziehungsweise Erfolgen wie Mitarbeitergewinnung und -bindung, Zukunftssicherung, Erschließung von Marktanteilen oder auch stressfreiere Arbeit. Als Nebenwirkungen können häufig mehr Freude in Leben und Arbeiten festgestellt werden, wie Sie den praktischen Erfolgsgeschichten des Buchs entnehmen können. Sie zeigen, dass der, der am besten mit Unterschieden umgeht, die meisten Vorteile hat, und das bei weitem nicht nur im Image.

■ 2.1 Großer Einsatz, magerer Gewinn?

Über das „Wie" von besseren Strategien und ihrer Umsetzung zum Thema Vielfalt gibt es viele ernsthafte und gründliche Überlegungen, Vorschläge, Checklisten und Veranstaltungen. Sehr gewissenhaft und mit großem Einsatz von Zeit und Geld werden Anstrengungen unternommen. Pläne, Beispiele und vieles mehr werden herangezogen, alles Mögliche wird auf den Prüfstand gestellt.

Was allerdings dabei herauskommt, empfinden manche ähnlich wie Loriot, vor dem im Gourmetrestaurant der Deckel seines Tellers gelüftet wird, als „übersichtlich". Sicher nicht wegen der fehlenden Vorbereitung oder Ernsthaftigkeit oder Gründlichkeit. Möglicherweise, weil der Umgang mit diesem Thema besondere Anforderungen stellt. Anforderungen, die mit dem Blick auf Details leicht aus der Sicht geraten. Einerseits begleitet uns Vielfalt schon von Kindesbeinen an: Die Welt wird immer bunter, Kulturen treffen aufeinander in Wohngebieten, Kindergärten, bei der Arbeit, in der Freizeit, in Film und Fernsehen, im Internet, mit steigenden Mengen an Zuwanderern und so weiter. Doch was uns umströmt, berührt uns nicht automatisch. Es wird uns nicht automatisch allein durch Anwesenheit vertraut und macht uns nicht von selbst geübt darin, damit umzugehen. Maßstab für unser Handeln ist oft das, was schon alle tun, in der Weise, wie sie es schon immer getan haben. Doch genau das ist kein guter Wegweiser in die Zukunft, es schließt Fortschritt und positive Veränderungen aus.

Die nachfolgende Erfolgsgeschichte stellt zwei Männer vor, die offen dafür sind, neue Wege zu gehen, die Herausforderungen kennen und die Vielfalt zu ihrem Lebensinhalt erwählt haben. Sie sehen schon lange die Potenziale, die darin liegen – genauso wie die Aufgabe, die ihnen das Leben damit geschenkt hat, möglichst viele und möglichst verschiedene Menschen zu erreichen, zu berühren und darin zu unterstützen, sich zum Besseren zu entwickeln. Das tun sie ganz ohne klassisches Management, wobei sie gleichzeitig unglaubliche Erfolge für sich und die Beteiligten bewirken. Ihre Geschichte zeigt auch, wie viel Freude nicht nur mit dem Ergebnis, sondern auch dem Prozess, dem Weg zum Ziel, verbunden ist.

 Was haben ein Mann, der mit 19 Jahren bereits seine erste Dirigentenassistenz bei einem namhaften Orchester hatte, und ein Mann, der mit 20 Jahren beschließt, vom Landwirt auf Tänzer umzusatteln, gemeinsam? Die Musik, das drängt sich auf. Aber sonst?

Der eine aus einer Familie, die ihn sehr unterstützt in seinen Interessen. Ein Lebenslauf scheinbar wie mit einer Schnur gezogen – geradlinig aufsteigend bis hin zur Weltbekanntheit als Dirigent und ein Meister darin, seine Orchester zu Spitzenleistungen zu führen. Von Anfang an selbstverständlich und einfach war das allerdings nicht: Von seiner frühen Jugend an von „seiner Musik" fasziniert, war er es gewohnt, ablehnende Äußerungen dazu zu hören: *Musizieren?* Das tun Jungs nicht. So fühlte er sich teilweise wie ein Außenseiter – und lernte, sein Hobby im Alltag zu verbergen. Doch er hatte Glück: Es fanden sich genug Unterstützer und Mentoren, die ihm halfen, seine Fähigkeiten weiterzuentwickeln, bis er ein Dirigent von Weltruhm wurde.

Der andere ist erst auf Umwegen zu seinem persönlichen Ziel gekommen. Nach dem frühen Tod der Mutter folgen ein Heimaufenthalt, eine abgebrochene Berufsausbildung als Zeichner, Arbeit bei einem Landwirt und der Beginn des Landwirtschaftsstudiums. Eines Abends besucht er eine Filmvorführung mit den Ballett-Legenden Nurejew und Fonteyn. Interesse am Tanz hat er keineswegs, allein die Aussicht auf einen anschließenden Pub-Besuch lockt ihn. Doch während des Films beginnen Tränen zu fließen – er hat die Leidenschaft seines Lebens entdeckt. Zwei Tage später die Entscheidung: In einem Alter, in dem es jeder für verrückt hält, noch Tänzer werden zu wollen, folgt er unbeirrt seiner Berufung. Ohne jedes Zögern wird er nicht nur erfolgreicher Tänzer, sondern auch Choreograf. In der Laientanzbewegung Community Dance kann er daran mitwirken, Laientänzer und -tänzerinnen in einem Gesamtprojekt zusammenschmelzen zu lassen.

> Community Dance gibt es seit den späten Siebzigern. Zu Beginn waren ausgegrenzte Bevölkerungsgruppen die Zielgruppe dieser gemeinnützigen Tanzprojekte. Vor allem aber sollten gänzlich unterschiedliche Menschen entdecken, dass sie Teil einer Gemeinschaft sind, dass sie ungeahntes Potenzial haben und über sich hinauswachsen können.

Unser Choreograf bezeichnet sich selbst als zur 68er-Generation gehörig, die gekennzeichnet ist vom Bestreben, das Leben anderer zum Besseren zu wenden. Und genau das ist neben dem Tanz seine zweite Leidenschaft. Dazu geht er an soziale Brennpunkte in aller Welt. Ob in Gefängnissen, mit Straßenkindern in Addis Abeba oder mit protestantischen und katholischen Jugendlichen in Irland – er ist da zu finden, wo Menschen Hoffnung brauchen und Sehnsucht nach einem besseren Leben haben.

Dirigent und Choreograf hören voneinander. Der Dirigent: Sir Simon Rattle. Der Choreograf: Royston Maldoom. Rattle verpflichtet Maldoom im Jahr 2003 für ein besonderes Projekt, das Maldoom endlich auch internationale Bekanntheit bringt: Die Berliner Philharmoniker wagen unter Rattles Leitung ein sechs Wochen dauerndes Tanzprojekt mit 250 Berliner Kindern und Jugendlichen aus 25 Nationen, darunter etliche „Problemfälle" aus sozialen Brennpunkten, Maldoom übernimmt die Choreografie. Orchester und Tänzer finden zusammen in einer Aufführung von Igor Stravinskys Ballett *Le sacre du printemps*.

Das Vorhaben wirkt wie der Versuch, Ordnung und Chaos zu verschmelzen, die Quadratur des Kreises zu schaffen. Laotse, der Legende nach ein chinesischer Philosoph aus dem 6. Jahrhundert vor Christus, soll gesagt haben: *Alle sagten, es geht nicht. Daher machte es keiner. Bis einer kam, der wusste das nicht. Und machte es einfach.*

Und so bedarf es nur dieser zwei ebenso unerschrockenen wie charismatischen Männer, die von der ehrgeizigen Idee des unmöglich scheinenden Projekts beseelt sind. Sie wissen, dass sie in ihrem Leben schon viele Herausforderungen erfolgreich gemeistert haben; sie sind Experten darin, Vielfalt zur Harmonie zu bringen, und sie lieben gleichzeitig das Abenteuer und die Freude darin. Zwei, die sich in ihrem Ziel einig sind – und für die ein Scheitern gerade wegen der Kritik sowohl am Projekt als auch an seiner Durchführbarkeit keine Möglichkeit ist.

Mit konventionellem Denken und Be-Denken wäre ein solches Experiment erst gar nicht unternommen worden. Die beiden sind jeder für sich so „bunt", so unterschiedlich, wie es nur sein kann, nicht unbedingt zur Zusammenarbeit prädestiniert – und es sind genau diese verschiedenen Eigenschaften und Fähigkeiten eines jeden von ihnen, die den Rahmen schaffen, in dem aus Plan Realität werden kann. Und für die deswegen ein Werk, das für unmöglich gehalten wird, denkbar ist. Sie unterwerfen ihr Tun nicht Regeln, sondern erlauben es sich, neu und anders zu denken.

Ein Dokumentarfilm mit dem Titel *Rhythm is it* begleitet Rattles und Maldooms Tätigkeit vom Probenbeginn bis zur Aufführung. Alle Beteiligten sind über sich hinaus- und zusammengewachsen: Die Aufführung wird grandios, verschiedene Kulturen, verschiedene Geschlechter, verschiedenes Alter, verschiedene Bildungs- und Entwicklungsstände, verschiedene Charaktere, verschiedene Interessen sind zu einem harmonischen Ganzen geworden. Der Dokumentarfilm füllt nach der umjubelten Aufführung Kinosäle, wird zum Überraschungserfolg.

Jeder Teilnehmer und die Zuschauer erleben Heterogenität in Reinform, in einem gelungenen, erfolgreichen Projekt [Rhy; Gru 04].

2.2 Wie sieht der Umgang mit Heterogenität in der Praxis aus?

Charta der Vielfalt – der offizielle „Diversity-Startschuss" fällt

Drei Jahre nach *Rhythm is it* und den ersten Schritten der Unternehmen in Sachen Vielfalt nahmen sich im Dezember 2006 Daimler, die Deutsche Bank, die Deutsche BP (heute: BP Europa SE) und die Deutsche Telekom des Themas konzentriert an und setzten mit der „Charta der Vielfalt" auf ihre Vorbildfunktion. Sie wollten als Großunternehmen entsprechend einem französischen Vorläuferprojekt für einen produktiven Umgang mit der Vielfalt in ihren Organisationen eintreten und für vorurteilsfreie Arbeitsumfelder stehen. Jede Form von sichtbarer und unsichtbarer Vielfalt sollte Berücksichtigung finden. Wirtschaftlicher Erfolg setzte laut Charta das Erkennen und Nutzen von Vielfalt voraus [Cha 06; Rei 07].

Was Unternehmen laut Charta als Vorteile von Vielfalt erwarten

Auf der Homepage der Charta werden als Erwartungen genannt: Mitarbeiterfindung und -bindung, Talentfindung, Umgang mit verschiedenen Kulturen (mit dem Ziel, Zusammenschlüsse zu erleichtern), Erleichterung der Teambildung, Erfüllung gesetzlicher Anforderungen, auch Wachstum durch Markterschließung, Kreativität und Innovation. Von Formeln oder Maßstäben, um den Erfolg der Bemühungen zu messen, ist nicht die Rede.

Als Ergebnisse werden genannt: Motivation und Begeisterung von Auszubildenden, Förderung von Jugendlichen, familienfreundliche Arbeitszeiten und interkulturelle Kommunikation, die „optimale Nutzung von Potenzialen", Einsätze in sozialen Einrichtungen, „mehr Glaubwürdigkeit im Arbeitsbereich", „bereicherndes Arbeitsumfeld". Erfolge bei der Gewinnung von Mitarbeitern seien auch erzielt worden, das entspricht immerhin einem der Ursprungsziele. So richtig „handfest" überzeugend wird es noch nicht, vieles bleibt recht vage gehalten.

Vielfalt – systematisch verfolgt?

Es gibt etliche teure Maßnahmen, jedoch wenig erkennbare Struktur in den Bestrebungen, Vielfalt in den Unternehmensalltag zu integrieren. Selbst Großkonzerne investieren in nennenswertem Umfang Zeit und Geld, systematische Maßnahmen sind jedoch selten. Von den Unternehmen, die Diversity praktizieren, nennt nur eine geringe Zahl wirtschaftliche Motive.

Diversity wird darüber hinaus oft nur in der Frauenförderung gesehen und damit zu eng fokussiert. Und sogar hier bleibt das Engagement dürftig: Obwohl die spezifischen Fähigkeiten der Frauen laut Umfragen wichtig für Unternehmen sind, gibt es nur in der Hälfte aller Unternehmen Maßnahmen dazu. Teilweise bewusst nicht, teilweise auch aus Abneigung gegen das Thema. Fortschritte und „Edelsteine" im Unternehmen werden mangels Achtsamkeit darüber hinaus möglicherweise nicht einmal erkannt.

Auf Wikipedia liest man zur Charta [Cha]: *Ein Jahr nach dem Start der Initiative sprach der Spiegel unter dem Titel „Schöner Schein zum Nulltarif" von „nebulösen Inhalten" und bezweifelte, dass konkrete Erfolge erzielt worden seien. Der Mitbegründer Deutsche Telekom habe auf die Frage nach der Einstellung zusätzlicher Migranten geantwortet, man habe Stellen abgebaut und würde nicht nach der Herkunft der Bewerber fragen. Das ManagerMagazin stellte den Charta-Mitbegründer BP als ein Beispiel für Unternehmen dar, die sich nach außen hin verantwortungsbewusst gäben, im operativen Geschäft jedoch die Nachhaltigkeit vernachlässigten. Die Frankfurter Allgemeine Zeitung weist 2011 darauf hin, dass der Deutsche Fußballbund zwar öffentlichkeitswirksam die Charta unterzeichnet, aber keine einzige Frau ins Präsidium berufen habe. Acht von den damals dreizehn Mitgliedern des Charta-Vereins hätten keine Frau im Vorstand.*

2008 macht eine Studie der Personalberatung Egon Zehnder International klar: 60 Prozent der Firmen verfügen über Diversity-Management-Programme, die Ergebnisse zeigen jedoch wenig Erfolge. Von den Befragten in 30 deutschen Konzernen, meist hochrangigen Personalmanagern, äußerten zwei Drittel, dass im Unternehmen starke Vorbehalte gegenüber dem Thema Diversity bestehen. Die Bezeichnung als „Sozialklimbim" gehörte laut der Interviewerin von Egon Zehnder, Katja Najipoor-Schütte, noch zu den harmloseren [Ric 08]. In 2011 befragte Konzerne melden deutliche Verbesserungen: Das Thema ist auf der Vorstandsebene angekommen, aber noch nicht in den Herzen. Teilweise bestehen noch Widerstände [Zeh 13].

2011/2012 befragte die Unternehmensberatung Roland Berger insgesamt 21 internationale Großkonzerne und identifizierte zwei Hauptantreiber für die Beschäftigung mit Vielfalt: den Zugang zu lukrativen, internationalen Märkten zu verbessern und Talente für sich zu begeistern. Roland Berger dazu: *„Dabei nennen 95 Prozent der Unternehmen Frauen als Hauptdimensionen ihres Programms und 80 Prozent der Befragten treffen nahezu ausschließlich Maßnahmen für Frauen. Zwar sind für je 70 Prozent der Unternehmen Internationalität und Alter sowie 40 Prozent Kompetenz wichtige Dimensionen, aber weniger als 20 Prozent treffen systematisch Maßnahmen in diesen Bereichen. Der einseitige Fokus auf Frauen lässt Zweifel am Nutzen der aktuellen Diversity und Inklusions-Programme entstehen und wirft verstärkt die Frage der Messbarkeit des Programmerfolgs auf. Trotz der betriebswirtschaftlichen Motivation (Marktzugang, Talentgewinnung) misst kein befragtes Unternehmen die finanziellen Effekte – nur gelegentlich dienen interne Fallstudien zur Erfolgsmessung. 70 Prozent der Unternehmen messen gar nicht und können folglich nicht quantifizieren, wie erfolgreich ihre Maßnahmen im gesamten Unternehmen sind."* [Rol 12]

Noch widersprüchlicher wird das Bild, wenn wir noch einen Blick in die Studie *Women Matter 2012* von McKinsey werfen: Deutsche Unternehmen reden nicht nur über die Erhöhung des Frauenanteils, sie handeln auch. Danach investieren rund 80 % der an der Untersuchung beteiligten deutschen Unternehmen weitreichend in die Förderung von Frauen und die Vereinbarkeit von Beruf und Familie. Damit liegt Deutschland über dem europäischen Durchschnitt [McK]. Allerdings ist bemerkenswert: 47 Prozent der Firmen mit Maßnahmen bieten bewusst keine Programme zur Förderung der spezifischen Fähigkeiten der Frauen an mit der Begründung, dies würde sie „stigmatisieren". Die meisten männlichen Manager sehen darüber hinaus das Ziel gender diversity (Vielfalt der Geschlechter) nicht als hohes Ziel an." [McK 12].

Dabei zeigen Berichte und Umfragen [Ric 08], auch meine eigene langjährige Erfahrung als Vorstand eines Unternehmens in einer Männerbranche, dass es viele Unterschiede gibt, von denen zumindest ein Teil auf geschlechtsspezifisches Verhalten beziehungsweise die Erwartung dieses Verhaltens zurückzuführen ist und auf den nicht gewohnten Umgang damit. Ebenso viele Reibungsverluste entstehen, wenn beides, nämlich die Anerkennung spezifischer Fähigkeiten und der individuellen Eigenschaften, nicht vorhanden ist und das Bewusstsein dafür zur Gänze fehlt.

Die McKinsey-Studie Women Matter 2012 stellte insgesamt fest, dass zwar bereits 90 Prozent von 235 großen Unternehmen das Thema Gender-Diversity auf der Agenda hatten, 63 Prozent davon mehr als 20 Maßnahmen ergriffen hatten und relativ viel Geld und Zeit investierten. Gleichzeitig aber konstatierte sie, dass die Erfolge nicht immer Schritt hielten.

Bewusster und unbewusster Widerstand verhindern bessere Ergebnisse

Mangelnde Wahrnehmung ist nicht der einzige Grund, warum der Umgang mit Diversity noch zu wenig vorzeigbare Ergebnisse zeigt. Women Matters ermittelte sogar eine innere Widerstandshaltung (z. B. gegenüber Gender Diversity), die die Wirksamkeit von Maßnahmen unterläuft. Dass finanzielle Erfolge meist nicht gemessen werden, lässt einen wichtigen Motivationsfaktor für Unternehmen entfallen und bildet mit den Boden dafür, dass sich Widerstand entfalten kann.

Vor dem etwas nebulösen Hintergrund von Teilzielen, Halbherzigkeit und fehlender Transparenz beziehungsweise Wissen überrascht es nicht, wenn Vielfalt auf Widerstand trifft. Vor allem, wenn sie auf den Männer-Frauen-Fokus verengt wird. Der Widerstand ist oft bekannt, spielt sich jedoch meist im Untergrund ab: wenn das Thema nicht Führungs-, sondern Managementgegenstand ist, Maßnahmen beschlossen und dann unterlaufen werden oder bestenfalls in die Ablage der nicht eiligen Themen wandern. Unternehmen versuchen teilweise, die Symptome des Widerstands zu verändern. Das ist wie das Kurieren einer Krankheit: Statt an den Symptomen anzusetzen, wäre es wirksamer und sinnvoller, die ihnen zugrunde liegenden Einstellungen zu verändern. Und hierin wird selten investiert. So kann Widerstand gedeihen, so ist nicht nur die *Vielfalt der Geschlechter* kein hohes Ziel. Und so schafft das ewig Gleiche das ewig Gleiche, Fortschritte bleiben weit hinter den Möglichkeiten zurück. Wer nichts Neues erwartet, kann auch nichts Neues erkennen.

Auch Lehrer, die ihre Schüler beim Projekt *Rhythm is it* begleiteten, hielten viel für unmöglich, sahen Gefahren für Menschen und leisteten Widerstand. Doch mit der Zeit stellten sie fest, wie ihre Schüler über Erwartungen hinauswuchsen, Fähigkeiten und Begeisterung entwickelten, die im Schulalltag undenkbar waren.

In der Theorie scheinen viele Dinge klar und wünschenswert. Die Praxis zeigt: So einfach ist es oft nicht. Ziele, die nicht nur den Verstand, sondern auch das Herz erreichen, fehlen. Missverständnisse und Unwissen sind – trotz allen Fortschritts – immer noch allgegenwärtig, der Umgang mit Andersdenkenden ist weiter schwierig. Wir starren auf einzelne Bäume, einzelne Themen, die verbessert werden sollen. Wo der einzelne Baum im Blick ist, einzelne Lösungsansätze, viele Details, ist der Blick auf den Wald versperrt, die Wahrnehmung des Ganzen unmöglich. *Sei arrogant wie die Männer, Frau*, heißt die Forderung oder *Sucht euch Netzwerke, schließt euch zusammen gegen ...* Das Kurieren an Symptomen versperrt jedoch den Blick auf die Ursachen. Wiederum werden Details, Egoismen hervorgezerrt und nicht eingefügt ins Ganze, in ein Ziel, das es insgesamt zu erreichen gilt. Doch gerade die Wahrnehmung, die Nutzung des Ganzen und nicht zuletzt der Umgang mit Widerständen ist Führungsdisziplin!

■ 2.3 Erfolgsaspekte der Vielfalt

Die Erfolgsaspekte betrachten wir am Beispiel des Projekts *Rhythm is it* und an verschiedenen Storys.

Der Aspekt: Mensch im Vordergrund

Warum bewegte gerade dieses Projekt Menschen so stark? Und zwar mehr als eine wunderschöne Aufführung, dargeboten von langjährig geschulten und perfekten TänzerInnen? Weil dort das Werk im Vordergrund steht. Musik und Tanz in Perfektion. Selbstverständlich berührt auch das die Herzen, wegen des Werks an sich und wegen dieser Perfektion – doch dabei quasi zweidimensional, wie ein Film, ein Ereignis, dem wir als Beobachter beiwohnen. Wie eine Blüte, die wir bewundern. *Rhythm is it* zeigt den Unterschied: Wenn die Menschen in den Vordergrund rücken und wir von ihnen, über sie etwas wissen, bekommt das Werk Tiefe, quasi eine dritte Dimension.

Hier wurden Menschen sichtbar, die unterschiedlich sind und jeder ihren Teil beitragen, die ihre eigenen, unterschiedlichen, ja schwierigen Hintergründe haben, mit ihren eigenen Beschränkungen umgehen, ihre Grenzen kennenlernen und erweitern wollen. Und ihre Emotionen mitbringen. Das Ergebnis ist, dass eine große Kraft freigesetzt werden kann, Begeisterung, Identifikation, Freude, der Wille, mitzuwirken, manchmal auch durchzuhalten.

Und das liegt nicht nur im Individuum. Die „Leader" Rattle und Maldoom unterstützten die Teilnehmer darin, neue Wege zu finden, sich zu entwickeln. Weg von einschränkenden Emotionen zu mehr Kraft, zum Willen, ihre Potenziale zu erschließen. So konnten sie Motivation schaffen und den Willen mitzuwirken. Es galt, ein Ziel zu erfüllen, die

Idee umzusetzen. Dabei hatte jeder seine Aufgabe zu erfüllen. Und die konnte sich im Projektverlauf ändern, je nach den aufscheinenden Fähigkeiten und der individuellen Entwicklung. Das hat wenig mit klassischem Management zu tun. Denn hier wurden keine Unterschiede gemanagt, sondern es wurde Vertrauen vorausgeschickt und dann unterstützt, entwickelt und gesteuert. Nicht in dem Zwang, dass eine Stelle auf Gedeih und Verderb auszufüllen ist – sondern lebendig, fließend, offen für Veränderungen.

Es wurde erlebbar, dass inspirierte Menschen Leben berühren, verändern, zum Besseren wenden können. Die Herzen der Zuschauer sind bewegt, weil sie wieder daran glauben können, dass für unmöglich Gehaltenes möglich werden kann, dass jeder Chancen verdient hat und nutzen kann. Jeder Mitwirkende ist auf ganz eigene Weise ein Teil der Aufführung geworden, hat nicht nur das Werk entwickelt, sondern sich selbst gleich dazu. Sich selbst zu entdecken, etwas Neues zu tun, auf andere Art und Weise mit Menschen zusammenzutreffen und zusammenzuarbeiten – das macht Wachstum aus. Und an diesem Wachstum teilzuhaben, bedeutet, selbst zu wachsen. Nicht mehr eine Arbeit zu sehen, sondern einen Sinn, eine Erfüllung – eben Leben in seiner besten Form. Und das ist nicht nur für den einzelnen Akteur zu spüren, das spüren auch die Zuschauer; sie sind in ihren Emotionen tief berührt und involviert.

Der Aspekt: Mensch als Teil des Ganzen

Trotz aller positiver Auswirkungen auf den Einzelnen war die Hauptsache natürlich das gemeinsame Projekt, das gemeinsame Ziel. Indem Rattle und Maldoom Harmonie und damit ein immer besseres Zusammenspiel schufen, wuchsen die Individuen zu einem großen Ganzen zusammen, das deutlich mehr war als die Summe seiner Teile.

Verbindung ist eines der Grundbedürfnisse des Menschen (siehe Kapitel 6). Das war schon immer wichtig, wird aber jetzt von den digitalen sozialen Netzwerken noch stärker in den Vordergrund gerückt. Isolation macht Angst, Verbindung macht stark. Menschen streben also nach Gemeinschaft. Einmal in der Gemeinschaft, spielen Kultur, Geschlecht, Hautfarbe und Ähnliches kaum noch eine Rolle, oft gar keine mehr. Menschen, die sich als Gruppenmitglieder fühlen, sind bereit, sich untereinander zu helfen, sich zu unterstützen.

Ein Unternehmen ist folglich gut beraten, wenn es Individualität wertschätzt, gleichzeitig Gemeinschaftsgefühle schafft, unterstützt und feiert. So wie in einem Mosaik oder in einem Puzzle jedes Teil seine Wichtigkeit, seine Bedeutung, sein eigenes Aussehen hat, fügen sich die Teile harmonisch zu einem Ganzen. Ausgrenzen dagegen, bewusst oder unbewusst, schürt bestenfalls Apathie, im schlimmsten Fall Feindseligkeiten.

Ein Freund arbeitete in einem großen Versicherungsunternehmen. Jeden Monat wurden die gleichen Vertriebshelden aufs Podest gehoben, ohne dass Sondereffekte wie zum Beispiel die Struktur der Kundenbezirke, die Vertriebserfahrungen, die Unterstützung berücksichtigt wurden. Die fleißigen MitarbeiterInnen, die nicht unter vergleichbaren Voraussetzungen arbeiteten, konnten jedes Mal nur verlieren. Irgendwann hat dieser Freund es nicht mehr ausgehalten und ist gegangen. Wie viele andere auch. Mit ihm, mit ihnen, geht Wissen verloren, Erfahrung und ehemals großes Engagement.

Die Rechnung, auf diese Weise mit Vorbildern Anreize zu schaffen, geht nicht auf. Wer regelmäßig zum Verlierer gestempelt wird oder sich auch nur so fühlt, hat weniger Engagement und Identifikation mit dem Unternehmen beziehungsweise der Gruppe. Und das sind in unserem Beispiel die meisten Mitarbeiter. Da kann das Management im Übrigen noch so gut sein: Wo einzelne Menschen schlecht behandelt werden oder sich schlecht behandelt sehen, hat das Auswirkung auf die Leistungen von allen.

Der Mensch ist somit *der* Erfolgsschlüssel und Gegenstand des gesamten Buchs, siehe dazu das Kapitel „Führen heißt Menschen kennen".

Die Aspekte Sinn und Ziel – Bewegungsrichtung und notwendige Emotionen

Wenn Menschen positiv zusammenwirken, werden über die Verbindung hinaus noch mehr Grundbedürfnisse wie Anerkennung und Sicherheitsgefühl erfüllt. Einen Beitrag leisten zu können, sorgt für Glück und Erfüllung. Der Beitrag, den die Menschen leisten können, um zu einem gemeinsamen Ziel beizutragen, erfüllt sie. Persönliches Wachstum ist dabei gewährleistet, denn auf dem Weg muss jeder sich weiterentwickeln.

Ideen tragen zu Wachstum und Weiterentwicklung bei. Damit beim Nutzen der Ideen die Richtung stimmt, benötigen Mensch und Unternehmen Sinn und Ziele. Das Tanzprojekt hatte ein solches Ziel, gab den Teilnehmern einen Sinn für diesen Lebensabschnitt. Und mit dem Sinn, dem Ziel kamen die Emotionen und der Wille, den gemeinsamen Weg zu gehen und den bestmöglichen Beitrag zu leisten, auch wenn die Aufgaben auf dem Weg schwierig waren. Ohne diesen Sinn wäre die Aussteigerquote mit Sicherheit viel höher gewesen, analog zum Unternehmensalltag, wie wir im nächsten Kapitel sehen werden.

> **Diversity Management, Begriff und Einordnung in diesem Buch**
>
> In diesem Buch wird Diversity Management im Sinne von Maßnahmen hinsichtlich der Förderung der Heterogenität verwendet, die vom *Management* ausgehen, wie zum Beispiel die Anpassung von Organisationsstrukturen, Umsetzung einzelner Verbesserungsschritte, Nutzung von Checklisten und so weiter. Es geht hier also darum, „die Dinge richtig zu machen".
>
> Davon zu trennen im Sinne dieses Buchs ist wiederum die *Führung*, die entscheidet, was „die richtigen Dinge" sind. Das Management wird folglich erst aktiv, wenn die Zielrichtung, die Vision, das Was und das Warum geklärt sind.

Wäre ein Erfolg von *Rhythm is it* mit Diversity Management möglich gewesen? Zumindest mit konventionellen Diversity-Management-Methoden dürfen wir es angesichts der allgemeinen Unternehmenspraxis bezweifeln. Der Erfolg ist unwahrscheinlich, wenn nicht ein großes Ziel vor die Aktivitäten gestellt wird, das die „Mannschaft" beflügelt. Antoine de Saint-Exupéry, französischer Schriftsteller und Pilot, schreibt in seinem

Werk *Die Stadt in der Wüste*: „Wenn Du ein Schiff bauen willst, dann trommle nicht Männer zusammen, um Holz zu beschaffen, Aufgaben zu vergeben und die Arbeit einzuteilen, sondern lehre die Männer die Sehnsucht nach dem weiten, endlosen Meer."

Woher kann die Sehnsucht in einem Unternehmen kommen? Schon in der Zielsetzung vieler Unternehmungen von Diversity Management lässt sich nicht erkennen, dass Menschen damit wirklich inspiriert werden können. Zum einen wegen der Kommunikation über Teilaspekte, aus denen sich keine große Vision mehr ableiten lässt. Die Ziele mögen ähnlich anspruchsvoll wie unser Tanzprojekt sein, sind jedoch oft nicht klar erkennbar oder verständlich dargestellt. Die Kraft spannender Geschichten wird kaum genutzt. Über reine Verstandesargumente wird es schwer, das Gefühl zu vermitteln, in einem lebendigen, offenen Unternehmen mitwirken zu können, gefordert und herausgefordert zu werden, auch auf emotionaler Ebene. Begeisterung, die Menschen mit all ihrer Energie an einer Vision mitwirken lässt, kann so nicht entstehen. Der Wille, dieses Ergebnis erreichen zu wollen, am besten als Lebensaufgabe, als Antreiber, kann sich nicht recht entwickeln.

Und wo ein Ziel nicht bekannt gemacht ist, wo es nicht messbar, nicht emotional ist, wird die Richtung zweifelhaft, die einzuschlagen ist. Ein Gefühl von „nicht dringlich", schlimmer noch: „nicht besonders wichtig", entsteht.

Sichtbare Ergebnisse, auch Etappenziele, müssen erreicht werden können, die gefeiert werden wie im Tanzprojekt, bei dem die Gruppen zusammengeführt wurden und ein gemeinsamer Blick auf das große Ganze geworfen wurde. Das Erreichen dieser Ziele darf gewürdigt und gefeiert werden.

Die Ziele sind doch das, was uns zusammenschweißt, das, was uns in Bewegung setzt und unserem Tun einen Sinn verleiht. Sinn und Ziele helfen über manchmal mühsame Prozesse und Hindernisse hinweg, machen sie lohnend für den Einzelnen. Im Ziele-Erreichen eine anspruchsvolle und machbare Rolle einzunehmen, ist das, was die Menschen an ihre Bedeutung und Wichtigkeit glauben lässt, was nicht nur der gemeinsamen Tätigkeit, sondern ihnen selbst Sinn und Werte verleiht. Folglich ist der anspruchsvollste Teil von Führung nicht, Organisationen zu entwerfen und Gebilde zu schaffen, sondern die Menschen wahrzunehmen in ihren Eigenheiten und Möglichkeiten, damit sie einen Sinn stiftenden Platz in der Mission des Unternehmens finden.

Diese Aufgabe hat Maldoom tänzerisch bewältigt. Zu einem Zeitpunkt, als die Europäische Union in einer Studie feststellte: „Die Einsicht der Unternehmen in die Notwendigkeit, Aufwendungen im Zusammenhang mit der Mitarbeitervielfalt zu tätigen, steckt noch in den Kinderschuhen und ist nur vereinzelt anzutreffen." [Cen 03] Es war also damals noch kein besonderes Thema für Unternehmen. Vielleicht, weil wir nicht offenen Blicks herumgehen und so offenkundig wie in unserem Tanzbeispiel sehen, wo überall Heterogenität unser Leben bestimmt. Und wie wichtig, wie Erfolg verheißend es ist, dieses Zusammenwirken verschiedener Fähigkeiten und Talente – zum gemeinsamen Leben und Arbeiten.

Das Ziel fest im Visier oder grob gesetzt?

Ein Ziel oder mehrere Ziele zu haben, ist elementar. Ist nun ein Millimeter fehlerhafter Zielausrichtung problematisch? Man könnte sagen nein, das ist ja nur winzig. Gönnen

Sie sich das Vergnügen, einmal ein großes Teleskop zu besichtigen. Und lassen Sie sich die Auswirkung davon erklären, wenn die Ausrichtung dieses Teleskops um einen Millimeter abweicht. Wie Sie dann sehen, sehen Sie nichts oder zumindest nicht das, was Sie sehen wollten. Dieser Millimeter führt über den Hebel der Entfernung zu gewaltigen Abweichungen.

So wird es immer wichtiger, den Weg stetig zu prüfen, den das Unternehmen wählt. Vorwärts in die falsche Richtung zu gehen, bedeutet spätestens auf lange Sicht das Aus. Ein paar Grad vom günstigsten Weg abzuweichen bedeutet mit der Zeit auch, Chancen und bessere Wege deutlich verpasst zu haben. Sich einfach nicht mehr zu bewegen, weil ein Produkt sehr erfolgreich ist, funktioniert auch nicht; vergleichbar mit Stehenbleiben mitten auf der Autobahn verheißt es nichts Gutes.

Das Kapitel „Wie gute Gründe motivieren" beschäftigt sich intensiv mit den Erfolgsschlüsseln Sinn und Ziel.

Der Aspekt Ideen und Innovationen

Stetiges Optimieren – geliebter Weg in die Sackgasse?

Stetiges Verbessern gehört zum Standardwerkzeug eines Unternehmens und ist äußerst wichtig. Eine Zeitlang war es *die* Managementmethode der Wahl, Vorhandenes zu optimieren, um im Wettbewerb zu bestehen. Ein Unternehmen, das sich darauf fokussiert, hat zwar sicher perfekte Produkte, hat sich intern bestens aufgestellt. Doch die Entwicklung außerhalb ist währenddessen weitergegangen. Genauso wenig, wie mittels Verbesserungen von Vorhandenem *Rhythm is it* entstehen und Weltruhm hätte erlangen können, können Unternehmen mit Optimieren alleine langfristig überleben. Durchgekaut und nachgemacht wird jedoch oft genau das, was andere schon machen. Der Blick ist auf Vergleichsunternehmen gerichtet. Wenn alle etwas tun, kann es ja nicht so falsch sein, denken viele Führungskräfte und handeln entsprechend. Das hat natürlich den Reiz, in der Krise vorbringen zu können, dass es ja alle so gemacht hätten und man somit quasi Opfer der Umstände geworden sei. Doch Zukunftssicherung ist das nicht. Diese Unternehmen finden sich früher oder später in der Situation, Krisen bewältigen zu müssen. Statt Wichtiges in Ruhe erledigen zu können, müssen sie hektisch Probleme bewältigen und beschweren sich über immer rauhere Verhältnisse im Markt.

Daher ist neben der kontinuierlichen Verbesserung das „Re-Inventing" wichtiger geworden, nämlich die Unternehmenstätigkeit in gewissen Zeitabständen immer wieder insgesamt zu hinterfragen und auf den Prüfstand zu stellen, mit Blick auf aktuelle Entwicklungen und kommende Jahre. Zum Reinventing, zum Gehen neuer Wege, gehört Mut. Doch es birgt die Chance, erfolgreicher zu sein, Trends vorwegnehmen oder selbst zu setzen, mit dem Fortschritt fort-zu-schreiten. Klug durchgeführt, überwiegen die Chancen. Zum Re-Inventing gehört auch, das Unternehmen ganzheitlich zu betrachten mit Mensch, Maschine und Prozessen, allem, was dazugehört. Und ein möglichst harmonisches Ganzes zu schaffen, damit alle Teile bestens zusammenwirken können. Diese notwendige Routine fehlt in vielen Unternehmen.

Müssen Ideen planbar sein?

Alles fängt an mit einer oder vielen Ideen. Schon hier beginnen die Unterschiede in den Köpfen: Der eine begeistert sich für scheinbar nicht Machbares, der andere verwirft so eine Idee sofort. Dabei ist es egal, ob sie in seinem oder anderen Köpfen entstanden ist – dieser Schritt kennzeichnet Unternehmensalltag. Häufig werden Ideen nicht wahrgenommen, nicht gewürdigt und nicht aus mehreren Perspektiven betrachtet. Das „es geht nicht" wird oft zu schnell als gegeben akzeptiert, ist mächtig und verstellt den Blick auf Erreichbares. Als Mittel der Wahl wird nur teilweise die Nutzung der Vielfalt beziehungsweise Heterogenität genannt.

Und wenn Mitarbeiter sich daran gewöhnt haben, dass Ideen nicht wichtig genommen, ihnen nicht nachgegangen wird, geben sie auf oder wandern ab. Es ist nicht selten, dass ein Mitarbeiter von seiner Idee begeistert war, keinen Anklang gefunden hat und sich daraufhin sehr erfolgreich selbstständig gemacht hat – um anschließend unter seinen Kunden seinen früheren Arbeitgeber wiederzufinden, für den diese Leistung nun deutlich teurer wurde.

Wer versucht, Diversity zu managen, und nicht bereits beim Ideenfinden beginnt, versäumt Wertvolles. Vom Gedanken des Planbaren müssen wir uns dabei abwenden: Nicht selten wird ein Produkt verkannt und findet keinen Anklang. Einfach deswegen, weil es zu neu ist, die Anwendung sich auf unbekanntes Gebiet begibt.

Manchmal gibt es nach Jahren einen Durchbruch, daraus kann sogar, wie die amerikanische Zeitschrift Fortune wertet, eine der bedeutendsten Erfindungen des 20. Jahrhunderts werden. Das Post-it war eine solche Entdeckung. Es landete nach dem Versuch, einen Superkleber zu schaffen, 1968 im Keller. Später dachte ein einzelner Mitarbeiter an die Lösung eines anderen, privaten, Problems, nämlich die Befestigung von Lesezeichen in Notenblättern, holte es hervor und testete es erfolgreich. Verbraucherumfragen lieferten ein gemischtes Ergebnis, erst die großzügige Verteilung von Mustern brachte den Durchbruch mit 90 Prozent kaufwilligen Anwendern [Pos 11].

Ideen entziehen sich eben zum Teil der Planbarkeit. Vorstellungskraft, Begeisterung und Emotionalität können uns Wege aufzeigen, denen wir zumindest eine Weile folgen dürfen, bevor wir entscheiden, ob die Richtung stimmt.

Erfolgreich jenseits der Standardpläne

Im Jahr 2004 flimmerte zum ersten Mal ein Werbespot über die Bildschirme, der den Zuschauer erst stutzen ließ, dann erneut hinschauen in dem Glauben, er habe zuerst etwas Falsches wahrgenommen. Doch der zweite Blick auf die vielen hübschen und gut gelaunten Models offenbarte – tatsächlich, kein Irrtum: keine Idealmaße, keine perfekten Schönheiten. Die Werbekampagne „Keine Models, aber straffe Kurven" für die Kosmetikmarke Dove eroberte die Herzen. Ein Tabubruch: Ausgerechnet ein Mann, Jörg Herzog, Kreativdirektor der Agentur Ogilvy & Mather in Düsseldorf, hatte die Kampagne erfunden. Er fragte sich, warum in der Werbung nicht „echte Menschen", sondern superschlanke perfekte Gestalten gezeigt werden. Wo doch die Frau des Alltags laut einer begleitenden Studie in der Regel wenig glücklich über ihr Aussehen ist – und zu allem Überfluss auch noch annimmt, sie sähe weit schlechter aus, als andere von ihr denken. Statt diese Denkweise über den Anblick von vollendeten Schönheiten zu fördern, entstand die Idee, mehr Wirklichkeit zu zeigen. Der Tenor der Anzeigen: *Sieh doch aus, wie du willst, und sei, wie du bist: Es ist gut so. Es macht sogar richtig Spaß. Und wir haben die beste Pflege für dich.*

Dove hat sich erst damit spürbar auf dem Markt positioniert, denn das Vertrauen der Frauen war ihr sicher: Wenn Frauen für die Marke stehen, die sympathisch normal sind, fällt die Entscheidung für das Produkt leichter, denn es ist glaubwürdiger.

Tatsächlich gab es die Idee der „normalen" Models schon früher. Bisher hatte jedoch der Mut zur konsequenten Umsetzung gefehlt. Herzog zumindest fehlte er nicht. Die rapide steigenden Umsätze und Gewinne bewiesen, wie richtig er lag. Ein Wachstum von 700 Prozent in den Verkäufen dieser Produktlinie war das Ergebnis und ein Aufrücken der Marke zu den großen Wettbewerbern. Ein Beispiel dafür, wie positiv Anderssein oder Heterogenität in den Augen der Kunden ankommt.

Der Erfolgsschlüssel „Gedanklicher Austausch" mit dem Ziel, Ideen und Innovationen sowie bessere Entscheidungen bei geringeren Risiken zu erreichen, ist Schwerpunkt in Kapitel 4.

Der Aspekt Fehlertoleranz

Im Unternehmensalltag wird oft Perfektion angestrebt und erwartet, die Fehlertoleranz ist häufig niedrig, auch da, wo es nicht sinnvoll ist. Sinnvoll ist eine niedrige Fehlertoleranz bei erprobten Verfahrensweisen und etablierten Routinen. Sobald Neues entwickelt werden soll, kann das aber nicht anders als über Versuch und Irrtum geschehen. Im Tanzprojekt stand deswegen Perfektion nicht im Vordergrund, Perfektion war weder notwendig noch sinnvoll, um gute Ergebnisse zu erzielen. Zeitliche Beschränkungen geben die Möglichkeiten vor, im Tanzprojekt wie auch im Unternehmensalltag. Die Meisterschaft liegt hier wie dort darin, zu entscheiden, wann etwas gut genug ist. Und sich dann wichtigeren Aufgaben zuzuwenden. Doch wo der Fokus auf Fehlern liegt und nicht auf der Leistung im Ganzen, gerät der Maßstab aus den Fugen.

Mit dem Erfolgsschlüssel Vertrauen und Fehlertoleranz beschäftigt sich das Kapitel „Vertrauen – nicht einfach, aber gewinnbringend".

Der Aspekt Vielfalt im außen – erfolgreich die Kundschaft spiegeln

Letztlich entscheidet „der Konsument" über den Erfolg des Produkts. Und er ist in keiner Beziehung einfältig, sondern vielfältig – und doch wird er so oft noch nicht berücksichtigt.

„Jeder ist bei uns willkommen." Wer hört das nicht gern. Der britische Lebensmittel- und Konsumgüterriese Tesco kam auf die Idee, das Angebot seiner Märkte der bunten ethnischen und sozialen Zusammensetzung des jeweiligen Einzugsgebiets anzupassen. „Wir bieten, was die Menschen vor Ort wollen", ist der Tenor. Warum sollen diese Menschen es nicht leicht haben, an ihre Lebensmittel und sonstigen Güter zu kommen? Warum sollten sie auf Dinge verzichten, die sie gern mögen? Tesco hat die Marktforschung dafür übernommen und sich gefragt, welche Menschen aus welchen Ländern im Einzugsbereich der Märkte leben und arbeiten, welche Güter sie gern kaufen würden und welche Lebensmittel sie gern essen. Hat sich dann daran gemacht, sein Angebot vom üblichen Standard des *Egal-wo-überall-gibt-es-das-Gleiche* geändert und auf den regionalen Markt bezogen. Und so findet sich nun in den Regalen die bunte kulturelle Vielfalt gespiegelt. Der Erfolg gab Tesco bei dieser Individualisierung Recht: Sogar im Krisenjahr 2008 konnte das Unternehmen gegen den Trend den Umsatz um 15 Prozent steigern; die Gewinne wachsen weiter und liegen über den Branchenwerten. Auch hier bewahrheitet sich der Zusammenhang von Diversity und Gewinn.

Der Aspekt Vielfalt im Innen – im Unternehmen bunt und erfolgreich
Traumhaft – vorbildlich gesunde Diversität schaffen

Pavlos Evmorfidis, ein griechischer Sportlehrer, stand in seinem Zweitjob als Verkäufer in einem Juwelierladen. Mit der Frage eines Kunden danach, wo in der Nähe es Matratzen gebe, war eine Marktlücke entdeckt und eine Unternehmensidee geboren. Kurzerhand verschrieb Evmorfidis sich der Idee, Matratzen herzustellen, und gründete 1989 das Unternehmen Coco-Mat. Neben der Entwicklung besserer Matratzen für einen besseren Schlaf stand von Anfang an die Belegschaft im Mittelpunkt der Aufmerksamkeit. Die insgesamt drei Gründer waren sich schnell darin einig, eine Unternehmenskultur zu schaffen, die gleiche Chancen für alle Menschen und demokratische Strukturen ermöglichte, einschließlich des Verzichts auf Statussymbole.

Die Belegschaft wird in Entscheidungsprozesse eingebunden und ihre Ideen für Verbesserungen werden berücksichtigt. Dabei ist es selbstverständlich, dass es keinerlei Repressionen gibt, gleichgültig, wie die Vorschläge aussehen. Dass 99 Prozent der Mitarbeiter bei der zweimal jährlich stattfindenden Zufriedenheitsbefragung freiwillig ihren Namen angeben, spricht für sich. Coco-Mat sieht die Fähigkeit der Menschen, ihr bestes Potenzial zu entfalten, als wichtigste Aufgabe der Führung an. Diese Führungskultur erreicht, dass die Menschen sich wahrgenommen fühlen, hoch motiviert und loyal gegenüber dem Unternehmen sind – und gern im Unternehmen bleiben.

So ist es dem Unternehmen gelungen, einen steilen Wachstumskurs einzuschlagen, in 2013 bereits mit 250 Mitarbeitern und einem Umsatz von mehr als 97 Millionen Euro, mit Filialen in Griechenland und einer Anzahl anderer europäischer Länder, darunter auch Deutschland, sowie China. Der Umsatz im ersten Quartal 2014 lag 20 Prozent über dem Vorjahresumsatz.

Die Aspekte Offenheit und Vertrauen

Dass Offenheit ein Erfolgsfaktor ist, wissen Sie bereits aus dem Einstieg zum Buch.

Mike Fischer, Inhaber einer Fahrschule, wurde durch eine neunmonatige Krankheitsphase daran gehindert, seinen Aufgaben nachzugehen. „Das ist das Ende", dachte er. „Ein Unternehmen so lange ohne seinen Chef – das geht nicht." Doch nach dieser langen Zeit der Abwesenheit fand er – entgegen aller Befürchtungen – ein florierendes Unternehmen vor. Die Mitarbeiter erbrachten Leistung in einer Weise, die vorher für ihn unvorstellbar gewesen war.

Daraus zog er die Erkenntnis, dass der Chef „die überflüssigste Person" in einem Unternehmen ist, wenn die Mitarbeiter genug Freiheiten haben. Daher änderte er seinen Führungsstil, ließ demokratischen Abläufen und Entscheidungen mehr Raum und änderte Aufgabenverteilung und Hierarchie radikal. Heute bringen seine Mitarbeiter einmal monatlich je eine Idee ein. 80 Prozent davon werden umgesetzt, eine außergewöhnlich hohe Quote. Die neue Umsatz- und Gewinnbringer-Idee, ein Fahrschul-Internat, wurde gemeinsam entwickelt. Aus einer normalen Fahrschule wurde so die „erste Intensiv-Fahrschule mit hauseigenem Fahrschul-Internat". In der umkämpften Branche hat Fischer so seit 2008 jährlich rund 10 Prozent Umsatzzuwachs erreicht.

Diese ursprünglich aus Abwesenheit von Führung entstandene Offenheit, das Vertrauen in die Fähigkeiten der Mitarbeiter, selbst handeln und entscheiden zu können, hat sich bezahlt gemacht, nicht nur in handfesten Ergebnisverbesserungen. Auch für Fischer selbst, denn mehr Selbstständigkeit bei den Mitarbeitern führte zu anderen Führungsaufgaben für ihn selbst. Er hat mehr Zeit für Wichtiges – und trotzdem läuft der Betrieb besser. Die Branche hat er überrundet, während viele seiner Kollegen um das Überleben kämpfen. Demokratie auf der Überholspur sozusagen.

Der Aspekt Führung – autoritär oder gemeinschaftlich?

Ist die Gemeinschaft möglicherweise wichtiger als das straffe Führen in klaren Hierarchien? Wird Gemeinschaft vielleicht in Zukunft noch wichtiger? Und müssen sich Unternehmen verändern, um darauf vorbereitet zu sein?

Das Beispiel „Diversity Management" ist möglicherweise ein Sonderfall in der Hinsicht, dass Führungsergebnisse nicht optimal sind, könnte man denken. Ansonsten funktioniert Führung, funktioniert Management ja, oder? Sind Sie sicher? Das Buch *In Search of Excellence* [Pet 82], das „größte Businessbuch aller Zeiten", erklärt die Erfolgsgeschichte von 43 in den 1980er-Jahren führenden Unternehmen hinsichtlich langjähriger Profitabilität und Innovation. Drei Millionen Mal verkauft im ersten Jahr, im Folgenden jahrelang an der Spitze der Managementbestseller, galt das als Maßstab für eine Managergeneration. Im Rückblick stellte sich für viele enttäuschend und überraschend heraus: Patentrezepte wurden nicht geboten. Einige der genannten Firmen haben nicht einmal die nächsten Jahre überlebt oder sind in große Schwierigkeiten geraten wie Eastman Kodak, Wang Laboratories und Delta Airlines. Auch Managementliteratur hat mit Standardrezepten nicht die Lösungen zu bieten, die wir uns erhoffen. *Tue dies und dann folgt zwangsläufig das* ist überholt. Hatten diese Unternehmen ein gut installiertes Management? Mit Sicherheit ja. Hatten sie insgesamt die Kenntnisse, die notwendig waren, um eine erfolgreiche Strategie zu begründen? Mit Sicherheit ja. Doch etwas muss gefehlt haben. Vielleicht die Gabe, Zeichen der Veränderung zu erkennen, besser noch vorwegzunehmen, und das Unternehmen darauf auszurichten.

2.3 Erfolgsaspekte der Vielfalt

Um die Jahrtausendwende herum konnte man in jedem entlegenen Dorf an jedem Kiosk, in fast jeder Ecke der Welt, das Firmenemblem von Kodak entdecken. Die Fotoprodukte waren weltweit flächendeckend erhältlich, eine traumhafte Situation für ein Unternehmen. Und ebenso komfortabel wie zukunftssichernd, sollte man meinen. Kreative Köpfe waren zuhauf im Unternehmen tätig: Bei Eastman Kodak wurde bereits 1975 die digitale Fotografie erfunden, 1100 Patente hierfür besaß das Unternehmen. Aber die Führung wollte das Kerngeschäft nicht stören und platzierte nur wenige digitale Produkte am Markt – vielleicht auch zu früh, sodass der Markt noch zu klein und zu wenig profitabel war. Nach langem qualvollem Kampf um den Erhalt des Kerngeschäfts kam 2013 das Aus, Kodak hatte den Wert der digitalen Produktwelt zu spät erkannt. Ein ehemals glanzvolles Unternehmen hatte sich selbst zerstört im Glauben an Größe und Unantastbarkeit, an etablierte Produkte sowie daran, dass andere weniger innovativ sein würden. Unternehmen mit einer solchen Misserfolgsgeschichte verbindet oft, dass sie sich auf wegweisende Entscheidungen Einzelner verlassen und in einer zunehmend vernetzten Welt somit ein zu enges Blickfeld haben. Die Nutzung der Intelligenz im Unternehmen kommt ihnen bei grundlegenden Entscheidungen nicht recht in den Sinn und auch von außen holen sie sich keinen Rat. Sie sind mit 15 Prozent Hirnkapazität (siehe Vorwort) zufrieden, zapfen den Rest nicht an. Und damit steigen die Risiken, wie man an diesen Beispielen und aus den Studien erkennen kann. Die Anforderung an Führung und Management muss sein, sich bei Entscheidungen alles Know-how nutzbar zu machen, das verfügbar ist [Bra 15; McA 14].

In einer Zeit der Individualität, der schnellen Entscheidungen, der offenen Kommunikation und der Wahlmöglichkeiten wird es immer wichtiger, sich vom klassischen Managementinstrumentarium ab- und den Menschen zuzuwenden. Die Vorannahmen beiseite zu lassen und gemeinsam herauszufinden, wer wir sind und zu was wir in der Lage sind. Damit Erfindungen wie Post-its keine Seltenheit bleiben und Unternehmen besser als Kodak die Schätze erkennen, über die sie verfügen, und die Potenziale, die gehoben werden können. Und das gelingt, indem Vielfalt erkannt, respektiert und genutzt wird. Indem der Mensch vor die Organisation, die Instrumente gestellt wird.

Dabei können die Wege höchst unterschiedlich sein, Patentrezepte gibt es nicht. In der nächsten Erfolgsgeschichte wird ein anderer Weg sichtbar, weg von der Gender-Diversität, hin zur gedanklichen Diversität.

Männerbranche in Frauenhand

René Mägli führt die Reederei MCS Basel mit fast ausschließlich weiblicher „Mannschaft". Früher konventionell aufgestellt und nach etlichen Jahren mit ihm als einzigem Mann im Unternehmen, waren 2014 von 136 Angestellten 131 weiblich – eine für die Branche höchst ungewöhnliche Frauenquote von 96 Prozent. Die Entscheidung für den ausschließlichen bzw. hohen Anteil an Frauen fällte er aus betriebswirtschaftlichen Überlegungen. MSC Basel ist überdurchschnittlich erfolgreich. Jedes Jahr wächst der Umsatz um 15 bis 25 Prozent.

Mägli stellte fest, dass die weiblichen Angestellten einer ehemals gemischten Zusammensetzung ihren Job besser machten als ihre männlichen Kollegen. Trotzdem waren sie nicht oder kaum in der Hierarchie höhergerückt. Ursache war seiner Meinung nach, dass sie von den Männern per Ellenbogeneinsatz klein gehalten wurden. Die Männer bei MSC hatten persönliches Machtstreben dem Unternehmenserfolg übergeordnet, hatten die individuelle Leistung nicht ungetrübt wahrgenommen.

Die Vorteile, die Mägli ermittelt hat, liegen in einem entspannten Betriebsklima (die Mitarbeiterinnen empfinden sich als „Winning Team", arbeiten gern im Team und miteinander statt gegeneinander, weil sie erkennen, dass so bessere Erfolge möglich sind), dem schnellen Setzen von Prioritäten, einer besseren Kommunikation, besseren Entscheidungen. Dazu kommen mehr sachbezogene statt personenbezogener Arbeit, weniger Energieverluste durch Positionskämpfe, der offenere Umgang mit Fehlern. Die Zielerreichung habe oberste Priorität, die Frauen stellen ihre Person hintan. Machtkämpfe seien selten, flachere Hierarchien möglich. Andere würden eher in Entscheidungsprozesse einbezogen, Verantwortung würde lieber und früher übertragen. Wenn Mägli gefragt wird, ob er nicht eine umgekehrte Monokultur pflegt, antwortet er: „Gemischte Teams sind wichtig für ein erfolgreiches Unternehmen. Aber was heißt gemischt? Ist das nur das Geschlecht? Wir haben eine andere Mischung: Meine Mitarbeiterinnen kommen aus über 40 Nationen, alle Kontinente sind vertreten. Thailand, Kolumbien, Russland, Haiti, Äthiopien, Australien … Das ist der Mix, den wir haben, unsere ‚Diversity'." [Höl 14]

Frauen, die früher als klassisch männlich eingestufte Verhaltensweisen in das Unternehmen einbrachten wie Wettstreit miteinander oder Führen per Anweisung, blieben nicht im Unternehmen. Hierarchien wurden zugunsten besserer Zusammenarbeit und Ergebnisse geschliffen. Auf Statussymbole wird weitgehend verzichtet. Inzwischen arbeiten wieder einige Männer bei MSC. Die Berührungsängste scheinen zu schwinden, die klassischen Verhaltensweisen sich aufzuweichen zugunsten der Identifikation mit gemeinsamen Zielen.

Am Beispiel der MSC Basel zeigt sich: Unternehmen können auch völlig anders gesteuert werden, die Belegschaft ungewöhnlich zusammengesetzt sein.

Offenbar gibt der Geist, die Kultur im Umgang miteinander und mit den Aufgaben, die Führungsrolle und ihre Wahrnehmung durch Herrn Mägli neben einem gelungenen Mix an Fähigkeiten und Kommunikationsvermögen den Ausschlag für den Erfolg. Seine Leitlinie ist: strikte Ergebnisorientierung. Alles wird auf den Prüfstand gestellt, selbst die Unternehmensorganisation: Die Form weicht dem Inhalt in Gestalt von Hierarchien, Statussymbolen und Ähnlichem.

Der Aspekt Mitarbeiterbindung, Mitarbeitermotivation und Mitarbeitergewinnung

Neue, offenere Führungsstile weisen den Weg zu einer besseren Mitarbeiterbindung, Mitarbeitermotivation und leichterer Mitarbeitergewinnung. Gekennzeichnet sind sie davon, dass der Einzelne sich und seine Stärken besser einbringen kann, dass Sinn geschaffen wird und der Einzelne wertgeschätzt wird. Denn wo zufriedene Mitarbeiter tätig sind, ist die Weiterempfehlungsrate als Arbeitgeber hoch.

Die Unternehmen MSC Basel, Coco-Mat und Mike Fischer eint, dass sie keine Schwierigkeiten mehr haben, wertvolle Mitarbeiter zu binden und zu gewinnen, genauso, wie sich das bei anderen Diversity-Erfolgsgeschichten in diesem Buch zeigt.

Der Erfolgsschlüssel „Gute Führung", die sich von alten Konzepten löst und individueller wird, ist Gegenstand des nächsten Kapitels.

Der Aspekt Organisation

Ebenso wie Führungsstile teilweise veraltet sind, stellt sich die Frage nach neueren Organisationsformen. Hierarchieabflachung bis hin zur fast völligen Hierarchiefreiheit gehören derzeit zu den am intensivsten diskutierten Modellen. Arbeitszeiten und -orte stehen zur Diskussion.

Das Kapitel „Stark statt steif – die neue Organisation" beleuchtet den Erfolgsschlüssel „Flexible Organisation, der Mensch im Mittelpunkt".

Weitere Aspekte

Schnelligkeit endlich als Zweck, nicht als Selbstzweck zu betrachten, ist ein weiterer Erfolgsschlüssel (Kapitel 8). Sich dem stetig steigenden Druck, der Hektik, durch klügere Verhaltensweisen entgegenzustellen und nicht einfach ohne Reflexion mitzuwirken am steigenden Tempo, macht positive Entwicklungen möglich.

Selbstaufopferung wird teilweise gefordert, teilweise honoriert im Wirtschaftsleben. Das Leben ist jedoch kein Sprint – seine Kräfte einzuteilen und sinnvoll zu nutzen, ist als Erfolgsschlüssel „(Selbst-)Verantwortung" Gegenstand im Kapitel „Jenseits der Selbstaufopferung".

Wie denken Sie nun über Vielfalt? Beantworten Sie die Fragen am Anfang des Kapitels nun noch in gleicher Weise?

2.4 Kurz und knapp

- Beim Thema Vielfalt geht es um mehr als Emanzipation und Teilhabe. Es geht darum, die Kraft, das Potenzial und die Kreativität zu entdecken, die in Verschiedenheit verborgen liegen. Unterschiede zwischen Menschen sind nicht Last, sondern Bereicherung. Und das auch im wörtlichen Sinne als Gewinnsteigerung und Zukunftssicherung für Unternehmen.
- Heterogenität führt im Unternehmensalltag meist ein wenig emotionales Pflichtdasein mit kümmerlichen Ergebnissen. Klassisches Diversity-Management zeigt noch nicht die Erfolge, die möglich sind. Widerstände werden bisher nicht grundlegend beseitigt, Möglichkeiten nicht wahrgenommen. Deutliche Erfolge und Gewinne können sich einstellen, sobald Diversity Gegenstand von Führung wird und nicht mehr nur gemanagt wird. Somit ist Diversity-*Führung* die Lösung, denn ein besserer Umgang mit Heterogenität kann nur geschehen, wenn sie zur Chefsache erhoben

wird, wenn die Unternehmenskultur von diesem Gedanken durchdrungen ist. Und wenn der Unternehmensführung bewusst ist, welche Schlüsselthemen zum Erfolg führen und wie das Thema vom Verstand ins Herz gelangt, um emotionale Kraft zu entfalten.

- Inspirierte „Leader" zeigen uns, wie aus Heterogenität Kraft, Begeisterung und Zielerreichung mit Emotionen und maximaler Perfektion entstehen und wie aus scheinbar Unmöglichem Mögliches wird.
- Die Menschen im Vordergrund in ihrer Individualität und mit der Kraft der Gemeinschaft machen Unternehmen dreidimensional, aus Pflicht wird Sinn, aus Arbeit Erfüllung und Leben.
- Gemeinschaften aus Individuen mit klarer Zielausrichtung weisen den Weg.
- Ideen, Innovationen gedeihen in einem Klima des Vertrauens und der Offenheit. Der Umgang mit Fehlertoleranz muss bewusst sein, bei Neuem anders als bei etablierten Produkten und Prozessen.
- Diversität funktioniert (auch) gegen alle Regeln. Gedanken ohne gängige Vorannahmen befreien den Blick.
- Vielfalt erschließt Marktpotenziale auch in vermeintlich verteilten Märkten.
- Die klassische Managementliteratur kann uns keine Lösungen bieten.
- Moderne Führung muss sich auf Menschen ausrichten. So sind Win-win-Lösungen möglich.
- Mitarbeitergewinnung, -bindung und -motivation werden mit einem auf Menschen ausgerichteten Führungsstil zum Randthema.
- Vielfalt steigert Gewinne messbar.

2.5 Handlungsempfehlungen

- Prüfen Sie in regelmäßigen Abständen kritisch Ihre eigene Einstellung zum Thema Heterogenität, ebenso wie die der Mitarbeiter Ihres Unternehmens. Nutzen Sie dazu wiederkehrend auch ähnliche Fragen, um repräsentative Informationen über die Entwicklung zu erhalten, und geben Sie Raum auch zur (anonymen) Diskussion oder Stellungnahme.
- Prüfen Sie, ob Sie die Aktivitäten zur Förderung der Diversität messen, wie hoch bisher der Einsatz ist – und wie die Ergebnisse aussehen.
- Gibt es eine innere Widerstandshaltung im Unternehmen? Überlegen Sie, was Sie dagegen tun können, zum Beispiel Aufklärungsarbeit, Arbeit an der Unternehmenskultur, Arbeit mit Erfolgsgeschichten und so weiter.

2.6 Literaturverzeichnis

[Bra 14] Brachmann, S., The Rise and Fall of the Company that Invented Digital Cameras (1.11.2014), unter http://www.ipwatchdog.com/2014/11/01/the-rise-and-fall-of-the-company-that-invented-digital-cameras/id=51953/ (letzter Aufruf 20.5.2016)

[Cen 03] Centre for Strategy & Evaluation Services, Methoden und Indikatoren für die Messung der Wirtschaftlichkeit von Maßnahmen im Zusammenhang mit der personellen Vielfalt in Unternehmen. Abschließender Bericht (Oktober 2003), unter ec.europa.eu/social/BlobServlet?docId=1439&langId=de (letzter Aufruf 24.5.2016)

[Cha] Charta der Vielfalt, unter https://de.wikipedia.org/wiki/Charta_der_Vielfalt (letzter Aufruf 20.5.2016)

[Cha 06] Charta der Vielfalt, unter http://www.charta-der-vielfalt.de/charta-der-vielfalt/die-charta-im-wortlaut.html (letzter Aufruf 20.5.2016)

[Dun 09] Die Dunkle Triade der Persönlichkeit im eignungsdiagnostischen Kontext, unter https://phytomedizin.uni-hohenheim.de/project/die-dunkle-triade-der-persoenlichkeit-im-eignungsdiagnostischen-kontext (letzter Aufruf 23.6.2016)

[Gru 04] Grube, T., Rhythm is it! (2004)

[Höl 14] Höltmann, I., Der Manager, der (fast) nur Frauen einstellt (2.7.2014), unter http://bizzmiss.de/business-women/der-manager-der-fast-nur-frauen-einstellt/ (letzter Aufruf 24.5.2016)

[McA 15] McAlone, N.M., This man invented the digital camera in 1975 – and his bosses at Kodak never let it see the light of day (17.8.2015), unter http://www.businessinsider.com/this-man-invented-the-digital-camera-in-1975-and-his-bosses-at-kodak-never-let-it-see-the-light-of-day-2015-8?IR=T (letzter Aufruf 20.5.2016)

[McK] McKinsey-Studie „Women Matter": Deutsche Unternehmen holen bei Frauenförderung auf, unter https://www.mckinsey.de/mckinsey-studie-%E2%80%9Ewomen-matter%E2%80%9C-deutsche-unternehmen-holen-bei-frauenf%C3%B6rderung-auf (letzter Aufruf 23.6.2016)

[McK 12] McKinsey (Hrsg.), Women Matter 2012. Making the Breakthrough (März 2012), unter https://www.mckinsey.de/files/mckinsey_women_matter_2012.pdf (letzter Aufruf 23.6.2016)

[Pet 82] Peters, T.J./Waterman, R.H., In Search of Excellence. Lessons from America's best-run Companies, New York 1982 (deutsche Ausgabe: Auf der Suche nach Spitzenleistungen. Was man von den bestgeführten US-Unternehmen lernen kann, München 1990; zahlreiche Neuauflagen in beiden Ausgaben)

[Pos 11] Post-it Haftnotizen wurden in der Kirche erfunden (23.8.2011), unter http://presse.3mdeutschland.de/basisinformationen/Post-it_Haftnotizen_wurden_in_der_Kirche_erfunden (letzter Aufruf 24.5.2016)

[Rei 07] Reimann, A., Charta der Vielfalt, Schöner Schein zum Nulltarif (5.12.2007), unter http://www.spiegel.de/politik/deutschland/charta-der-vielfalt-schoener-schein-zum-nulltarif-a-521487.html (letzter Aufruf 20.5.2016)

[Rhy] Rhythm is it!, unter https://de.wikipedia.org/wiki/Rhythm_Is_It! (letzter Aufruf 20.5.2016)

[Ric 08] Rickens, C., Geschlossene Gesellschaft! (2008), unter http://www.spiegel.de/politik/deutschland/charta-der-vielfalt-schoener-schein-zum-nulltarif-a-521487.html (letzter Aufruf 20.5.2016)

[Rol 12] Roland Berger Consultants (Hrsg.), Diversity & Inclusion. Eine betriebswirtschaftliche Investition (Juli 2012), unter http://www.rolandberger.de/media/pdf/Roland_Berger_Diversity_and_Inclusion_D_20120716.pdf (letzter Aufruf 20.5.2016)

[Roy] Royston Maldoom, unter https://de.wikipedia.org/wiki/Royston_Maldoom (letzter Aufruf 20.5.2016)

[Sim] Simon Rattle, unter https://de.wikipedia.org/wiki/Simon_Rattle (letzter Aufruf 20.5.2016)

[Wol 15] Wolfsberger, F., Die dunkle Triade, in: Gehirn und Geist 3/2015

[Zeh 13] Zehnder, E., Auf dem Weg zu einer nachhaltigen Diversity-Kultur? Ein Einblick in deutsche Unternehmen (2013), unter http://www.egonzehnder.com/files/auf_dem_weg_zu_einer_nachhaltigen_diversity_kultur.pdf (letzter Aufruf 20.5.2016)

3 Neue Töne in der Führung

In diesem Kapitel

- Schlechte Führung ist eher die Regel als die Ausnahme
- Was die Auswahl und Anwendung von Führungsstilen im Unternehmen bedeutet, unter anderem im Hinblick auf die Individualität der Beschäftigten
- Warum autoritärer Führungsstil gern angewendet wird und für gute Ergebnisse völlig kontraproduktiv ist
- Elemente besserer Führung und die positiven Konsequenzen für Mensch und Unternehmen
- Gute Führung, die sich von alten Konzepten löst und individueller wird, ist der Erfolgsschlüssel für das Heben von Potenzialen

Gute Führung ist möglich auf angenehme Weise. Neue, persönliche Führungsstile entstehen – aus der bunten Vielfalt der Möglichkeiten gilt es, bewusst zu wählen. Führung und Management an den Menschen und Situationen zu orientieren, statt auf die Organisation auszurichten, verspricht Gewinn auf allen Seiten.

Wir arbeiten mit den technologischen Prozessen des 21. Jahrhunderts, den Managementprozessen des 20. Jahrhunderts und den Führungsgrundsätzen des 19. Jahrhunderts.

Gary Hamel, amerikanischer Ökonom, Autor und einer der einflussreichsten Managementdenker Amerikas

3.1 Früher die Regel, noch immer gern praktiziert: autoritärer Führungsstil

Wo ich bin, ist vorne. Natürlich wissen Führungskräfte, wie sie führen. Führen sollen und wollen. Doch woher kommt das Wissen über gute Führung, woher kommen die Fähigkeiten? Viele meinen, dass gute „Leader" geboren werden, doch scheinen diese im Unternehmensalltag nicht zu dominieren. Wie hängen Unternehmenskultur und Führungsstil zusammen? Kann der Führungsstil den Erfolg wirklich maßgeblich mitgestalten oder wird sein Einfluss überschätzt? Gibt es überhaupt *den idealen Führungsstil* oder zumindest eine Annäherung an *die ideale Methode*? Helfen uns die Ausbildung oder ein gutes Buch weiter im Wissen um das, was zu tun ist?

> **Verschiedene Führungsstile**
>
> Führungsstil wird ein langfristiges, relativ stabiles, von der Situation unabhängiges Verhaltensmuster einer Führungsperson genannt, in dem gleichzeitig die Grundeinstellung zu den Mitarbeitern und Mitarbeiterinnen zum Ausdruck kommt. [Sta 99, S. 334]
>
> Als entgegengesetzte Führungsstile werden häufig genannt:
>
> - Autoritärer Führungsstil ↔ Demokratischer Führungsstil
>
> Abstufungen zwischen den beiden können in allen möglichen Varianten vorkommen.

Dies ist eine wahre Geschichte aus dem Alltag eines Unternehmens. Sie könnte in ähnlicher Form überall stattgefunden haben und beschreibt keine Seltenheit; Herr Müller könnte auch Frau Schmidt oder beliebig anders heißen: *Müller, kommen Sie mal her! Was haben Sie denn da wieder gemacht? Sie kennen doch unsere Richtlinien! Wann geht das endlich in Ihren Kopf?* Ein Blick auf die Unterlagen und der Chef wusste mal wieder Bescheid: Da hatte sich einer nicht an das gehalten, was ausgemacht war. Das reichte für den sofortigen Ordnungsruf. Müller setzte zweimal an, um zu erläutern, was er sich überlegt hatte. Nicht zum ersten Mal. Sein Glück, dass er nicht wieder den Spruch *Zum Denken sind Sie nicht hier!* hörte, der auch gern gebraucht wurde. Wahlweise ganz nach Chef-Bedarf wechselnd mit: *Überlegen Sie doch mal.*

Müllers dritter Versuch, darzulegen, dass das Unternehmen mit seinem Vorschlag deutlich besser dastünde, schneller mehr wesentliche Information erhielte, war gescheitert. Er hatte alles ausprobiert: Erklären, zeigen, beweisen. Pech. Für beide, Mensch und Unternehmen. Denn er würde keine Vorschläge mehr machen. So viel war gelernt. Erst recht nicht, weil die Rüge mal wieder öffentlich zelebriert wurde und die Kollegen heimlich grinsten. Die waren halt schon „schlauer" und machten einfach, was befohlen war. Gut. Oder auch nicht. Dann würde er halt seine Zeit weiter mit dem ewig Gleichen „verbraten" trotz all der anderen wichtigen und guten Dinge, die er noch sah und für die er die Zeit besser brauchen konnte. Mit einer Arbeit, die nach seinem Vorschlag andere Menschen mit mehr Spaß genauso gut machen könnten. Er hätte sich Neuem, Lohnenderem zuwenden können. Wieder ein bisschen Engagement, ein bisschen Motivation dahin. Wieder ein bisschen mehr Rückzug in die eigene Welt, ins Empfinden, hier nicht sonderlich geschätzt zu sein. Wieder ein Mitarbeiter mehr, der sich für einen neuen Arbeitgeber entscheiden würde, wenn der ihm bessere Bedingungen bieten konnte, wenn der ihn vor allem nicht nur als Rädchen im Getriebe sehen würde.

Dies ist kein Ausnahmefall, Potenziale werden nicht genutzt, sondern stattdessen den Richtlinien und gängigen Verfahrensweisen sowie persönlichen Egoismen geopfert. Aus Zeitdruck, mangelndem besseren Wissen und Überforderung werden zu viele Möglichkeiten verschenkt.

In der genannten und vielen anderen Facetten waren autoritär geführte, machtorientierte Unternehmen lange und erfolgreich die Regel. Henry Ford hat nicht nur für seine Mitarbeiter, sondern sogar für seine Kunden entschieden, was sie wollen mussten. Bis dahin, wo und wann Freude empfunden werden durfte. Damals ein erfolgreiches Konzept. Doch die Umstände haben sich verändert, trotzdem bilden diese „Führungstugenden" lang vergangener Zeiten häufig immer noch Maßstäbe für Führungsverhalten.

Schnelle Erfolge möglich, aber langfristig wird es schwierig

Ziel und Vorteil autoritärer Führung ist, Stromlinienförmigkeit zu erzeugen. Denn schließlich soll ja alles schlank und schnell geschehen. So *lean*, dass alles weg ist, was irgendwie stören könnte, alle Ecken und Kanten verschwunden sind – so, wie früher Flüsse begradigt wurden. Die Idee dazu hörte sich genial an: Alles fließt, weniger Platz wird benötigt, Schiffe können schneller reisen, es ist weniger Strecke zu pflegen. Doch wie sich herausstellte, war es eine Schönwetteridee – alles floss zwar, aber wehe, es regnete ausgiebig. Dann floss es tatsächlich vor allem gern und schnell über. Nicht mehr im Fluss, im übertragenen Sinne wie tatsächlich, im vorgesehenen Verlauf, friedlich, schnell und geordnet. Stattdessen stellten sich blitzartig gigantische Hochwasser ein. Ausprobiert musste es sein, die Idee war ja an sich gut – wenn man vermied, auf mögliche Konsequenzen wie andere Wetterverhältnisse zu sehen. Es war zu kurz gedacht. Zumindest die Flussbegradigung ist heute stark umstritten. In München etwa wurde die begradigte Isar sogar wieder aus ihrem engen Bett herausgeholt, das Tempo wird vermindert und die Sicherheit erhöht.

In der Unternehmensführung sind wir noch nicht so weit. Einerseits wird der Wert der Vielfalt offiziell gelobt, andererseits in Meetings und Gesprächen abweichend gehandelt, Schnelligkeit ist Trumpf. Die Entdeckung des Neuen fällt dem flüchtigen Hinsehen und den Gewohnheiten zum Opfer. Vielfalt und Ideen werden zwar gern gefördert, doch das dafür eingeräumte Raster ist eng. Noch immer stören sie als Biegungen im Flussverlauf den perfekten Ablauf. Im Sinne der Flussbegradigung war und ist es für viele Führungskräfte undenkbar, Bögen mitzumachen, die andere schlagen. Erst recht undenkbar, nicht die Richtung bestimmen zu können oder geringeres Tempo gehen zu müssen. *Ich entscheide, wo es langgeht, dann geht's schneller. Wozu lang darum herumreden? Viele Köche verderben den Brei.* Eben stromlinienförmig. Überschwemmungen? Nicht vorgesehen.

Doch diese „Überschwemmungen", die hohen Risiken, sind bei den machtorientierten Führern sozusagen fest eingebaut. Es sind nicht nur Risiken, die materielle Auswirkungen haben.

> Ein Vorteil machtorientierter Menschen ist es, unkonventionell zu denken und so mitunter Innovationen hervorzubringen [Wol 15]. Autoritäre Führungskräfte erzielen laut Untersuchungen zwar bessere Ergebnisse, aber nur temporär, und produzieren außerdem immer wieder größere Verluste als Führungskräfte in weniger machtorientiert geführten Unternehmen. Leistungssteigerungen sind nachweisbar, aber nicht auf Dauer. Im Durchschnitt sind sie gleichermaßen erfolgreich, aber die Mitarbeiter der Machtmenschen sind gestresster und unzufriedener, leiden unter stärkerer psychischer Belastung und Gesundheitsproblemen [Kow 11b]. Die Motivation der Mitarbeiter sinkt, Potenziale liegen brach, Fehlentscheidungen sind häufiger.

Autoritäre Führer werden teilweise für ihr „hartes Durchgreifen" gefeiert, für unpopuläre Maßnahmen und beherztes Agieren in kritischen Situationen. Dass häufig genau sie es sind, die durch ihren Führungsstil im Gegensatz zu menschenorientierten Führern dafür sorgen, dass Krisen entstehen, wird wenig diskutiert. Doch die Bedürfnisse der Menschen haben sich verändert. Die Wenigsten sind auf Kampf programmiert, leben und lieben ihn. Auf Dauer werden sich diese Manager entlarven als die, die mit der Gemeinschaft auch das Unternehmen verlieren lassen.

Autorität contra Demokratie oder warum Macht ohnmächtig macht

Die Nachteile der Machtausübung werden leichter nachvollziehbar, wenn Sie sich selbst einmal in eine Partnerschaft hineinversetzen, in der Ihr Partner ständig für Sie wichtige Entscheidungen trifft, ohne Sie zu fragen. Wie wäre das für Sie? Wie fühlt sich das an? Wie begeistert wären Sie selbst, wie gut, wie gebraucht, wie wichtig würden Sie sich in einer solchen Partnerschaft fühlen? Spüren Sie doch einmal einen Moment in dieses Gefühl hinein. Ihr Partner würde Macht ausüben, Sie nicht beteiligen, Sie Macht-los machen, unwichtig, bedeutungslos, austauschbar als Plattform ausschließlich seiner eigenen Ideen, Wünsche und Entscheidungen. Egal, ob es wichtige Anschaffungen sind, Umzüge, Freizeitgestaltung – was auch immer.

Schnell regt sich hierbei Widerstand. Die Auswirkungen auf unsere Emotionen im Privatleben sind direkt nachvollziehbar. Im Unternehmen ist das Empfinden für die Gefühlslage der Menschen weniger vorhanden. Genauer hinzuschauen lohnt sich!

> John Mordechai Gottman, ein US-amerikanischer Psychologe und Professor für Psychologie an der University of Washington, widmet sein Leben Beziehungsfragen, darunter Machtfragen, und zwar im privaten Bereich. Er erkannte als ein Fazit seiner Forschungsarbeiten, dass ein Partner (Gottman: *kein Mann*), der nicht bereit ist, die Macht zu teilen, die Ehe mit 81-prozentiger Wahrscheinlichkeit selbst zerstören wird [Cou 08]. Damit ist nicht gemeint, dass es ständig Streit gibt, sondern ausschließlich die Art, wie der Umgang miteinander ist. Die, wie er es nennt, *apokalyptischen Reiter* einer Beziehung sind: Kritik, ständige Abwehrhaltung, Ausweichtaktiken und Geringschätzung. Er nennt sie die sichersten Vorboten einer Trennung oder

einer anhaltenden Misere; als Schlimmste von ihnen die Geringschätzung, denn sie vermittelt, dass man vom anderen angewidert ist.

Warum sollte ein Arbeitnehmer anders fühlen als ein privater Partner? Im Beruf gelten zwar andere Maßstäbe: Doch der Wunsch nach Bedeutung, nach Sinn, das Gefühlsleben hört ja nicht beim Betreten des Unternehmens auf. Im Gegenteil: Als wichtiger Bestandteil des Lebens sind auch hier Sinn und Bedeutung unverzichtbar. Sowohl der natürliche Wunsch als auch die Möglichkeit, einen Beitrag zum Ganzen zu leisten, einen Teil zum Gewinn des Unternehmens beizutragen, es im wahrsten Sinne des Wortes zu *bereichern*, schwinden mit steigendem Grad der Entmachtung dahin.

Was bleibt, sind die vielfach beklagten unmotivierten, innerlich gekündigten und Dienst nach Vorschrift schiebenden Mitarbeiter, die auf den Feierabend warten und erst nach der Arbeit wieder aufblühen, aktiv werden, Mensch sind. Kein Wunder, dass in so einer Arbeitsbeziehung Work-Life-Balance ein großes Thema ist. Der Gallup-Studie zufolge sind nur 15 Prozent der Beschäftigten in Deutschland bereit, sich freiwillig für die Ziele ihrer Firma einzusetzen. 70 Prozent leisten Dienst nach Vorschrift, 15 Prozent sind emotional ungebunden und haben innerlich bereits gekündigt. 85 Prozent der Mitarbeiter haben somit eine neutrale oder gar ablehnende Haltung dem Unternehmen gegenüber. Dass mit dieser Einstellung nicht optimal gearbeitet wird, ist einleuchtend [Gal 14].

Für die von der Gallup-Studie zitierten Demotivierten, teilweise sogar innerlich Kündigenden gilt, dass, wer bei der Arbeit nicht lebt, nicht leben darf, das Leben auf die Freizeit verschieben muss, um überhaupt noch einen Sinn im Leben zu finden. Es gelten ähnliche Prinzipien wie in der Partnerschaft. Entmachtete leben nicht, sind nicht begeistert, sie funktionieren einfach. Gerade so, auf Halbmast, auf Sparflamme.

Die ungünstigen Effekte schlechter Führung sind auch in Bezug auf Risiken, Demotivation und zerstörte Arbeitsbeziehungen groß. Stress entsteht und Stress ist nichts anderes als Angst; Angst davor, zu versagen, Dinge nicht zu schaffen, unverschuldet Konsequenzen tragen zu müssen und mehr. Die gesundheitlichen Folgen werden auch von der Gallup-Studie unterstrichen. Sie hebt als Auswirkung schlechter Führung vor allem die Beeinflussung von Fehlzeiten heraus: *„Allein aus dem Mehr an Fehlzeit aufgrund fehlender oder nur geringer emotionaler Mitarbeiterbindung entstehen einem Unternehmen mit 2000 Mitarbeitern Kosten in Höhe von rund 1,3 Millionen Euro."* Ein handfester Grund für Unternehmen, in bessere Führung zu investieren [Gal 14].

Führungsfehler können außerdem Abwehr hervorrufen. Ablehnung, Widerstand, vielleicht sogar Angriffsreaktionen entstehen. Aggression und ihr Begleiter, die Angst, mindern nicht nur die Arbeitsfreude, sondern sogar die Denkfähigkeit. Die evolutionär jüngeren Hirnteile, unsere „Denkfabriken", werden nach und nach abgeschaltet, die älteren Hirnteile übernehmen die Denkleistung – und die sind nicht auf kreatives, vernünftiges Denken und Kooperation ausgerichtet. Stress schränkt die Wahrnehmungsfähigkeit ein, lässt reagieren statt zu agieren. Macht macht also nicht nur krank, sondern in gewisser Weise blind. Nicht nur den, über den Macht ausgeübt wird, sondern auch den, der sie ausübt. Denn er erkennt die Mechanismen und eine geeignetere Art der Führung nicht. Dass unter Druck die besten Ergebnisse erzeugt werden, ist ausgeschlossen.

Eine Studie der Initiative Neue Qualität der Arbeit hat die Potenziale einer offenen Führungskultur erhärtet [Ini 14]. Die Ergebnisse der 400 Interviews mit Führungskräften aus Unternehmen unterschiedlicher Branchen und Größen zeigen den Abschied von einer anderen Gewissheit alter Führung: Ausnahmslos alle Befragten waren sich einig, dass die „Fähigkeit, mit ergebnisoffenen Prozessen umzugehen, ein zentrales Merkmal guter Führung ist". Das ist nahezu das Gegenteil des alten Führungsverständnisses, das immer schon wusste, wo es langgeht – und das nicht hinterfragt werden wollte. 77 Prozent der Führungskräfte hadern gemäß der Umfrage damit, wie Führung heute praktiziert wird. Die aus ihrer Sicht schlechtesten Führungsweisen sind gleichzeitig die, die am gängigsten sind.

■ 3.2 Junge Generationen und Führung

Auch wer bisher aus seiner oder ihrer Sicht gut mit der Machtausübung gefahren ist oder zu sein glaubt, muss sich mit einer Änderung beschäftigen.

Der GfK Verein (Gesellschaft für Konsumforschung, weltweit tätig) und das St. Gallen Symposium, eine jährliche Versammlung von 600 Führungskräften und 200 Nachwuchskräften, sind in ihrer gemeinsamen Studie „Global Perspectives Barometer 2015" den *Digital Natives* auf den Grund gegangen. Befragt wurden über 1000 Akademiker und junge Berufstätige aus 100 Ländern. Die Ergebnisse zeigen, welche Erwartungen der Führungsnachwuchs der „digitalen Generation" an Führungskräfte hat. Schwerpunkte sind: Inspiration, Teamorientierung und Entscheidungsfreudigkeit – vieles davon häufig bei der Führung unterbewertet oder zumindest wenig praktiziert [GfK 15].

Machtorientierter Führungsstil – abgewählt

> Die *Generationen Y und Z*, die seit etwa 1980 Geborenen, haben gelernt von den Älteren: Denn sie haben gesehen: Ihren Eltern hat das Leben für die Arbeit kein Glück gebracht, der Preis war zu hoch. Selbst wenn nennenswerter materieller Wohlstand entstanden war, blieb das Glück aus. Ein Häuschen – gut. Aber muss es die Yacht sein, der Sportwagen? Nicht unbedingt. Nicht um jeden Preis. Sich aufzubrauchen, haben „die Jungen" nicht im Sinn. Die Lebensqualität steht bei ihnen im Vordergrund, nicht mehr der Lebensstandard.

> Die Gesellschaft für Konsumforschung hat im Jahr 2007 in neun EU-Ländern erfragt, was Lebensqualität bedeutet: Sie wird an Gesundheit, Familie und Kindern, Partnerschaft und Freunden festgemacht. Arbeit und Bildung kommen erst an fünfter Stelle.
>
> Von jung auf mit Aufmerksamkeit und Zuwendung überschüttet und in einem gewissen Wohlstand aufgewachsen, haben bei den jungen Menschen andere Werte Vorrang: wertgeschätzt werden, Individualität, seinen Willen durchsetzen, sich gleichzeitig weniger anstrengen müssen als die Generationen zuvor, schnell sein, verbunden sein. Wichtig ist: Vertrauen, emotionale Verbindung, Familie, Zusammengehörigkeit, Flexibilität, Gemeinschaft, Zusammenarbeit, Gleichstellung, Integrität, Transparenz, Lifestyle, Freizeitorientierung, Selbstverwirklichung, Erfüllung, Nachhaltigkeit, Vielfalt, Authentizität. Schon fast atemlos von so viel Anspruch stellen wir fest: Die Work-Life-Balance ist sozusagen eingebaut. Sie erwarten, dass das Unternehmen etwas für sie tut, haben hohe Ansprüche. Bei der Wahl des Arbeitgebers fragen sie nicht nur danach, ob der ihnen das bietet, was sie erwarten, sie fordern es ein! Sympathie für andere Mitarbeiter, Entfaltungsmöglichkeiten, gute Lebensqualität, gute Ausstattung des Arbeitsplatzes und Flexibilität hinsichtlich des Arbeitsorts und der Arbeitszeiten sind ihnen wichtig und wirken sich auf die Motivation aus [Rie 13].

Die Anforderungen zumindest der jüngeren Mitarbeiter und Mitarbeiterinnen steigen im Hinblick auf die Führungskräfte genauso wie in Bezug auf ihre eigene Lebens- und Arbeitsqualität. Sie haben hohe Ansprüche und ein Höchstmaß an Individualität entwickelt.

Führung und Hierarchie im alten Modell ist etwas, dem sie sich entgegenstellen. Infolge der demografischen Entwicklung können sie wählen, wo sie arbeiten. Sie sind nicht mehr gewillt, zuviel Stress hinzunehmen, auch nicht gegen eine höhere Bezahlung. Verbindungsorientiert werden sie die bessere Qualität der Arbeit wählen und stärkere psychische Belastungen ablehnen. Die Sensibilität gegenüber gesundheitlichen Fragen am Arbeitsplatz hat zugenommen.

Es scheint naheliegend, sich zu fragen, ob Jüngere angesichts ihrer Kenntnisse und Ansprüche nicht überhaupt in der heutigen Lage besser führen können.

Junge Generationen an die Führung?

Wer hohe Erwartungen hegt, müsste die Kriterien eigentlich schnell und gut, weil verinnerlicht, leben können und selbst zu einer guten Führungskraft werden.

So einfach ist es aber nicht. Denn immer weniger teuer ausgebildete und geförderte Nachwuchskräfte wollen Führungskräfte werden, und das selbst in deutschen Unternehmen, die auf der Arbeitgeberwunschliste ganz oben stehen. Die Studie Deloitte Millennial Survey 2015 fasst Erfahrungen und

Erwartungen von 7800 „Millennials" (Geburtsjahr ab 1983) aus 29 Ländern rund um den Globus zusammen. Nur 20 Prozent der jungen deutschen Frauen und 46 Prozent der jungen deutschen Männer streben eine Führungsposition an [Del 15]. Nur rund 25 Prozent der Teilnehmer eines Führungskräfteseminars von Dax-Unternehmen wollen Führungsverantwortung übernehmen [Lot 15]. Ausgebildet für die höchste Liga, haben sie kein Interesse, dort aktiv zu werden. Sie haben sozusagen eine Elite-Schauspielschule abgeschlossen, doch die lukrative Hauptrolle lehnen sie ab.

Was wollen die anderen etwa 75 Prozent? Sie wollen lieber in der zweiten, gar dritten Reihe bleiben. So auch ein Bekannter, der eine höhere Position bei einem führenden deutschen Stahlkonzern abgelehnt und bekundet hat, man brauche ihn auch gar nicht mehr fragen. Er hat genug von all dem, was Leben für ihn interessant macht. Die Einfluss-, Gestaltungs- und Entscheidungsmöglichkeiten sind mehr als früher mit bestimmten Stellen verbunden, ohne Führungsverantwortung übernehmen zu müssen. Das macht die Arbeit attraktiver. Er sieht gleichzeitig in höheren Ebenen die „Vorbilder", die Rollenmodelle für etwas, das weniger, wenn nicht gar überhaupt nicht mehr attraktiv ist.

Karriere trägt ein anderes Kleid als früher. Statussymbole und Rangspiele sind weniger bedeutend, es bleibt der Inhalt. Vernetzung hat an Wert gewonnen. Die berufliche Karriere wird nicht mehr vor „das Leben" gestellt. Warum also sollte Arbeit nicht Lebensbestandteil sein? Und somit auch Freude bringen?

> Grund dafür mag sein, dass sie offenbar trotz des Widerstands dagegen, konventionell geführt zu werden, noch genau dieses Bild von Führung im Kopf haben, an dem sie sich orientieren. Alte Rollenvorbilder haben sich eingeprägt. Diese alte Schule programmiert Schwierigkeiten vor – nicht nur für neue Gründer, für junge „Führer", sondern auch für ihre Mitarbeiter. Der Weg von der Orientierung an alten Vorbildern zur Erfüllung der Erwartungen an ein deutlich erkennbares positives Führungsverhalten kann nicht allein durch mehr oder weniger nebulöse Wünsche beschritten werden, sondern muss aktiv gestaltet werden.

■ 3.3 Das Führungs-Ist: freudlos für alle Seiten

> Im Alltag kollidieren Führungsanspruch und Führungswirklichkeit. Laut einem Artikel in der Zeit online bescheinigen gemäß den Ergebnissen des *Ketchum Leadership Communication Monitors* lediglich 27 Prozent der Beschäftigten ihren Vorgesetzten echte Führungsqualitäten. *„Es hapere an ihrer Problemlösungskompetenz, Vorbildfunktion, Kommunikation und Entscheidungsfreude. ‚Anspruch und Wirklichkeit liegen weit auseinander?"*, sagt Dirk Popp, CEO von Ketchum Pleon Deutschland. „Offenbar wird immer noch

unterschätzt, dass Führung eine Mischung aus überzeugenden Taten und ehrlicher, transparenter Kommunikation ist?" [Hoc 12]. Popp führt aus, dass bei einer weltweiten Befragung nur unterdurchschnittliche 16 Prozent der Deutschen mit der Führungsqualität ihrer Vorgesetzten zufrieden waren.

Die Zeitschrift *brand eins* titelte im März 2015: Führung in der Krise. Zwei Drittel der US-Angestellten hätten lieber einen besseren Chef als eine Gehaltserhöhung. 56 Prozent der deutschen Angestellten bewerten ihren Chef als unterdurchschnittlich. Zusammen mit denen, die ihrem Chef die schlechtestmögliche Bewertung geben, ergeben sich fast 80 Prozent mit der Führung unzufriedene Mitarbeiter [Frö 15]. Dass dieser Anteil der Gallup-Quote der demotivierten Mitarbeiter sehr nah kommt, ist kein Zufall.

Die Unzufriedenheit liegt nicht nur auf Seiten der Mitarbeiter. Gestalten können, etwas bewirken, Großes leisten – das sind noch immer die Ansprüche an Führung. Deren Schattenseiten nehmen jedoch ständig zu. Bürokratie, Regeln, Routinen, end- und nutzlose Sitzungen, zwischen Stühlen sitzen: Die Nachteile der modernen Regulierungswut verbunden mit dem Schwinden von Gestaltungsspielräumen machen Führungspositionen immer mehr zu Statistenrollen. Wo nicht gestaltet wird, ist das, was als Führung bezeichnet und im Alltag praktiziert wird, keine Führung mehr, sondern Verwaltung, bestenfalls Management. Managementaufgabe ist per Definition, die Dinge richtig zu machen; der Fokus liegt nicht darauf, die richtigen Dinge zu tun. Das Gefühl operativer Hektik entsteht. Befriedigend, sinngefüllt, erfüllend ist Führung so nicht mehr, das Interesse an Führungsarbeit lässt dementsprechend weiter nach.

Die Führungskräfte selbst beklagen die aktuelle Situation: 44 Prozent der US-Firmenchefs bedauern, dass ihr eigener Führungsstil zu bürokratisch ist. 64 Prozent der offenen Führungsstellen in US-Firmen können nicht mehr besetzt werden, nicht zuletzt deswegen, weil rund 40 Prozent aller Führungskräfte in der Firmenhierarchie nicht weiter aufsteigen wollen.

Titel und Status sind nicht nur jüngeren Mitarbeitern immer weniger wert: Sogar 80 Prozent der älteren Manager erwägen laut *brand eins* einen Abstieg in der Firmenhierarchie wegen des hohen Anteils bürokratischer Arbeit [Frö 15]. Sie sind mit interner und externer Kommunikation belastet, rund zwei Drittel ihrer Arbeitszeit sind mit administrativen Arbeiten und Problembewältigung gefüllt. Laut einer Untersuchung von Ingalill Holmberg und Mats Tyrstrup vom Centre for Advanced Studies in Leadership in Stockholm aus dem Jahr 2010 entfällt nur ein Viertel der Arbeitszeit auf angenehme Tätigkeiten [Füh 15]. Zu wenig für viele, um sich zu binden und zu motivieren.

Die Auflistung der Gründe, mit Führung unzufrieden zu sein, ließe sich fortführen, egal aus welcher Perspektive. Fazit ist: Führung macht nicht mehr viel Freude, ist nicht mehr so viel Anreiz wie früher. Die Unzufriedenheit lässt sich nicht verbergen. Gestresste, unzufriedene und nicht zuletzt deswegen teilweise ausgebrannte Führungskräfte, die mehr managen als führen, sind weder in der Lage, Mitarbeiter gut anzuleiten, noch das richtige Mittel für die Werbung um Nachwuchskräfte. Höchste Zeit, neue Wege zu begehen.

3.4 Führungsstile in Forschung und Lehre

Den *richtigen* Führungsstil nutzen zu können, ist verlockend. Die Lehre von Führungsstilen soll Führungskräfte und Management dabei unterstützen. Der Eindruck entsteht, dass es zuverlässige Erkenntnisse darüber gäbe und klare Leitlinien, wann welcher Führungsstil sinnvoll ist. Zumindest wird oft ein Gefühl von Sicherheit vermittelt, wo Vorbilder fehlen. Doch Theorie trifft auf Praxis und sie bewährt sich häufig nicht.

Der Fokus der Lehre liegt auf Methoden, quasi auf einem „Werkzeugkasten". Ob den Führungskräften die Nutzung eines bestimmten Werkzeugs liegt und gelingt, wann ein Werkzeug geeignet und anzuwenden ist, bleibt häufig unklar. „Soft Skills" gewinnen zwar ebenso wie die Entwicklung der Persönlichkeit stetig an Bedeutung, allerdings in der Regel nur am Rande. Doch die Wichtigkeit der Soft Skills zeigt sich in Wünschen an Führungskräfte. Führung wird durch Soft Skills erst wirksam. Allein auf einen Stil fixiert, wird Führung schwierig.

Entsteht dann in der Praxis das Bewusstsein, dass irgendetwas nicht funktioniert, wird die Flucht nach vorn gern mit einer neuen Methode angetreten, im Zweifel wieder mit einem Standard. Manch leidgeprüfte Mitarbeiter bedauern, wenn erneut „eine Sau durchs Dorf getrieben", viel Staub aufgewirbelt, alles anders gemacht wird. Auch das wieder im besten Bemühen, vielleicht auf Basis teuer bezahlter Beratervorschläge. Gefragt werden die Mitarbeiter häufig nicht. Doch Führung ohne die Rückkopplung durch die Mitarbeiter ist wie ein Fernsehschauspiel: Es gibt keine Möglichkeit, die Reaktionen des Publikums wahrzunehmen.

> In der Literatur werden eine Menge vermeintlich effektiver Führungsstile beschrieben, die auch gelehrt werden. Ein wissenschaftlich messbarer Zusammenhang zwischen Führungsstil und Erfolg des Unternehmens ist jedoch aus verschiedenen Gründen schwierig, teilweise nicht möglich, auch, weil die klassische Beschreibung von Führungsstilen häufig bestimmte Aspekte vernachlässigt wie
> - Machtverhältnisse – gegenseitige Beeinflussung,
> - Unternehmenskultur – Motivationsverhalten und auch
> - den Menschen, auf den der Führungsstil trifft.

Der ideale Führungsstil hat den Forscher Julian Birkinshaw, Dekan an der London Business School, beschäftigt, der 2013 das Buch *Becoming A Better Boss – Why Good Management Is So Difficult*, geschrieben hat [Bir 13]. Wo sonst eher die Sicht aus dem Elfenbeinturm der Führung herrscht, stellt sein Ansatz die Menschen, die Sicht von Arbeitnehmern in den Mittelpunkt, um zu besseren Ergebnissen zu führen.

Er empfiehlt, neuen Moden nicht nachzulaufen, auch wenn sie sich noch so gut anhören. Denn nach seiner Analyse verschwinden neun von zehn dieser mit Euphorie begrüßten Methoden schnell wieder und haben sich allenfalls teilweise bewährt. Ein Garant für den Erfolg findet sich somit nicht. Gründe dafür gibt es viele: Einige Methoden sind im Alltag als selbstverständlich aufgegangen, einige waren schlichtweg praktisch nicht umsetzbar, andere passten nicht zur Prägung von Unternehmen. Es gibt *den* richtigen, *den* zeitgemäßen Führungsstil einfach nicht. Gängige Informationen nützen offenbar nicht so viel, wie wir hoffen. Absolute Aussagen über richtiges Führen und Management können nicht als Leitplanken und Orientierungsmaßstäbe dienen [Mal 15].

Birkenshaws Fazit: Die Führungsmethodik muss zum Unternehmen passen. Doch der Blick auf die individuelle Unternehmenskultur, auf die Ziele, die Werte, auf das, was das Unternehmen ausmacht, fehlt häufig.

> *Unternehmenskultur* ist die Grundgesamtheit gemeinsamer Werte, Normen und Einstellungen, die Entscheidungen, Handlungen und das Verhalten der Organisationsmitglieder prägen.

Selbst wenn ein Unternehmen eine passende Methode für sich ermitteln und sich festlegen könnte: Methoden haben die unangenehme Eigenheit, manchmal zu wirken, manchmal aber nicht. Das mag erstaunen. Doch das gibt es auch anderswo. Es gab Ärzte, die Behandlungsmethoden erfunden und mit spektakulären Erfolgen angewendet haben. Die Behandlungen waren jedoch nur erfolgreich, wenn sie selbst sie anwandten. Die Ergebnisse waren wissenschaftlich nicht nachweisbar. Der Grund: Die Ärzte selbst waren absolut überzeugt von der Richtigkeit und Wirksamkeit. Und das konnten sie den Patienten vermitteln – diese glaubten und vertrauten ihnen. Heilungserfolge entstanden daraufhin im Kopf der Patienten, genährt von eben diesem Vertrauen. Die menschliche Seite, das gute Gefühl bei der Behandlung, siegte über die wirkungslose Methode. Führung ist genauso wenig eine Einbahnstraße. Wir sehen immer mehr: Sie muss zu den Menschen passen, zu den Führungskräften und den Geführten.

> Die Haufe-Gruppe, ehemals reines Verlagshaus mit heute 1300 Angestellten und einem Jahresumsatz von 250 Millionen Euro, hat in ihrer langjährigen Geschichte Wandlungsfähigkeit bewiesen und den Weg ins digitale Zeitalter erfolgreich beschritten. Für Jörg Schmidt, Geschäftsführer bei der Haufe-Akademie und zuständig für „Kompetenz für Fach- und Führungskräfte", gibt es keine allein richtige Art der Führung mehr. Haufe setzt auf eine flexible Organisation genauso wie auf ein bewusstes Nebeneinander verschiedener Führungsstile. Damit eröffnet sich die Möglichkeit, dass jeder seinen Platz findet und die Organisation „*wirklich flexibel*" wird. Joachim Rotzinger, Mitglied der Geschäftsführung der zentralen Haufe-Lexware GmbH & Co KG, erklärt, dass es keine Checkliste gibt, mit der ein bestimmter Führungsstil selektiert wird. Die Entscheidung fällt situativ. Er wechselt seinen Führungsstil nach Bedarf, passt sich den Umständen an. Ausgangspunkt seiner Überlegungen ist nicht, dass an den Mitarbeitern etwas korrigiert werden muss,

sondern dass die Führung bedarfsorientiert erfolgen muss. So gibt es in der Haufe-Gruppe eine Vielfalt an Führungsstilen. Chaos ist das nicht, sondern im Gegenteil gut durchdacht, damit allen Bedürfnissen entgegengekommen werden kann [Syw 15].

Bei Haufe hat sich gezeigt: Unterschiedliche Menschen und Gruppen fühlen sich mit unterschiedlichen Organisationsformen und Führungsstilen wohl. Unterschiedliche Zielrichtungen wie Innovation oder das Kerngeschäft mit seinen Routinen können jeweils geeignetere Führungsstile haben und unterschiedliche Hierarchie- beziehungsweise Freiheitsgrade zur optimalen Umsetzung.

Führungskultur als Teil der Unternehmenskultur ist erfolgsbestimmend und etwas, für das sich immer mehr Menschen interessieren. Neue Mitarbeiter, potenzielle Führungskräfte können sich heute leichter als früher informieren, welches Klima in einem Unternehmen herrscht. Sie müssen oft nicht erst in einem Unternehmen arbeiten, um zu wissen, wie es dort zugeht. Unarten lassen sich künftig noch weniger verbergen als jetzt schon. Bewertungsportale für Arbeitgeber und die enge Vernetzung der Menschen üben Druck auf Führung aus und werden fördern, was an Einsicht beim Einzelnen fehlt. Ein weiterer Grund, sich mit Führungsstilen und deren Einsatz zu beschäftigen, darüber hinaus mit Führungspersönlichkeiten.

■ 3.5 Persönlichkeit und Führungsstil – Einfluss und Risiken

Wie soll sie nun sein, die ideale Führungskraft? Zielstrebigkeit, Charme, Machtbewusstsein, charismatische Ausstrahlung, Selbstvertrauen, die Neigung zu (kalkulierten) Risiken, geistige Unabhängigkeit, Erfolgsstreben und der Glaube an die eigene Durchsetzungsfähigkeit – das sind Eigenschaften, die erfolgreichen Führungskräften zugeschrieben werden. So scheint es und deshalb werden diese Eigenschaften im Rahmen der Personalauswahl ganz gezielt gesucht.

Doch die Grenze zwischen herausragenden günstigen Eigenschaften im Optimum und ihrer Übersteigerung, die Führung kontraproduktiv werden lässt, ist schmal. Professor Hans-Werner Bierhoff von der Ruhr-Universität Bochum [Gal 11] sieht die Gefahr, dass des Öfteren Menschen mit Eigenschaften der in der Psychologie so genannten „Dunklen Triade" sich als Führungskraft für geeignet halten und von der Umwelt zumindest anfänglich auch so wahrgenommen werden.

> Die *Dunkle Triade* ist ein Begriff aus der Psychologie und umfasst Menschen mit ausgeprägten narzisstischen, psychopathischen oder machiavellistischen Tendenzen. Sie alle neigen dazu, ihr eigenes Wohl über das aller zu stellen.

Führung bedeutet nach Bierhoff zu fünfzig Prozent, dass man kommuniziert. Menschen mit den Eigenschaften der dunklen Triade, die sich ohne Hemmungen in Diskussionen stürzen, Beziehungen anbahnen und Small Talk beherrschen, sind hier laut Bierhoff im Vorteil. Allerdings wirkt sich die mangelnde Wertschätzung für Mitarbeiter negativ aus und dass der freie und kreative Austausch von Ideen von ihnen unterbunden wird, wie Forscher in einer Studie der Universität Amsterdam feststellten [Nar 11].

Nützlich sind die der dunklen Triade zugesprochenen Eigenschaften in angemessener Form, in einer Ausnahmesituation sogar bei starker Ausprägung: in der Krise. Eine Studie der University of Illinois weist nach, dass narzisstische Persönlichkeitsmerkmale je nach Situation des Unternehmens sogar günstig sind. Das Fazit: Im Chaos zumindest sind Narzissten oft gute Führer, in stabilerem Umfeld ist ihre Persönlichkeitsausprägung problematisch [IsN 14].

> Auf jeden Fall gibt es gute Gründe, sich zumindest mit Führungspersönlichkeiten und deren Einsatz je nach Situation genauer zu beschäftigen, denn Erfolge hängen maßgeblich von ihrem Verhalten ab. Die Universität Hohenheim beziffert die Kosten kontraproduktiver Verhaltensweisen von Mitarbeitern für deutsche Unternehmen auf Milliarden und nennt als eine der Ursachen mangelnde Integrität. In einem seit 2009 laufenden Projekt beschäftigt sie sich mit der Erklärung und Prognose von Integrität und kontraproduktiven Verhaltensweisen, wofür das Konzept der „dunklen Triade" großen Nutzen verspricht [Dun 09].

Wie bewusst und gezielt persönliche Führungseigenschaften und -stile eingesetzt werden, ist nicht untersucht. Vielleicht fehlt es an Kenntnissen über Ursachen und Wirkungen und Klarheit in der Unternehmenskultur. Bewusstheit kann auch hier einen besseren Weg weisen.

Der ideale Chef oder: Wie bunt darf es sein?

Verfügen Männer über bessere Voraussetzungen oder Frauen?

Der Streit um das für die Führung geeignete Geschlecht währt schon lange. Wie muss er oder sie nun sein, der ideale Chef, die ideale Chefin? Welche Eigenschaften müssen Mitarbeiter, Führungskräfte, Frauen und Männer, in Führungspositionen mitbringen? Aus Untersuchungen wurde abgeleitet, dass besonders die Fähigkeiten von Frauen jetzt und zukünftig wegweisend seien. Doch Frauen finden sich im Führungsalltag in verschwindend geringer Anzahl wieder.

Vielleicht deswegen zeigen Dutzende von Büchern Frauen auf, was sie tun müssen, um als Führungskraft wirkungsvoll zu sein. Frauen in Führungspositionen haben ihren Führungsstil dem der Männer deutlich angeglichen, weil sie sich davon Erfolg erhoffen. Wenn Frauen sich allerdings in verkappte Männer verwandeln, um sich als geeignete Führungskraft anzupreisen, oder von vornherein über die männlichen Eigenschaften verfügen, die die alte Führungsphilosophie noch verlangt, funktioniert die Ursprungsüberlegung des Einbringens weiblicher Stärken, die sich von denen der Männer unterscheiden, nicht.

Das Anpassen an scheinbar richtige oder geforderte Verhaltensweisen hat noch mehr Nachteile: Einen Missstand zu beseitigen (zumindest für sich persönlich), indem man selbst es ist, der den Missstand praktiziert, bewirkt weder eine Verbesserung des Gesamtzustands noch der Zusammenarbeit.

Marion Büttgen, Lehrstuhlinhaberin für Unternehmensführung der Universität Hohenheim, hat eine gemeinsame, repräsentative Studie mit Christian Mai von der German Graduate School of Management and Law in Heilbronn durchgeführt. Sie erklärt das Ergebnis der Befragung von 500 Führungskräften aus ganz Deutschland, darunter 200 Frauen: „*Anders als allgemein vermutet, sind weibliche Führungskräfte was die Kommunikation und einen weicheren Führungsstil betrifft, keine Bereicherung für die Unternehmen.*" Sie geht noch weiter: Frauen in Führungspositionen seien sogar noch weniger verträglich als Männer. „*Die Studie hat gezeigt, dass Frauen in einer höheren Position dazu neigen, ihren Willen um jeden Preis durchzusetzen, auch wenn sie dafür mit ihren Kollegen einen Streit anzetteln müssen.*" Zwar könne man nicht sagen, dass alle weiblichen Führungskräfte narzisstische, rücksichtslose und männliche Charaktereigenschaften besitzen, betont Prof. Dr. Büttgen. „*Aber genau diese Eigenschaften scheinen nützlich zu sein, wenn man an die Spitze will?*" [Uni 15].

Die Studienergebnisse sind widersprüchlich, wenn man die im Einstieg dieses Buchs genannten Studien einbezieht – genauso wie die Erfahrungen mit (weiblichen) Führungskräften. Es ist schon angeklungen, dass Vorurteile die Eigenschaften, die klassischerweise Frauen und Männern wie auch Menschen mit anderen heterogenen Merkmalen zugeordnet werden, mit beeinflussen. Das Kapitel „Führen heißt Menschen kennen" geht näher auf Probleme in der Wahrnehmung ein, vor denen auch Forscher nicht gefeit sind.

Auf dem – nicht nur weiblichen – Karriereweg treten aus vielen Gründen häufig wichtige positive Eigenschaften in den Hintergrund und damit manche Eigenschaft, die zur Stärkung und zum Erfolg des Unternehmens beitragen könnte.

Den Fokus darauf zu richten, *was* gedacht wird, nicht *von wem*, könnte die Lösung sein. Endlich zu verinnerlichen, dass Verpackung und Inhalt zweierlei sind, damit wir gute Ideen erkennen können, egal ob sie in der „Verpackung" von Mann oder Frau, egal von welcher Herkunft, aus welcher Glaubensrichtung und so weiter kommen: Erfolge der Zukunft ruhen in der Vielfalt, im anderen Denken, nicht im ewig Gleichen. Den Blick noch konsequenter vom Männer-Frauen-Thema zu heben auf das Thema Heterogenität insgesamt, würde Unternehmen und Gesellschaft gleichermaßen weiterbringen. Auch das ist aufgrund vieler unbewusster Denkprozesse ohne Training schwierig.

Eigenschaften des idealen Chefs, der idealen Chefin

Fest steht: Wer führen will, muss über besondere Eigenschaften und Fähigkeiten verfügen, die entwickelt werden können, in der Regel entwickelt werden müssen.

Nützliche Eigenschaften und Merkmale lassen sich wie folgt aufzählen:

- *Inspiration*, Teamorientierung [GfK 15]
- *Problemlösungsfähigkeit*, Vorbildfunktion [Hoc 12]
- *Entscheidungsfreudigkeit* [GfK 15, Hoc 12]
- Die *Zugänglichkeit*, also die Ansprechbarkeit von Führungskräften für jedweden Menschen im Unternehmen, lässt die emotionale Bindung an ein Unternehmen auf 31 Prozent heraufschnellen. Fehlt sie, liegt die emotionale Bindung nur bei maximal zwei Prozent [Gal 15].
- Die *Zuständigkeit* bedeutet zum einen, dass die Führungskraft weiß, woran ihre Mitarbeiter arbeiten. Die emotionale Bindung liegt dann im Optimum bei 23 Prozent, beim Fehlen des entsprechenden Verhaltens bei fünf Prozent. Zum anderen heißt Zuständigkeit, Verantwortung zu pflegen und angemessen zu kommunizieren, zum Beispiel mit Teambesprechungen. Hier liegen die Bindungswerte bei 20 gegenüber elf Prozent [Gal 15].
- *Zielorientierte* Führungskräfte unterstützen darin, die Prioritäten und Leistungsziele festzulegen, und konzentrieren sich dabei auf die Stärken, nicht die Schwächen. Die Stärkenkonzentration pflegen allerdings nur 33 Prozent der befragten Führungskräfte. Insgesamt erzielt die Zielorientierung eine hohe Mitarbeiterbindung mit 36 Prozent; fehlt sie, werden nur zwei Prozent erreicht [Gal 15].
- *Fähigkeit, mit ergebnisoffenen Prozessen umzugehen* [Ini 14]
- *Anerkennung* erfahren und *respektiert* werden [Gal 14]

In diese Richtung gehen auch:

- *Wertschätzung*
- *Achtsamkeit* für die Menschen [Kow 11b]

Außerdem:

- *Kritik und Selbstkritik*: sich selbst kennen und kritisch reflektieren, sich selbst führen können
- seine *Stärken* in dem Bereich haben, den man anleiten soll
- sich *nicht nur* auf die eigene *Intuition* und das eigene Fachwissen verlassen
- vor allem *Wesentliches* erkennen können
- *Zusammenhänge* und nicht zuletzt die *Eigenschaften* und *Fähigkeiten* der Menschen erkennen
- in der Lage sein, Beziehungen zu gestalten, *Vernetzung* zu handhaben.
- planen und *organisieren* können
- einbinden und *motivieren*
- *Mitarbeiterorientierte Kommunikatoren* statt egozentrischer Alpha-Chefs [Kow 11a;

Hoc 12]: In 40 Prozent der Unternehmen sind Führungskräfte laut einer Untersuchung der Unternehmensberatung Staufen AG bei der Kommunikation mit Kollegen oder Mitarbeitern noch nicht über die Aneignung von Grundkenntnissen hinausgekommen [Sta 14].

- Ein *selbstsicheres Auftreten* haben
- *Positives Denken:* die Fähigkeit, Denken in die gewünschte Richtung zu steuern
- *Selbstmotivation*: Der ewig jammernde Chef hat das Ziel, den Sinn aus den Augen verloren und wird keinen Mitarbeiter dazu bewegen, Elan zu entfalten.

Der Fokus liegt jedoch heute noch sehr stark auf der Fachkenntnis, die bei Umfragen nach gesuchten Eigenschaften allerdings nur am Rande auftaucht. Früher war es üblich, dass der Chef alles, zumindest vieles, konnte, und das möglichst am besten von allen. Das war Voraussetzung für den nächsten Schritt auf der Leiter. Doch warum sollte das heute noch genauso sein? Die Welt ist komplexer geworden, die Möglichkeiten sind vielfältiger. Alles abzudecken, ist heute unmöglich, zu tief die Verästelungen, zu breit die Anforderungen und die Detailkenntnisse. Vernetzung ist der Megatrend, nicht nur im privaten Bereich aktuell, sondern im beruflichen Bereich zwingend erforderlich. Jeder ist heute angewiesen auf Unterstützung, auf die Zuarbeit von Spezialisten. Die Führungskraft als Wissensspeicher hat ausgedient. Wissen ist dagegen dank der gigantischen Informationsfülle, die uns umgibt, fast unbeschränkt zugänglich.

> Bestsellerautor und Motivationsspezialist Reinhard K. Sprenger fasst zusammen: „Wenn man ein Menschenbild hat, in dem der Mitarbeiter ein Erwachsener ist, ein freier Mensch, dann kann man damit umgehen. Die Leitlinie für richtiges Führen ist einfach: Finde die Richtigen, vertrau ihnen, fordere sie heraus, rede oft mit ihnen, bezahle sie fair und mach dann das Wichtigste von allem: Geh aus dem Weg. Denn die einzige legitime Form von Mitarbeiterführung ist die Selbstführung. Sorg dafür, dass die Leute ihren Laden am Laufen halten, weil es ihr Laden ist." „Der Sinn aller Arbeit in einem Unternehmen ist es, die Lebensqualität anderer Menschen zu verbessern – dafür zu sorgen, dass es anderen gut geht." [zitiert bei Lot 15]
>
> Auch Laotse sagte schon: *Wenn du Menschen führen willst, gehe hinter ihnen her.*

3.6 Richtige Kommunikation

Marcus Buckingham und Curt Coffmann haben in *Erfolgreiche Führung gegen alle Regeln* [Buc 12] eine Befragung von 28 000 Mitarbeitern eines Unternehmens über die Zufriedenheit mit Führung dargestellt. Die wichtigsten Unterschiede zwischen den Filialen des Unternehmens sind (Prozentwerte „äußerst zufrieden" zwischen bester/schlechtester Filiale in Klammern):

- „Chance, täglich optimal eingesetzt zu werden" (55/19)
- „Interesse an mir als Mensch" (51/17)
- „Förderung der Entwicklung" (50/18)
- „Wissen um die Anforderungen/Erwartungen" (69/41)

Diese Themen lassen sich ohne Menschenkenntnis, ohne die geeignete Kommunikation nicht erschließen. Das Eingehen auf die Menschen spielt demzufolge eine wichtige Rolle. Wo Chefs sich aktuell beklagen, das Unternehmen zu wenig voranbringen zu können, weil sie zu viel kommunizieren, dürfen sie erkennen, dass genau das eine der Kernaufgaben und Kernkompetenzen der Zukunft ist. Sie dürfen erkennen, dass nicht nur das Ausgeben von Informationen eine Herausforderung ist, sondern – noch wichtiger – das Empfangen. Begreifen, was den anderen bewegt, wie er sich fühlt, nimmt Druck von beiden Seiten und eröffnet Möglichkeiten.

Durch die immer mehr fortschreitende Komplexität und Spezialisierung Einzelner entstehen Leistungen und Entscheidungen immer mehr im Team. Die Führungskraft ist einerseits der Wegbereiter, andererseits diejenige, die den Menschen folgt und ihnen effiziente Arbeit und Zusammenarbeit ermöglicht. Ihre Aufgabe ist es, zu besseren Leistungen zu verhelfen! Und dafür zu sorgen, dass diese Wirkung auch ohne ihre Anwesenheit anhält. Wenn die Organisation sich stärker auf die Menschen ausrichtet, wird sie sich daran gewöhnen müssen, dass die Prozesse (zumindest soweit es nicht um bereits optimale Standardverfahren geht) anfänglich nicht mehr so schnell ablaufen. Die Anfangsinvestition bei Mitarbeitern wird höher, weil es gilt, sie kennenzulernen und ihren optimalen Einsatz zu finden. Dafür winken als Lohn jedoch deutlich weniger Risiken und deutlich zufriedenere und motiviertere Mitarbeiter, die dauerhaft bessere Leistungen erwarten lassen.

Mehr Kommunikation führt, wenn sie positive Veränderungen bewirken soll, zu mehr Offenheit. Wenn Meinungen gehört werden, müssen sie auch berücksichtigt werden. Offene Kommunikation ist ein Kennzeichen von Unternehmenskulturen, in denen der Chef sich nicht über die Mitarbeiter erhebt. Hier bleiben Menschen gern, fühlen sich eingebunden, verbunden, Teilnehmer und Mensch statt Arbeitsbiene. So steuern sie gern ihre Unterschiede, ihre Potenziale, ihre Kreativität bei.

MSC, Fischer und Coco-Mat (Kapitel 1) haben bewiesen, dass ein Erfolgsrezept der Führung darin liegt, den Fokus auf die Menschen zu legen. Menschen als Menschen zu betrachten, als wertvolle Mitglieder des Unternehmens, als Potenziale.

Die Firma Praemandatum ist ein überdurchschnittlich innovativer IT-Anbieter aus Hannover mit dem Kernthema Datenschutz. Ihr Gründer Peter Leppelt hat Demokratie und Freiheit fest im Unternehmensalltag verankert. Die Firmenkultur hat sich den steigenden Ansprüchen der Angestellten und einer immer offeneren Arbeitswelt angepasst und ist damit vielen Unternehmen vorausgeeilt. Die Menschen bei Praemandatum können nicht nur selbst entscheiden, wie und wie lange sie arbeiten, sondern haben sogar Mehrheitsentscheide zur Abstimmungsroutine erhoben.

Unumgängliche Voraussetzung für mehr Demokratie im Unternehmen ist eine Offenheit, die noch eher konservativ aufgestellte Firmen erschrecken dürfte. Doch die Zeichen stehen darauf, dass diese Offenheit sich kurz- bis mittelfristig im Unternehmensalltag ohnehin durchsetzen wird. Geheimnisse sind mit Nutzung der gängigen Technologien kaum noch zu wahren.

■ 3.7 Gewinn aus guter Führung

Wenn auf die Bedürfnisse der Mitarbeiter besser eingegangen wird, werden die Ergebnisse besser. Die Untersuchung von Buckingham und Coffman [Buc 12] zeigt ebenso wie empirische Untersuchungen, dass Unternehmen mit überdurchschnittlicher Mitarbeiter- und Kundenzufriedenheit auch wirtschaftlich erfolgreicher sind.

Die Renditen können bis zum Faktor 3,4 höher sein als bei vergleichbaren Unternehmen [Fle 05]. Das Problem der Mitarbeiterfindung stellt sich für keines der zitierten Unternehmen, obwohl sie teilweise unterdurchschnittliche Löhne zahlen. Es bewerben sich mehr Menschen, als Stellen zur Verfügung stehen, und sie zeigen damit, dass ihnen die Unternehmenskultur wertvoller ist als die Bezahlung.

Und das ist noch nicht alles: Bei Unternehmern wie Mike Fischer profitiert nicht nur die Firma, sondern auch er persönlich. Denn die Freiheit für die Mitarbeiter bedeutet Freiheit für ihn selbst. Er hat Zeit für neue Unternehmungen und strategische Weichenstellungen. Darüber hinaus inspiriert er andere mit seinen Ideen. Mit der Devise „Er-mächtigung des Einzelnen statt Ent-mündigung" fährt mittlerweile nicht nur seine Fahrschule gut. Demokratie auf der Überholspur sozusagen. Das beklagte Problem der Führungskräfte, keine Zeit für wichtige gestalterische Aufgaben zu haben, hat sich durch die Führungsform erledigt.

3.8 Kurz und knapp

- Während es ein zunehmender Erfolgsfaktor wird, dass sich die MitarbeiterInnen mit ihren Stärken, ihrer Individualität einbringen können, um gemeinsam beste Ergebnisse zu erzielen, wird ihr Potenzial noch immer und zu häufig althergebrachten Führungsmethoden geopfert. So bleibt das Engagement der Menschen weit unter ihren Möglichkeiten. Das Unternehmen muss sich in eigener Verantwortung (die allerdings gern den „unfähigen Mitarbeitern" zugeschoben wird) mit immer weniger freigelegtem Mitarbeiterpotenzial begnügen. Unternehmen werden blasser statt bunter, solange Führung sich nicht an den Menschen orientiert, sondern Modellen folgt.

- Aus der Methodenlehre oder der teilweise unbewussten Ableitung von Vorbildern entsteht Wissen über Führung. Doch es ist theoretisch und blass, wird eher intuitiv statt bewusst angewendet. Deshalb herrscht der autoritäre Führungsstil noch vor, auch bei jungen Generationen. Er kann zwar in Krisensituationen sinnvoll sein, die er allerdings häufig selbst verursacht. Es entstehen Risiken für die Gesundheit der Mitarbeiter. Die Quote unmotivierter, innerlich gekündigter oder Dienst nach Vorschrift leistender Mitarbeiter ist hoch und spiegelt sich in der Quote negativ beurteilter Führungskräfte. Durch die aktuelle Führungssituation sind Nachwuchskräfte bereits jetzt schwer, künftig noch schwerer, zu finden.

- Den optimalen Führungsstil für alle gibt es allerdings nicht, genauso wenig wie den Vorzug von Männern vor Frauen oder umgekehrt. Führung muss situativ erfolgen, zur Unternehmenskultur, den Menschen, der Organisation und den jeweiligen Aufgaben passen. Sie kann selbst innerhalb eines Unternehmens komplett variieren.

- Es gibt Merkmale idealer Führung. Um ein idealer Chef zu werden, ist neben der Entrümpelung von lähmenden oder falsch angesiedelten Arbeiten ein Umdenken erforderlich. Der Fokus wandert von der Fachkenntnis zu den Soft Skills. Eine gute Führungskraft muss künftig viel ausgeprägter durch gute Kommunikation führen. Führung kann so wieder freudvoll, stressfreier und attraktiver werden.

- Die notwendigen Fähigkeiten sind im Wesentlichen trainierbar, bis hin zur Entwicklung und Steigerung der eigenen Motivation. Gute Erfolgsaussichten bestehen, wenn die Führungskraft bereit ist, bewusst mit Führung umzugehen, sich selbst stets kritisch zu reflektieren und konstruktiv reflektieren zu lassen.

- Wachstum, bessere Gewinne und eine gute Entwicklung sind durch demokratischere, offenere Führungsmethoden wahrscheinlich. Die Führungskraft selbst profitiert durch mehr Zeit für strategische Aufgaben.

3.9 Handlungsempfehlungen

- Verschaffen Sie sich ein Bild davon, welche Stimmung in Ihrem Unternehmen vorherrscht. Sind „apokalyptische Reiter" erkennbar und wenn ja, wie intensiv? Prüfen Sie, wie der Umgang miteinander verbessert werden kann, und verankern Sie das tief in Unternehmenskultur und Alltag.
- Klären Sie Wissen über und Anwendung von Führungsstilen in Ihrem Bereich beziehungsweise Ihrem Unternehmen. Führungsstile müssen bekannt sein, um die Möglichkeit zu bieten, angemessen zu handeln.
- Machen Sie Vor- und Nachteile verschiedener Führungsstile und Erfolgsgeschichten öffentlich und schulen Sie die entsprechenden Personen. Dabei muss klar sein, dass es wünschenswert ist, nicht nur einen Stil zu beherrschen und anzuwenden, sondern situativ wechseln zu können.
- Stellen Sie den Bedarf nach Veränderungen fest. Zur Ermittlung der Zufriedenheit kann eine Umfrage dienen, die Sie in gleicher Form später wiederholen.
- Stellen Sie fest, ob die Führungskräfte bereit und fähig sind, Veränderungen durchzuführen.
- Geben Sie sich und anderen Zeit, Veränderungen einzuleiten und durchzuführen.
- Räumen Sie dem Thema Soft Skills einen größeren Raum ein, entwickeln Sie Führungskräfte und Mitarbeiter frühzeitig und begleitend durch Trainings und Coachings, um Überforderung und Missverständnisse zu vermeiden.
- Unterstützen Sie die bewusste Selbsteinschätzung der Führungsqualität Ihrer Führungskräfte.
- Machen Sie transparent, was ideale Chefs auszeichnet.
- Bereiten Sie sich auf einen vorübergehend höheren Aufwand vor, der jedoch reichlich Früchte tragen wird: in Form von besseren Ergebnissen, zufriedeneren Mitarbeitern und mehr Freiheit für die Führungskräfte, wichtigen Unternehmensfragen statt ungeliebten Routinen nachgehen zu können.
- Kommunikation muss einen hohen Stellenwert erhalten und trainiert werden.
- Überlegen Sie, wie die Selbsteinschätzung der Führungskräfte durch Fremdeinschätzung ergänzt werden kann, ohne damit eine neue fruchtlose Routine zu schaffen.
- Führungskräfte sind gut beraten, ein Tagebuch zu führen, in dem sie täglich Aspekte ihrer praktischen Führungsarbeit festhalten, Wunsch und Wirklichkeit sowie Verbesserungspotenziale. Damit lässt sich Entwicklung auf einfache Weise sichtbar machen und das Thema Führung im Fokus halten.

3.10 Literaturverzeichnis

[Bir 13] Birkinshaw, J., Becoming A Better Boss. Why Good Management Is So Difficult, London 2013

[Buc 12] Buckingham, M./Coffmann, C., Erfolgreiche Führung gegen alle Regeln. Wie Sie wertvolle Mitarbeiter gewinnen, halten und fördern, 4. Aufl. Frankfurt am Main 2012

[Cou 08] Coutu, D., Beziehungsforscher Gottman: „Oft sind Chefs ziemlich einsam" (10.2.2008), unter: http://www.spiegel.de/wirtschaft/beziehungsforscher-gottman-oft-sind-chefs-ziemlich-einsam-a-532689.html (letzter Aufruf 23.5.2016)

[Del 15] Deloitte Millennial Survey 2015, unter http://www2.deloitte.com/de/de/pages/innovation/contents/millennial-survey-2015.html (letzter Aufruf 23.5.2016)

[Fle 05] Fleming, J.H. u.a. (2005). Manage your human sigma, in: Harvard Business Review, Juli/August 2005, unter: https://hbr.org/2005/07/manage-your-human-sigma (letzter Aufruf 23.5.2016)

[Frö 15] Fröhlich, H., Führung in Zahlen, in: brand eins 3/2015, 94–95, unter http://www.brandeins.de/archiv/2015/fuehrung/fuehrung-in-zahlen/ (letzter Aufruf 23.5.2016)

[Füh 15] Führung oder Ent-Führung? Fragen an Stephan A. Jansen, in: brand eins 3/2015, 74–75, unter http://www.brandeins.de/archiv/2015/fuehrung/fuehrung-oder-ent-fuehrung/ (letzter Aufruf 23.5.2016)

[Gal 11] Galaktionow, B., Achtung, gefährlicher Kollege! (9.12.2011), unter http://www.sueddeutsche.de/karriere/dunkle-persoenlichkeiten-im-job-achtung-gefaehrlicher-kollege-1.1228936 (letzter Aufruf 23.5.2016)

[Gal 14] Gallup Engagement Index Deutschland (2014), unter http://www.gallup.com/de-de/181871/engagement-index-deutschland.aspx (letzter Aufruf 23.5.2016)

[Gal 15] Gallup, Pressemitteilung Engagement Index 2015, unter http://www.gallup.de/file/190031/Pressemitteilung%20zum%20Gallup%20Engagement%20Index%202015%20for%20download.pdf (letzter Aufruf 23.6.2016)

[GfK 15] GfK Verein/St. Gallen Symposium, Global Perspectives Barometer 2015, unter http://www.gfk-verein.org/sites/default/files/medien/359/dokumente/global_perspectives_barometer_2015_-_report_web.pdf (letzter Aufruf 23.5.2016)

[Hoc 12] Hockling, S., Wie Chefs ihre Mitarbeiter emotional binden (30.3.2012), unter http://www.zeit.de/karriere/beruf/2012-03/chefsache-mitarbeiterbindung (letzter Aufruf 23.5.2016)

[Ini 14] Initiative Neue Qualität der Arbeit (Hrsg.), Führungskultur im Wandel (2014), unter http://www.inqa.de/SharedDocs/PDFs/DE/Publikationen/fuehrungskultur-im-wandel-monitor.pdf?__blob=publicationFile (letzter Aufruf 23.5.2016)

[IsN 14] Is Narcissism Essential for Success? (17.1.2014), unter http://www.psychologicalscience.org/index.php/news/minds-business/is-narcissism-essential-for-success.html (letzter Aufruf 23.5.2016)

[Kow 11a] Kowitz, H., Studie: Was Arbeitnehmer wollen (17. 9. 2011), unter http://www.welt.de/print/die_welt/finanzen/article13609972/Studie-Was-Arbeitnehmer-wollen.html (letzter Aufruf 23. 5. 2016)

[Kow 11b] Kowitz, H., Was erfolgreiche Chefs von schlechten unterscheidet (20. 9. 2011), unter http://www.welt.de/wirtschaft/karriere/leadership/article13613193/Was-erfolgreiche-Chefs-von-schlechten-unterscheidet.html (letzter Aufruf 23. 5. 2016)

[Lot 15] Lotter, W., Die Chefsache, in: brand eins 3/2015, 38–45, unter http://www.brandeins.de/uploads/tx_b4/038_b1_03_15_Einleitung.pdf (letzter Aufruf 23. 5. 2016)

[Mal 15] Malcher, I., Die Dinosaurier leben noch, in: brand eins 3/2015, 54–57, unter http://www.brandeins.de/archiv/2015/fuehrung/julian-birkinshaw-interview-die-dinosaurier-leben-noch/ (letzter Aufruf 23. 5. 2016)

[Nar 11] Narcissists Look Like Good Leaders – But They Aren't! (9. 8. 2011), unter http://www.psychologicalscience.org/index.php/news/releases/narcissists-look-like-good-leadersbut-they-arent.html# (letzter Aufruf 23. 5. 2016)

[Rie 13] Riederle, P., Wer wir sind und was wir wollen. Ein Digital Native erklärt seine Generation, München 2013

[Sta 99] Staehle, W. H. u. a., Management. Eine verhaltenswissenschaftliche Perspektive, 8. Aufl. München 1999

[Sta 14] Staufen AG, Deutscher „Industrie 4.0" Index. Auf dem Weg zur Fabrik der Zukunft (2014), unter http://www.staufen.ag/fileadmin/hq/survey/STAUFEN-studie-deutscher-industrie-4.0-index-2014.pdf (letzter Aufruf 23. 5. 2016)

[Syw 15] Sywottek, C., Sinnvolle Unordnung, in: brand eins 3/2015, 46–51, unter http://www.brandeins.de/archiv/2015/fuehrung/haufe-gruppe-sinnvolle-unrodnung/ (letzter Aufruf 23. 5. 2016)

[Uni 15] Universität Hohenheim, Extrovertiert und machtbesessen. Frauen im Chefsessel sind unverträglicher als männliche Kollegen (15. 7. 2015), unter: https://www.uni-hohenheim.de/pressemitteilung?&tx_ttnews[tt_news]=28660&cHash=5814a7939e45f2ac251e0083bba803a7 (letzter Aufruf 23. 5. 2016)

4 Führen heißt Menschen kennen

> **In diesem Kapitel**
>
> - Der Nutzen besserer Menschenkenntnis und ihre Anwendung im Hinblick auf den Unternehmenserfolg
> - Wie Menschenkenntnis zu Win-win-Situationen beiträgt
> - Wie unbewusste Denkgewohnheiten bessere Menschenkenntnis verhindern
> - Wie sich Vielfalt mithilfe des Erfolgsschlüssels Menschenkenntnis entwickeln kann

Die menschliche Ebene sehen, verstehen, was zwischen Menschen emotional geschieht, beseitigt einen Großteil der Reibungsverluste heutiger Führung, entfaltet Stärken und erschließt Potenziale. Uns selbst und andere besser zu kennen, macht erfolgreiche Führung erst möglich. Mit der Konzentration auf menschliche Stärken entsteht ein starkes Unternehmen. Emotionale Intelligenz und bessere Kommunikation sind wesentliche Erfolgskomponenten der Führung.

„Wir sehen die Dinge nicht so, wie sie sind – wir sehen sie so, wie wir sind", Anäis Nin, bekannte französische Schriftstellerin des letzten Jahrhunderts.

Wie gut können wir Menschen wahr-nehmen, wie gut kennen wir sie – und nicht zuletzt uns selbst? Wie objektiv sind unsere Beurteilungsmaßstäbe? Täuscht uns, was wir sehen oder was andere Sinne wie das Hören wahrnehmen? Ist die Selbsteinschätzung zuverlässiger als die Fremdeinschätzung? Helfen Testverfahren? Und sollten wir Menschen, die uns spontan angenehm sind, ins Unternehmen holen? Wozu überhaupt „kuscheln" für den Wohlfühlfaktor – ist die Arbeit an sich nicht das Wichtigste? Und rechnet sich eine stärkere Konzentration auf die Menschen und ihre Bedürfnisse überhaupt?

> Ein Lebenslauf, eine Bewertung, ist doch klar. Egal, ob Männlein oder Weiblein drauf steht! Was glauben Sie? Könnte es sein, dass ein und derselbe Lebenslauf, mit anderem Namen ausgestattet, dazu führt, dass die dahinterstehende Person völlig anders bewertet wird? Zwei Professoren an der Harvard Business School wollten es nicht bei einer Vermutung belassen. Sie gingen der Frage nach, ob das Geschlecht die Einschätzung einer Person beeinflusst. Dazu unterteilten sie Studierende in zwei Gruppen und gaben ihnen einen echten Lebenslauf zur Beurteilung. Nur der Name wurde verändert: einmal Heidi Roizen, einmal Howard Roizen. Die Studenten waren erfreulicherweise neutral – doch leider nur im Hinblick auf die Beurteilung der Tüchtigkeit. Welten taten sich darüber hinaus auf: Während die Studierenden, die Howards Lebenslauf erhalten hatten, an seinem Charakter nichts auszusetzen hatten, hielt die Heidi-Gruppe sie für unsympathisch, egoistisch, übermäßig aggressiv, rundum eine „Person, mit der man nicht zusammenarbeiten möchte".

Ein scheinbar harmloses Experiment, aber mit gravierenden Erkenntnissen. Allein mit dem Geschlecht ändert sich die charakterliche Einschätzung fundamental.

> Das Heidi-Howard-Experiment erlangte Berühmtheit durch Sheryl Sandbergs (Topmanagerin bei Facebook) Buch *Lean in* [San 13]. Erst nach der Lektüre kam mir die Idee, dass ich möglicherweise schon selbst teilweise Opfer dieses Phänomens geworden bin. Im Alltag konnten sich an Winzigkeiten Probleme entzünden: Während bei mir eine Aufforderung an Mitarbeiter, Akten endlich so zu organisieren, dass sie nicht überquollen, eine Betriebsversammlung zur Folge hatte, in der meine harschen Managementmethoden angeprangert wurden, erzählten mir im Gegenzug dazu Mitarbeiterinnen mit einem „ein-tougher-Kerl"-Schmunzeln, dass kritische Gespräche bei einem meiner Vorgänger oft damit endeten, dass die Damen weinend das Büro verließen. Aha! Weibliche Führungskräfte: Bleiben Sie freundlich und bestimmt und – halten Sie durch. Es gibt gute Chancen, dass sich die Fremdeinschätzung ändert! Bei mir auf jeden Fall hat es das: Nach einer längeren Zeit des Kennenlernens und der Vertrauensbildung spielten solche Stereotype keine Rolle mehr.

4.1 Der beste Kandidat – die beste Kandidatin

Hängt die Auswahl des geeigneten Menschen eher von der Stelle als vom Menschen ab? Was denken Sie? Wie schnell können Sie mit Blick in die Bewerbungsunterlagen einschätzen, wer für eine bestimmte Stelle in Frage kommt?

> Erneut ein Experiment über die Besetzung von Stellen, erneut überraschende Ergebnisse wie hier bei der Suche nach einem Polizeichef. Die Kommission, die die Stelle zu besetzen hatte, bestand aus Männern und Frauen. Beide Geschlechter bewerteten bei den Bewerbern vorher vereinbarte Kriterien. Und das taten sie erstaunlich flexibel. Von Kriterium zu Kriterium springend wurde als wichtig angesehen, was jeweils dem männlichen Bewerber Vorteile verschaffte. Hatte also ein Mann „Familienorientierung", galt das als wichtig. Hatte er sie nicht, erschien das Kriterium den Kommissionsmitgliedern plötzlich als unwichtig. Dem männlichen Bewerber wurde also für die Stelle des Polizeichefs unbewusst der Vorzug gegeben, indem die Kriterien frei interpretiert wurden. Bei der Besetzung einer Professur für Gender Studies wurden weibliche Kandidatinnen in gleicher Weise bevorzugt. Die *„Flexibilität trifft also keineswegs nur männliche Bewerber und macht auch nicht vor Hautfarben halt"* [Uhl 05], auch nicht vor anderen heterogenen Merkmalen.

Spürbar überzeugt von sich – gut oder nicht?

Würden Sie einen Mitarbeiter oder eine Mitarbeiterin befördern, der oder die selbst leichte Zweifel daran äußert, ob er beziehungsweise sie die neue Stelle voll beherrschen wird? Die Wahrscheinlichkeit spricht dagegen! Wie positiv ein Kandidat seine (zukünftigen) Qualitäten „verkauft", ist entscheidend für die Auswahl – überraschenderweise sehr unabhängig von bisherigen Qualifikationen und Fähigkeiten.

> Jedoch wird sich nur ein bestimmter Menschentypus so positiv darstellen. Es ist der, wie die Forschung ihn nennt, sich selbst Überschätzende oder Überzuversichtliche. Der Dunning-Kruger-Effekt [Kru 99] schlägt zu: eine kognitive Verzerrung, die sich dadurch zeigt, dass inkompetente Menschen das eigene Können überschätzen und die Kompetenz anderer unterschätzen. Ein Grund, aus dem auch elf von zwölf Start-ups scheitern: Denn sie gehen davon aus, dass die anderen dümmer sind als sie selbst und somit keine ernstzunehmenden Konkurrenten sind [Kön 15].

Unwissenheit führte nach Dunning/Kruger oft zu mehr Selbstvertrauen als Wissen. Dunning/Krugers Fazit: Weniger kompetente Personen

- neigen dazu, ihre eigenen Fähigkeiten zu überschätzen,
- erkennen überlegene Fähigkeiten bei anderen nicht
- und ihnen ist das Ausmaß ihrer Inkompetenz nicht bewusst.

Die Überzuversichtlichen schätzen allgemein Chancen als zu hoch, Risiken dagegen als zu niedrig ein. *Familienbewusste* dagegen überschätzen sich selbst und Chancen in der Regel nicht, sie stellen sich entsprechend weniger positiv dar. Eine Entscheidung für die Überzuversichtlichen ist daher ebenso wahrscheinlich wie riskant. Doch hat der Arbeitgeber Alternativen? Meist nicht, denn neben der Selbst- und Chanceneinschätzung und entsprechenden Selbstdarstellung melden sich die weniger Zuversichtlichen häufig nicht einmal auf Stellenausschreibungen. Wo sie Wahrnehmung, Unterstützung und Vertrauen benötigen, um sich der Herausforderung zu stellen, werden sie – oft zum Nachteil des Unternehmens – im wahrsten Sinne übertönt.

Henry Ford hat es auf den Punkt gebracht: *„Enten legen ihre Eier in aller Stille. Hühner gackern dabei wie verrückt. Was ist die Folge? Alle Welt kauft Hühnereier."* Dieser Availability Bias oder diese Verfügbarkeitsvorliebe ist ein psychologisches Phänomen, das sagt: Allem, was spektakulär, leichter zu merken oder auffälliger ist, schreiben wir eine zu hohe Wahrscheinlichkeit zu. Allem, was stumm, unsichtbar oder schwerer zu merken ist, eine zu niedrige. Das Spektakuläre ist dem Gehirn verfügbarer als das Gegenteil, weil unser Hirn dramatisch denkt. Und das bedeutet, dass Menschen, die leiser und zurückhaltender sind, keineswegs schlechter sind. Sie sind einfach für die meisten von uns weniger sichtbar.

Sie wissen nicht, wenn Sie jemanden befragen, ob er bewusst kompetent ist, also eine gesunde Selbsteinschätzung hat, oder ob er unbewusst inkompetent ist. Wenn Sie also mehr Auswahl, mehr Qualität bei weniger Risiken haben wollen, prüfen Sie die bisherigen Leistungen genauer.

Ist das, was Sie sehen, wirklich das, was Sie bekommen?

Die Münchner Philharmoniker veranstalteten 1980 anlässlich einer Posaunen-Neubesetzung im Orchester ein Probespiel. Da ein Bewerber der Sohn eines bekannten Münchner Musikers war und die anderen nicht benachteiligt werden sollten, sorgte ein Sichtschutz für Neutralität. Die Musikerin Abbie Conant, irrtümlich als Mann eingeladen, begeisterte das Gehör des damaligen Generalmusikdirektors und Dirigenten Sergiu Celibidache dermaßen, dass alle Mitbewerber ohne weitere Anhörung nach Hause geschickt wurden. Conant trat hinter dem Sichtschutz hervor – und die Augen übernahmen die Regie: Zweifel entstanden. Es gab nun doch zwei weitere Proberunden, doch Conant gewann immer wieder. Ins Orchester aufgenommen, dauerte es mehrere Jahre und mehrere Prozesse, bis sie den gleichen Rang wie ein Mann erhielt und endgültig davon überzeugt hatte, dass Frauen tatsächlich Posaune spielen können. Die Ohren waren in Verbindung mit den Augen nicht zuverlässig, die unbewussten Voreinstellungen mächtiger als selbst ein exzellent geschultes Musikergehör [Gla 13].

Sind die kleinen Geschichten Grund genug für Sie, sich mit Denkfehlern zu beschäftigen und künftig bewusster zu entscheiden? Oder vermuten Sie, dass Sie selbst gefeit sind vor solchen Denkfehlern? Beispielhaft folgende Fragen: Wie gut schätzen Sie sich selbst ein darin, Menschen gleich zu behandeln? Beeinflusst die Hautfarbe Sie zum Beispiel? Sie können sich selbst prüfen im sogenannten IAT-Test (Implicit Associaton Test), mit dem bestimmt werden kann, in welchem Maß unsere unbewussten Assoziationen unser Denken und Verhalten beeinflussen. Der Test ist eine Annäherung daran, zu messen, was wir wirklich denken, jenseits unserer bewussten Formulierungen. Unbewusste oder bewusste (Selbst-)Täuschungen werden sichtbar. So haben zum Beispiel im Durchschnitt nur rund 17 Prozent der Teilnehmer eine neutrale Einstellung zur Hautfarbe. Testen Sie sich selbst einmal unter https://implicit.harvard.edu/implicit/germany/ und lassen Sie sich überraschen.

Illustriert wird das durch ein weiteres Experiment: Eine Testgruppe von verschiedener ethnischer Herkunft und unterschiedlichem Geschlecht, die ein vergleichbares Bildungs- und Wohlstandsniveau offen bekundeten, sollte bei Autokäufen verhandeln. Die Autoverkäufer machten ihnen jedoch spontan Angebote, die deutlich voneinander abwichen. Vor allem der Preis hing signifikant von der (optischen) ethnischen Herkunft und dem Geschlecht ab. [Gla 13].

Die Wissenschaft hat sich um die Selbsteinschätzung hinsichtlich Objektivität gekümmert, mit dem Ergebnis, dass vor allem diejenigen, die ihre Objektivität besonders hoch einschätzten, am meisten zur Ungleichbehandlung neigten. Falls Sie sich darin als sehr gut einschätzen, ist also Vorsicht angebracht und berechtigt. Und Ungleichbehandlung erzeugt unzuverlässige, sogar schlechte Ergebnisse und Fehler.

Zumindest zeigte die Studie „Recruiting Trends 2014" der Münchner Personalberatung Pape, für die 2800 Personalchefs und Geschäftsführer unterschiedlich großer Unternehmen anonym befragt wurden, dass Fehlentscheidungen von Chefs und Personalentscheidern ebenso häufig wie teuer sind, egal, ob sie selbst entschieden, die Bewerber auf konventionellem Weg, über soziale Netzwerke oder Headhunter ausgewählt wurden [End 13].

Täuschungen des Denkens und Möglichkeiten

Worauf sind diese und andere Denkfehler, falsche Einschätzungen und Entscheidungen zurückzuführen? Was *nehmen* wir eigentlich *für wahr*, was *erkennen* wir? Wir denken schnell und die Experimente zeigen, wie sehr das, was wir für unsere Menschenkenntnis halten, in die Irre führen kann. Unbewusste Voreinstellungen, die wir haben, machen weder vor dem Geschlecht oder der ethnischen Herkunft noch vor dem Beruf halt, wahrscheinlich gibt es kaum Grenzen.

Dieses Denken ist weder Zufall noch Einzelfall, sondern hat System. Wir denken schnell – und zu rund 95 Prozent unbewusst, gespeist von den Erfahrungen unseres gesamten bisherigen Lebens. Das ist wichtig, damit wir angesichts der vielen Eindrücke, die wir ständig aufnehmen, vor Überlastung geschützt sind. Unsere Wahrnehmung ist also sehr subjektiv; eine Filterung von Informationen auf der Basis dessen, was wir bisher gelernt haben. Wichtige Dinge, die wir nicht kennen oder auf die wir nicht gezielt schauen, können uns daher völlig entgehen. Unbewusst tappen wir durchs mehr oder weniger Dunkle.

> Nach der von Daniel Kahnemann, einem US-amerikanischen Psychologen, und Amos Tversky, einem israelischen Forscher zum Thema Kognitionswissenschaft, entwickelten und später mit dem Wirtschaftsnobelpreis prämierten *„Neue Erwartungstheorie"* arbeitet das menschliche Gehirn in zwei Betriebszuständen: Zustand eins wird „schnelles Denken" genannt. Es lebt von Erfahrungen, Prägungen, allem, was man kennt und mag, von Moralvorstellungen, Vorurteilen und festen Einstellungen – also allem, was man entweder bewusst oder unbewusst für richtig hält. Hier geht das Denken schnell und automatisch. Leider in Hirnregionen, die Neues zur Arbeitsersparnis von sich weisen, wenn es uns nicht gefällt.
>
> Selbst wenn wir Neues näher untersuchen wollen, schlagen diese Hirnregionen Alarm, übertreiben Risiken unverhältnismäßig. Die „eingebaute Verlustaversion", wie die Forscher diesen Prozess nennen, erschwert oder verhindert gar neue Erfahrungen.
>
> Das laut Kahneman „langsame Denken" ist demgegenüber selten und verlangt kritisches, auch selbstkritisches Sammeln von Informationen, ein vernünftiges und logischen Maßgaben folgendes Einbeziehen von Alternativen, den sachlichen Umgang mit Wahrscheinlichkeiten und Varianten – kurz die Auseinandersetzung mit dem richtigen Leben, das aus Vielfalt und Komplexität besteht [Pros].

Mit Objektivität hat unser Denken daher wenig zu tun. Wir haben offenbar Bilder, Gedanken, Vorstellungen im Kopf und passen die Realitäten daran an. So lange, bis sich für uns ein stimmiges Ganzes ergibt. Eine Gleichbehandlung der Menschen ist somit grundsätzlich ausgeschlossen, Irren ist folglich tatsächlich menschlich. Die Ergebnisse der Experimente sind ein wichtiger Grund, sich mit besseren Denkweisen zu beschäftigen.

Die gute Nachricht: Haben wir mehr Bewusstheit erlangt, können wir unsere Denkweise verändern und kommen zu besseren Ergebnissen. Dunning/Kruger haben beruhigend festgestellt, dass es Lernsache ist, seine Kompetenz bezüglich der Selbst- und Fremdeinschätzung zu steigern und sich und andere besser einzuschätzen. Offen über Verhalten zu sprechen, ändert Denk- und Verhaltensweisen. In den Fällen, wo Aufklärung über gängige Denkmechanismen stattgefunden hat, diese Effekte also bewusst gemacht wurden, indem zum Beispiel die Kriterien vorher nach ihrer Bedeutung für die Stelle fixiert wurden, verschwinden sie oder werden deutlich abgemildert [Uhl 05]. Selbst bei unbewussten Rassenvorurteilen ist das möglich, wenn auch nicht so leicht.

Entsprechende Aufklärungsarbeit, Trainings und Coachings sind also genau wie eine gute Vorbereitung je nach Thema eine wichtige Basis jeder Führungsarbeit.

4.2 Persönlichkeitstests – eine objektive Lösung?

Menschen kennen und beurteilen – geht das nicht objektiver? Der Wunsch nach objektiveren Methoden ist verständlich. Daher sind Tests so beliebt und werden, oft recht teuer, gern gekauft und angewendet. Ja, Tests *können* Hinweise auf die individuelle Ausrichtung liefern – doch welche Verfahren sind empfehlenswert und darüber hinaus: Wie sind sie anzuwenden? Und wie manipulationsbereit ist der Proband?

Der Anspruch an Tests für die Personalauswahl lautet: Validität, Ökonomie und Akzeptanz. Doch diese Anforderungen werden bei den meisten Persönlichkeitstests nicht erfüllt; sie sind weder valide noch verlässlich [Per]. Manch teuer erworbener Persönlichkeitstest hält, wissenschaftlich betrachtet, nicht, was er verspricht.

Wenn das Unternehmen sich dennoch gründlich mit den Verfahren, den Methoden und Anwendungszielen beschäftigt hat, eine Wahl getroffen hat, muss außerdem die Anwendbarkeit der Fragen zur Wahrung des Persönlichkeitsschutzes der Getesteten rechtlich geprüft werden. Darüber hinaus sind die Testergebnisse manipulierbar, denn die Fragen lassen erkennen, worauf gezielt wird, auch wenn die Verlässlichkeit durch Kontrollfragen erhöht werden soll. Da die Ergebnisse ausgewertet beziehungsweise interpretiert werden müssen, kommen weitere „Gestaltungsmöglichkeiten" dazu.

Selbst bei absolut professionellem Einsatz kann es also schwierig werden – als schnelle Hilfe nebenbei sind selbst passende und gute Testverfahren nur sehr eingeschränkt geeignet. Die Frage stellt sich, ob Würfeln die gleichen Erkenntnisse bieten kann – und noch dazu deutlich preiswerter. Ein Test allein erscheint keinesfalls ratsam.

Laut Daniela Eisele (Professorin für Personalmanagement an der Hochschule Heilbronn [Eis 10]) empfehlen sich drei möglichen Zugänge zu einer Person in Kombination [Hos 03], und zwar:

- objektive Informationen (wie Ausbildungsabschluss oder Auslandserfahrungen) als Basis,
- Referenzen oder Beobachtungen (z. B. im Gespräch, im Assessment-Center etc.) für das Fremdbild,
- Selbstbild: durch Selbstbeschreibung im Interview (gegebenenfalls mithilfe von Testverfahren).

Nicht jeder möchte Testverfahren anwenden. Ausgelagert auf ein wie auch immer geartetes Verfahren wird auch die eigene Menschenkenntnis nicht besser. Interviews sind für viele kleinere und mittelständische Unternehmen die Lösung für die Personalauswahl, sie setzen ausschließlich darauf und sind damit meist erfolgreich.

Eine Möglichkeit, sich bessere Kenntnisse über sich selbst anzueignen, gleichzeitig Grundzüge der Persönlichkeit bei anderen besser kennenzulernen und im entspannten Interview anzuwenden, sind die *Metamodelle* aus dem Neurolinguistischen Programmieren.

> Dem *Metamodell* der Sprache liegt zugrunde, dass unser (unbewusstes) inneres Erleben in Form von Sprache an die Oberfläche kommt. Daher ist unsere Wortwahl geprägt von unseren Erfahrungen, Überzeugungen, unserer Identität und unseren Wertvorstellungen. Das LAB, Language and Behaviour Profile, hilft dabei, die individuellen „Filtersysteme" der Menschen mit den zugrunde liegenden Einstellungen zu erkennen. Individuelle Muster können erkannt werden, die Kommunikation kann individueller, verständlicher für den Gesprächspartner werden und sich somit deutlich verbessern [Cha 12].

Aus den Metamodellen wurde das *LAB*, das Language and Behaviour Profile, entwickelt. Das LAB dreht sich unter anderem um Motivation und Entscheidungsfindung, Informationsverarbeitung, Aufmerksamkeit, Stress, den Arbeitsstil und die Arbeitsorganisation. Die Anwendung der Untersuchungskriterien allein schafft schon ein wünschenswert strukturiertes Vorgehen in der Vorbereitung von Interviews und mehr Klarheit über die gewünschten Eigenschaften für eine Stellenbesetzung. Aus der Wortwahl eines Menschen lassen sich Erkenntnisse ableiten; je spontaner er antwortet, desto besser.

Aussagen wie: *Geben Sie her, da kann ich gleich loslegen*, oder: *Damit ich das verstehe, muss ich erst darüber nachdenken*, können fundamentale Persönlichkeitsunterschiede zeigen. Die erste Person ist jemand, der eher proaktiv handelt, die zweite Person ist eher reaktiv.

Die Ergebnisse (nicht nur dieser Untersuchung) sind generell nicht als gut oder schlecht bewertbar, doch sie geben uns Informationen über bestimmte Eigenschaften, die wir idealerweise mit bestimmten Tätigkeiten verbinden. Zum Beispiel wird ein Mensch, der reaktiv ist, in einer Position mit Verantwortung nicht so erfolgreich sein, wie es zu erwarten ist. Und jemand, der proaktiv ist, muss manchmal gebremst werden.

4.3 Der Nutzen der besseren Menschenkenntnis

Der Nutzen der besseren Menschenkenntnis zeigt sich von der Stellenbesetzung bis hin zur Zusammenstellung von Teams und Entscheidungsfindungen. Erst in der Kenntnis ihrer Stärken und Eigenschaften können optimale Hochleistungsteams zusammengesetzt und geführt werden. Erst dann kann Unterstützung an der geeigneten Stelle einsetzen, muss nicht von einem Menschen erwartet werden, was er zu leisten weder willens noch in der Lage ist. Das Ergebnis dient dem Wohle beider: Sowohl des Unternehmens wie auch der Menschen, die sich nicht mehr mit Mittelmäßigkeit plagen müssen.

Bei der Mitarbeitersuche ist eine grundsätzliche Frage, ob Neues gewollt ist. Der beste Output an Innovationen wird nicht erreicht, indem Menschen einen jahrelangen Weg innerhalb eines Unternehmens absolvieren – denn querdenken heißt, anders zu denken. Neue, andere Denkweisen gehen aber auf dem jahrelangen Weg durch ein einziges Unternehmen leicht verloren. Individuen sind in Unternehmen klassischer Art noch nicht sehr gefragt, werden durch die Firmenkultur eher unterdrückt als gefördert. Sie sind unbequem, leisten Widerstand, ecken an, stören die Stromlinie. Es ist leichter, mit jemandem umzugehen, der „pflegeleicht" ist.

> Dass unser schnelles Alltagsdenken Angenehmes, Ähnliches statt Komplementäres, reibungsloses Hineinpassen sucht statt Bereicherung, wissen wir schon. Und das ist überraschend weitreichend: Der Film *Planet der Affen* ist dafür ein gutes Beispiel. Am Set ergab sich eine interessante Gruppierung: Darsteller und Produzenten berichteten übereinstimmend, dass in den Drehpausen das Phänomen einer „Rassentrennung" auftrat. Denn die Darsteller gesellten sich gemäß ihrer Kostümierung zu ihren Artgenossen wie Gorillas oder Schimpansen, statt sich beliebig zu mischen. Allein das ähnliche Kostüm reichte aus, Verbundenheit herzustellen. Denn Ähnlichkeiten geben das Gefühl von Vertrautheit, von Sicherheit – wir meinen, zu wissen, was wir erwarten können. Ein Kostüm reicht bereits dafür aus.

So freuen wir uns unbewusst über mehr von dem, was ohnehin schon da ist. Wenn Sie also einen Zugewinn wollen: Suchen Sie bewusst die Andersartigkeit, das, was auf den ersten Blick nicht passend erscheint! Und da schauen Sie genauer hin! Die früher beschriebene Werbekampagne von Dove ist ein Beispiel dafür. Hier wurde Neuland betreten, bisher Undenkbares gewagt mit molligen Models – und sowohl der monetäre als auch der imagemäßige Gewinn waren für das Unternehmen gewaltig. Oder bei der Besetzung von Teams, bei der eine andersdenkende Person unverzichtbar ist, wenn überdurchschnittliche und kreative Ergebnisse erwartet werden, wie der Teamexperte Richard Hackman aufzeigt [Cou 09].

Der Aspekt, der Sie dazu motivieren kann, ist das Niveau, auf dem Sie, auf dem Ihr Unternehmen sind. Sind Sie genau da, wo Sie sein wollen, soll alles so bleiben oder soll es noch weitergehen? Wenn es weitergehen soll, brauchen Sie Herausforderungen – sie sind der Dünger für das Wachstum. Die Frage, was Sie selbst oder Ihr Unternehmen weiterbringt, was eine Bereicherung ist, ist entscheidend und sollte nicht nur selbstverständlicher Teil jedes Einstellungsverfahrens sein.

■ 4.4 Wohlbefinden am Arbeitsplatz – ein überschätzter Faktor?

Wenn die richtige Wahl getroffen ist – wie geht es weiter? Die Menschen kommen und sind Teil des Unternehmens als Ganzes, sollen mitwirken. Andererseits sind sie selbst ein Ganzes. Max Frisch, der Schweizer Schriftsteller, stellte fest: „Man hat Arbeitskräfte gerufen, und es kommen Menschen." Menschen als Ganzes, mit ihrem Vorleben, ihren Stärken und Schwächen, ihrer Fähigkeit und ihrem Willen, zusammenzuarbeiten oder auch nicht, ihren Beitrag zu leisten oder nicht, einem Gefühlsspektrum von Begeisterung bis Apathie. Wie Teile eines Mosaiks sollen sich Mensch und Organisation nahtlos zusammenfügen zum Wohl des Unternehmens. Beobachtung, Messung, Bestrafung, Vergleiche und vieles mehr werden eingesetzt, um diese Vielfalt zu managen und Leistungen zu steigern. Die Erfolge: Höchst unterschiedlich, doch wie die Gallup-Studien zeigen, nicht überzeugend.

Wenn der Mitarbeiter für eine neue Position einmal ausgewählt ist, sieht der Einstieg in den Arbeitsalltag häufig so für ihn oder sie aus: *Hier ist Ihr Arbeitsplatz. Nun machen Sie mal.* Meistens gibt es immerhin eine Einführung in die Tätigkeit. Eine Einführung in die Unternehmenskultur, die Kommunikation, die Vernetzung durch informelle Kanäle, die Soft Facts, ist sehr selten. Und das bedeutet unausgesprochen: *Bleiben Sie, wo Sie hingehören. Fallen Sie nicht auf. Arbeiten Sie fleißig, leisten Sie Ihren Beitrag. Aber möglichst geräuschlos, Störungen sind nicht erwünscht. Sie werden schon zurechtkommen – das erwarten wir.*

Wohlbefinden wird nicht erzeugt, indem Individualität quasi an der Eingangstür aufgegeben wird. Doch sind Wohlbefinden, gar Freude oder Begeisterung in Verbindung mit der Arbeit, überhaupt wichtig?

> Eine Gallup-Studie, der *Engagement Index Deutschland* [Gal 14] unterstreicht die Wichtigkeit des Wohlbefindens, denn die geringe emotionale Bindung eines Mitarbeiters an seinen Arbeitgeber sei danach weniger auf Rahmenbedingungen wie etwa ein unangemessenes Gehalt zurückzuführen, sondern vielmehr auf die Defizite in der Personalführung. Ulrike Stilijanow hat im Stressreport 2012 wichtige gesundheitsfördernde Führungsmerkmale herausgearbeitet: Unterstützung, Mitbestimmung, Anerkennung, Wertschätzung – samt und sonders Themen, die im emotionalen Bereich platziert sind. Mitarbeiter, die angeben, häufig unterstützt zu werden, haben weniger körperliche Beschwerden [Bun 12].
>
> Die Gallup-Gruppe um ihren Senior Scientist Tom Rath, einen amerikanischen Forscher, Autor und Sprecher, beschäftigt sich seit Jahren mit dem Engagement der Mitarbeiter, mit Stärken, Führung und, nicht zuletzt, ihrem Wohlbefinden [Gal 14]. In weltweiten Studien hat die Gruppe herausgefunden, dass es fünf Arten von Wohlbefinden gibt: Tätigkeitswohlbefinden, soziales, finanzielles, physisches und Gemeinschaftswohlbefinden. Schätzen Sie doch einmal, welches davon den größten Einfluss auf Ihr gutes Lebensgefühl hat? Das, worauf wir wohl als Letztes gewettet hätten: die Tätigkeit! Wer sich mit seiner Tätigkeit insgesamt wohlfühlt, hat eine doppelt so hohe Wahrscheinlichkeit für ein gutes Gesamtwohlbefinden. Dabei wird dieses Wohlgefühl nicht so sehr von der genauen Beschaffenheit der Tätigkeit bestimmt, sondern vor allem vom *menschlichen Faktor*.

Geht es dem Menschen gut, ist die Art der Arbeit weniger wichtig. Mit Wohlgefühl wird eine schlechte Arbeit gut gemacht; eine als gut empfundene Arbeit unter misslichen Empfindungen jedoch schlechter ausgeführt. Wohlbefinden ist danach noch wichtiger als Freude an der Arbeit. Ein hohes Arbeitsengagement lässt nicht ausbrennen, im Gegenteil: Die Menschen gehen erholter nach Hause, das Privatleben profitiert davon [Bür 12].

Im Jahr 2015 waren die scheinbar niemals endenden Streiks der Eisenbahner geprägt von vielen berechtigten Klagen. Wertschätzung und Anerkennung sind Wünsche, die die Eisenbahner nennen und die – nicht nur bei der Bahn, sondern bei Arbeitnehmerumfragen überhaupt – oft nicht erfüllt werden. Und hier geht es nicht um Minderheiten: Bis zu 90 Prozent beträgt die Quote derer, die Defizite bei der Erfüllung dieser Wünsche erkennen. Damit Wünsche erfüllt werden können, müssen sie erst einmal erkannt sein. Wertschätzung und Anerkennung werden nicht aktiv gestaltet, wenn das Bewusstsein dafür fehlt, wie wichtig sie sind. Menschen wollen gesehen, gehört werden – eben für *wahr* genommen. Erst dann ist es möglich, sie in ihren individuellen Formen zum Gesamterfolg beitragen zu lassen.

Mit Wertschätzung und besserer Wahrnehmung der Menschen kann dieses Wohlbefinden geschaffen werden. Auch das unterstreicht, dass es immer wichtiger wird, die Aufmerksamkeit des Managers von der Priorisierung der Organisation, den Aufgaben und Qualifikationen auf die Menschen selbst zu verlagern, um die besten Arbeitsergebnisse zu ermöglichen. Nicht zuletzt deshalb, weil die demografische Entwicklung und die Ansprüche der neuen Generationen von Arbeitnehmern neue Herausforderungen bilden. Emotionen, Befindlichkeiten werden wichtiger.

■ 4.5 Emotionen erlaubt – emotionale Intelligenz schafft Wohlbefinden

Emotionen werden vor allem in der konservativen Führungswelt noch immer kritisch betrachtet. Damit sind nicht die zu Recht abgelehnten emotionalen Ergüsse, die aus Unbeherrschtheit erfolgen, gemeint. Das Motto: Je weniger Emotionen, desto besser, gilt allgemein in der Führung auch darüber hinaus. Nicht in die Karten schauen lassen ist Trumpf. Wer Emotionen zeigt, gilt als schwach. Gerade in Banken ist es Verhaltenskodex, ein Pokergesicht zu tragen. Ich kenne einen Künstler, der nicht mehr vor Bankmitarbeitern auftritt – ihm fehlen in diesem Publikum Dynamik, Freude, Zuspruch, Lebendigkeit. Das (teils sogar von sich selbst) distanzierte Verhalten ist üblich, ist ein erlerntes Verhaltensmuster. So wie andere Branchen auch gewisse eher typische Verhaltensmuster haben.

Soweit als negativ empfundene Emotionen verborgen werden, ist das angenehm für die Umwelt. Die Kehrseite: In Unternehmen, die Emotionen an sich als unnütz für die Arbeit betrachten, werden nicht nur die schädlichen, sondern auch die nützlichen Emotionen unterdrückt, und das betrifft sowohl positiv als auch negativ bewertete Emotionen wie Freude oder Ärger. Wer unzufrieden mit den Arbeitsabläufen ist, zeigt es irgendwann nicht mehr, wenn sich nichts verändert. Wer es wagt, Freude an der Arbeit öffentlich zu zeigen, sieht sich bald konfrontiert mit dem üblichen und fast sozial zwingend erforderlichen Gejammer über den Druck und sonstige Widrigkeiten des Arbeitslebens; missmutige Reaktionen auf Arbeitsfreude bis hin zum Vorwurf des Müßiggangs sind die Folge – die eigene Arbeit zu mögen, ist nicht mehr Teil allgemeiner Arbeitskultur.

Der Wert der Emotionen liegt in ihrer Funktion als Wegweiser. Unterdrückte Gefühle rauben Potenziale, rauben Freude an der jeweiligen Tätigkeit und nicht zuletzt Lebensfreude. Es schafft Mehrwert, sie zu erkunden, einen konstruktiven Umgang mit ihnen zu trainieren, um sie zu nutzen und dauerhafte Verbesserungen zu schaffen.

Und nicht nur das: Wie wichtig die eigenen Emotionen sind, stellt mancher erst fest, wenn er ausgebrannt oder depressiv ist. Die eigenen Empfindungen, Wünsche und Bedürfnisse stets zurückzudrängen, bis sie kaum noch erkennbar sind, rächt sich irgendwann.

Emotionale Intelligenz kann die Lösung für mit Emotionen zusammenhängende Themen sein, man muss sie aber trainieren. Mehr Wohlbefinden am Arbeitsplatz lässt sich herstellen. In seinem Bestseller *Emotionale Intelligenz* geht Daniel Goleman der Frage nach, wie wichtig die emotionale Intelligenz (das sind sowohl der Umgang mit den Emotionen als auch Eigenschaften wie Mitgefühl, Kommunikationsfähigkeit, Konfliktfähigkeit, Menschlichkeit und Takt) für den beruflichen Erfolg ist. „Der Begriff der emotionalen Intelligenz bezieht sich vor allem auf jene Momente gefühlsmäßigen Handelns, die wir später bereuen, wenn sich die Aufregung gelegt hat; die Frage ist dann, weshalb wir so unvernünftig haben handeln können" [Gol 97]. Den Fokus zu setzen auf die Betrachtung der Gefühlswelt und eine Beziehung herzustellen zwischen den Fähigkeiten Selbstwahrnehmung, Selbstbeherrschung, Empathie (Einfühlungsvermögen) sowie sozialer Kompetenz ist das Ziel. Darüber hinaus, zu erkennen, was wir warum empfinden und wie das besser nutzbar werden kann.

Goleman analysierte 500 Unternehmen und schlussfolgerte: Emotionale Intelligenz ist doppelt so wichtig für den beruflichen Erfolg wie der Intelligenzquotient plus das Fachwissen. Dementsprechend sollte auch die Gewichtung bei Stellenbesetzungen sein. Die Unterschiede zwischen Spitzen- und Durchschnittsleistungen von Managern waren ihm zufolge sogar zu 90 Prozent auf Faktoren emotionaler Intelligenz zurückzuführen, nicht auf das kognitive Wissen. Die Produktivität sei mit hoher emotionaler Intelligenz um 20 Prozent steigerbar. Bereits 1920 hatte das der berühmte Psychologe und Intelligenzforscher Edward Thorndike festgestellt und das Fazit gezogen, dass der *„fachlich beste Mechaniker als Vorarbeiter scheitern wird, wenn es ihm an sozialer Intelligenz fehlt"* [Gol 08]. Und diese soziale oder emotionale Intelligenz lässt sich trainieren. Emotionen zu erkennen und zu verstehen, mit ihnen umgehen zu können und sie nutzbringend einzusetzen, gehört dazu. Doch in welchem Unternehmen ist ein Training dazu Routine für (werdende) Führungskräfte?

Goleman hat ein Testverfahren, das ECI (Emotional Competence Inventory), entwickelt, das Aussagen wie *Ich verstehe, wie andere denken* oder *Ich kann mich selbst motivieren* umfasst. Diese Aussagen werden im Rahmen eines 360-Grad-Feedbacks von Mitarbeitern, Vorgesetzten und Kollegen bewertet. Die bereits zu Persönlichkeitstests angemerkten Kritikpunkte gelten allerdings auch hinsichtlich des ECI.

Auch wenn Verhalten meist nicht von heute auf morgen änderbar ist: Es ist trainierbar, was heute vor allem mit Coachings erfolgreich praktiziert wird. Die Führungskraft kann sich selbst und andere entlasten, ihr Verhalten wird zielgerichteter und empathischer. Das bedeutet nicht, immer freundlich zu sein. Nach Goleman kann es sogar *„manchmal brutal direkt sein, hart, bestimmt, keineswegs nett"*. Es geht darum, Grenzen in möglichst empathischer Weise zu setzen und Ziele entschieden zu verfolgen.

> Nicht zuletzt noch eine Randnote zum Thema *emotionale Intelligenz*: Wenn sie so wichtig, ein solcher Erfolgsfaktor ist, gleichzeitig jedoch die emotionale Kompetenz der Frauen in Führungspositionen unbewusst schlechter eingeschätzt wird (Heidi-Howard-Experiment), erleiden Frauen einen weiteren Nachteil. Hier liegen Potenziale, deren Hebung zwangsläufig noch mehr Erfolg fürs Unternehmen bringen muss.

4.6 Das Thema Stärken

Die Einschränkungen zu den Persönlichkeitstests gelten auch für Stärkenanalysen. Herausragende Merkmale für innere Stärke sind, kurz zusammengefasst:

Seiner eigenen *Wertehierarchie* entsprechend handeln können.

Das *eigene Talent*, die eigene Begabung nutzen können. Was ist sozusagen angeboren, selbstverständlich und fällt leicht? Bei welcher Tätigkeit vergeht die Zeit schnell? Bei Musikern wurde untersucht, wie viel das Talent zum Erfolg beiträgt: Ausschlaggebend für den Erfolg ist demnach neben einem gewissen angeborenen Talent vor allem, dass eine kritische Anzahl von Übungsstunden absolviert wird. Die Motivation fürs Üben kommt aus dem Talent und der Leidenschaft – doch ohne Arbeit nützt sie nichts.

Das *Wissen und Können* nutzen können. Welche Begabung hat man praktisch erworben, was tut man gern und worin hat man Übung? – Ideal ist es, wenn die Punkte 2. und 3. zusammenfallen.

Emotionen achten können: Wie fühlt sich die Tätigkeit an? Welche wegweisenden Emotionen treten vorrangig auf?

Und nicht zuletzt: Wie *denkt* man über seine Tätigkeit? Denn unsere Metaprogramme und eingeübten Gewohnheiten beeinflussen den Wohlfühlfaktor im Leben und Arbeiten in nicht zu unterschätzender Weise und dürfen immer wieder betrachtet werden. Die Dinge immer besser zu tun, kann ein guter innerer Antrieb sein.

Kennen Sie die Neigungen und Stärken Ihrer Mitarbeiter aus der täglichen Arbeit? Sonst reichen Ihnen auch für neue Mitarbeiter im Interview vielleicht schon die Fragen, was sie gern tun, bei welchen Tätigkeiten er oder sie in den vielgerühmten Flow kommt. Und die Frage, was sie am besten können. Die Antworten lassen Sie sich an Beispielen belegen. Stellen Sie den Menschen Aufgaben, die anspruchsvoll sind und die die Möglichkeit zum Wachstum bieten. Dann zeigt sich, wie sie damit umgehen. Oft schon im Ansatz. Wer gleich protestiert, abwehrt, hat seine Gründe, die es herauszufinden gilt. Darüber hinaus kann man als Test eine herausfordernde Aufgabe stellen: Je nach Qualität der gelieferten Resultate haben Sie eine Stärke oder eine Schwäche gefunden. Das können Sie wiederholen, um sicherzugehen, dass nicht nur ein Zufallsergebnis entstanden ist – und dann steht die Entscheidung, wie mit solchen Aufgaben weiterverfahren wird beziehungsweise wer sie künftig macht, auf sichereren Füßen.

Zur Vertiefung des Themas gefällt mir das Buch *Entdecken Sie Ihre Stärken jetzt!* Das Gallup-Prinzip für individuelle Entwicklung und erfolgreiche Führung [Buc 15].

Auch Schwächen berücksichtigen

Was fällt Ihnen zuerst ein zu einem Mitarbeiter? Was er oder sie kann oder was derjenige nicht kann? Meist ist es – psychisch sozusagen vorkonfiguriert – das, was nicht gekonnt ist, also die Schwächen. Leider. Denn hierauf Energie zu konzentrieren, hilft wenig. Schwächen haben tiefgehende Grundlagen, von *ich will nicht* über *ich kann nicht* bis hin zu *ich habe Angst davor*, Stress damit. Um bei der Beseitigung von Schwächen zu helfen, können Coaches erfolgreich sein – ansonsten ist die Beseitigung oder Minimierung von Schwächen ein Kraftaufwand, der üblicherweise keine nennenswerten Ergebnisse mit sich bringt. Selbst wenn die Schwäche beseitigt wurde, ist daraus noch keine Stärke geworden, ist allenfalls Mittelmaß, Durchschnitt entstanden. Warum also sich selbst als Führungskraft und den Mitarbeiter ohne Not strapazieren – häufig lassen sich gemeinsam bessere Wege finden.

Nicht nur bei Mitarbeitern und Mitarbeiterinnen muss sich die Führungskraft mit den Gebieten beschäftigen, in denen sie ihre Neigungen und Stärken haben – auch bei sich selbst. Dann kann sie Mitarbeiter im Bereich ihrer eigenen Stärken anleiten und führen. Und für andere Bereiche darf diese Aufgabe gern jemand anders übernehmen. Denn wo keine Stärken sind, kann (und muss) niemand anderen ein gutes Beispiel sein.

> Der Weg zu mehr Individualität, zu mehr Selbstverantwortung wird damit beschritten. Erfolgreich zeigt das der Drogeriemarkt dm. Er lebt ein Modell, in dem innere Stärke äußere Stärke erzeugt. Das beginnt schon bei den Azubis, die keine Vorgaben, keine Lösungswege mehr erhalten, sondern sich eigene Wege suchen müssen. Das erfolgt zumindest bei komplexeren Aufgaben, unterstützt durch verschiedene Hilfsmittel zuerst in der Theorie. Gemeinsam mit dem Ausbilder werden die Vorschläge dann erörtert. Danach geht der Azubi an die Umsetzung. Fehler sind dabei als Lerngrundlage willkommen. Schulabgänger, die Zeit ihres Lebens dazu trainiert wurden, Vorgegebenes zu akzeptieren, werden so zu Menschen, die ihren Geist gezielt, bewusst und mit Selbstverständlichkeit benutzen. Den jungen Menschen wird so auch gleich der Weg in die eigene Zukunft geebnet, ihr Selbstvertrauen wächst spürbar. Im dritten Lehrjahr dürfen Azubis sogar zeitweise eine Filiale selbstständig führen.

Insgesamt setzt dm auf ein vom Unternehmen entwickeltes, zukunftsweisendes Führungskonzept, die „Dialogische Führung", deren zentrale Basis die Werte Verständnis und Respekt sind. Auf Anweisungen wird weitgehend verzichtet, zugunsten von Empfehlungen und gemeinschaftlich erarbeiteten Vereinbarungen.

> *„Einer dialogischen Führung geht es nicht darum, den Mitarbeiter zu ändern. Führungskräfte haben weder einen Erziehungs- noch einen Therapieauftrag. Es geht um Beziehung, nicht Behandlung. Die Führungskraft muss frei sein, ihre quasi-therapeutische Attitüde über Bord zu werfen und das Anderssein des anderen anzuerkennen. Das wird ihr nicht gelingen, wenn sie nicht von der Vorstellung lassen kann, einen Patienten vor sich zu haben. Wie aber passen personenbezogene Führung und das Erfordernis, Ergebnisse zu erzielen, zusammen?"* Reinhard K. Sprenger [Spr 02]

Diese Unternehmenskultur, der „Geist" des Unternehmens, wird bei dm in einem Arbeitskreis gepflegt, damit die Besonderheit erhalten bleibt. Das Unternehmen gewinnt mitdenkende Mitarbeiter. Der Bedarf der Menschen an Freiraum, an Mitwirkungsmöglichkeiten, wird erfüllt. Auswirkungen auf die Kundschaft ergeben sich offenbar im Klima der Märkte: Die Kunden sind überdurchschnittlich zufrieden mit „ihren" dm-Märkten.

Mitarbeiterpersönlichkeit schafft Unternehmenspersönlichkeit

Auch dm hat wenig Schwierigkeiten, neue Mitarbeiter zu finden. Dass diese Mitarbeiter immer individueller werden, also ausgeprägte Persönlichkeiten sind und dadurch das Unternehmen in sich vielfältiger wird, hilft auch dem Unternehmen. Sie in ihrer Entwicklung zu stützen, in ihren Stärken zu unterstützen, bedeutet, das Unternehmen zu kräftigen. Beide Persönlichkeiten können wachsen, die des Menschen und die des Unternehmens. Denn eine erkennbare Unternehmenspersönlichkeit ist ein wichtiger Faktor für mehr Unterscheidbarkeit und Attraktivität im Wettbewerb.

Win-win statt des Siegs nur einer Seite

Bei der Konzentration auf die Menschen und ihre Stärken und Eigenschaften geht es nicht um Liebhaberei und Hobbypflege. Sondern um Bestleistung: Niemand würde eine Maschine einsetzen, die wahlweise unterfordert oder überfordert ist. Im ersten Fall wird Geld verschenkt, im zweiten Schaden angerichtet. Bei Menschen sind wir wegen der Schwierigkeiten in der Einschätzung von Persönlichkeiten nachlässiger, liegt der Fokus mehr auf messbaren Fakten statt der Ermittlung von Möglichkeiten. Mangelnder Erfolg des Unternehmens und Nachteile für die Einzelnen sind die Folge.

Wo die Menschen entsprechend ihrer Stärken und Neigungen agieren können, wachsen Identifikation mit dem Unternehmen, Kreativität und Motivation. Die Führungskraft findet eine verlässliche Stütze für die eigene Tätigkeit und kann selbst freier und vertrauensvoller agieren. Und wo sie selbst entsprechend ihrer Stärken arbeiten kann, ist sie selbst-bewusst und hat die notwendige Klarheit, die es braucht, um Menschen zu führen.

Sobald die Unternehmenskultur in diesem Sinne bereichert wird, die Menschen mehr in den Vordergrund stellt, ihre Individualität würdigt und wertschätzt, entsteht wie bei Mäglis MSC Basel ein besseres Betriebsklima. MSC zeigt, dass ein Empfinden als Winning Team entsteht, dass weniger Energieverluste durch Positionskämpfe die Folge sind, der Umgang mit Fehlern offener wird, die Zielerreichung quasi als Nebeneffekt oberste Priorität erhält. Und da die Tätigkeit so wichtig für das Wohlbefinden ist, tut das Unternehmen gleich noch etwas für eine bessere Gesellschaft: Die Auswirkungen erstrecken sich bis hin zu einem erfüllteren Privatleben.

Den Beweis dafür erbringen auch schon andere früher genannte Unternehmen: Mike Fischers Firma, Coco-Mat und Praemandatum sind Unternehmen, die in Menschenkenntnis investieren, Wert-voll arbeiten, Emotionen kennen und nutzbringend einsetzen. Sie gewinnen an Ertrag und Attraktivität auf dem Arbeitsmarkt, schöpfen Mitarbeiterpotenziale. Die Mitarbeiter profitieren ebenso, denn wo arbeitet es sich besser als in einem Unternehmen, das den eigenen Wertvorstellungen entspricht, mit dem man sich folglich identifizieren kann? In einem Unternehmen, wo man seine Stärken einbringen kann, in dem Arbeit und insbesondere ihr Umfeld ein Zugewinn an Lebensfreude sind?

Die Umstellung auf eine bewusstere Art, mit Menschen umzugehen, kostet Zeit. Doch die Ergebnisse zeigen, dass sie bestens investiert ist.

4.7 Kurz und knapp

- Trotz allen guten Willens: Wir täuschen uns über andere Menschen – wie auch über uns selbst. Unbewusste „Denkfehler" und ungeeignete Testverfahren tragen dazu bei, Stellen nicht optimal zu besetzen und Menschen zu verschleißen. Menschenkenntnis lässt die Menschen in ihren Eigenheiten, Stärken und Potenzialen erst sichtbar werden und sich gesehen fühlen. Doch Führungskräfte überschätzen sich in ihren Fähigkeiten, auch deswegen, weil sie sich selbst meist nicht genügend kennen. Der Erfolgsschlüssel Menschenkenntnis ist die Grundlage für mehr Vielfalt in Unternehmen – diese Menschenkenntnis für mehr Wohlbefinden bei der Arbeit zu nutzen, ist ein ernst zu nehmender Ertragsbringer.
- Bisher werden Menschen meist unvorbereitet und ohne Beachtung ihrer Eigenschaften und Werte ins Unternehmen, in vorhandene Stellen gepresst. Der Fokus auf Ähnlichkeit statt Besonderheit verhindert, dass das Unternehmen um Persönlichkeiten, Eigenschaften und Fähigkeiten bereichert wird, dass sich Vielfalt entfalten kann. Emotionen sind noch ungeliebt, obwohl der gute Umgang mit ihnen Gewinn fürs Unternehmen bringt. Die allgemeine Arbeitskultur bietet entsprechend nur geringes Wohlfühlpotenzial.
- Bewusstheit hilft uns, Stärken und Potenziale zu heben und das ganze Unternehmen zu einer starken, lebendigen Persönlichkeit zu machen. Die Investition in mehr Bewusstsein hinsichtlich unserer Art zu denken, hinsichtlich Personalauswahlverfah-

ren und emotionaler Intelligenz einschließlich besserer Kommunikation ist zudem vielversprechender als bislang noch favorisierte und exzessiv praktizierte Sparmaßnahmen, in denen um jeden Cent gerungen wird.

- Als Ergebnis von Maßnahmen zur Verbesserung der Menschenkenntnis, Steigerung der emotionalen Intelligenz im Umgang miteinander und zielgerichtetem Einsatz der Menschen fühlen sich Mitarbeiter und Führungskräfte wohler bei der Arbeit, sind gesünder und bringen nicht zuletzt bessere Leistungen. Mit dem Fokus auf den Menschen entstehen Win-win-Situationen. Und Leben ist auch bei der Arbeit möglich.

4.8 Handlungsempfehlungen

- Klären Sie auf darüber, wie typisches Denken funktioniert. Machen Sie gängige Denkfehler bewusst und erarbeiten Sie, in welchen Situationen diese Denkfehler für Ihr Unternehmen besonders kritisch sein könnten. Verdeutlichen Sie an praktischen Beispielen die Auswirkungen und wiederholen Sie solche Aufklärungsarbeit immer wieder, damit sich die Themen einprägen.
- Prüfen Sie, ob die Aufklärungsarbeit durch Trainings und Coachings sinnvoll unterstützt werden kann.
- Klären Sie, ob Sie Einstellungs- und sonstige Testverfahren einsetzen möchten und wie diese idealerweise für Sie aussehen.
- Die Einstellung von Menschen kostet Geld. Falsche Entscheidungen kosten, wenn sie in der Hoffnung auf Besserung beibehalten werden, durch die fortlaufenden Gehaltszahlungen und das nicht optimale Ergebnis noch viel mehr Geld. Sie können zumindest Folgendes tun: Halten Sie anfänglich engen Kontakt zur Neubesetzung. Lassen Sie sich in kurzen Abständen persönlich oder via E-Mail über die Tätigkeiten informieren und berichten, welche Resultate erzielt wurden, welche Herausforderungen die Person erkannt hat und welche Fragen bei der Arbeit entstanden sind. Seien Sie in der Nähe, und das mit der Einstellung, dass Sie den Menschen bei etwas Positivem „erwischen" wollen. So finden Sie schnell heraus, was Sie wissen müssen.
- Analysieren Sie, welche Eigenschaften und Fähigkeiten an welchen Stellen und in welcher Zusammensetzung benötigt werden und wie diese bisher vorhanden sind. Beachten Sie dabei besonders Ähnlichkeiten zur Vermeidung der Ansammlung gleicher Faktoren. Was benötigen Sie, damit Ihr Unternehmen sich weiterentwickelt?
- Wie sieht der „Wohlfühlfaktor" in Ihrem Unternehmen aus? Lassen Sie möglichst unabhängig erheben, was den Mitarbeitern bisher fehlt, was sie sich wünschen und ob sie denken, an den richtigen Stellen eingesetzt zu sein, welche Tätigkeiten ihnen wie viel Freude bereiten, was sie überflüssig, belastend finden und ungern tun, und überlegen Sie, was davon ausgehend machbar ist.
- Trainieren Sie emotionale Intelligenz mit dem Ziel, Kommunikation und Ergebnisse weiter zu verbessern.

- Unterstützen Sie mehr (nützliche) Emotionalität für bessere Ergebnisse, wie zum Beispiel für ein besseres Arbeitsklima, die Verteilung der Arbeit in Stresszeiten, die Entwicklung neuer Ideen.

4.9 Literaturverzeichnis

[Buc 15] Buckingham, M./Clifton, D. O., Entdecken Sie Ihre Stärken jetzt! Das Gallup-Prinzip für individuelle Entwicklung und erfolgreiche Führung, 5. Aufl. Frankfurt am Main 2015

[Bun 12] Bundesanstalt für Arbeitsschutz und Arbeitsmedizin (Hrsg.), Stressreport Deutschland 2012. Psychische Anforderungen, Ressourcen und Befinden, unter www.baua.de/de/Publikationen/Fachbeitraege/Gd68.pdf?__blob=publicationFile (letzter Aufruf 24. 5. 2016)

[Bür 12] Bürgel, I., So werden Sie im Job glücklich und erfolgreich. Die fünf Arten des Wohlbefindens (24. 2. 2015), unter http://www.focus.de/gesundheit/experten/buergel/so-werden-sie-im-job-gluecklich-und-erfolgreich-die-anforderungen-der-zukunft-wirken-heute-schon_id_4487377.html (letzter Aufruf 24. 5. 2016)

[Cha 12] Charvet, S. R., Wort sei Dank. Paderborn 2012

[Cou 09] Coutu, D., Why Teams don't Work, in: Harvard Business Review 5/2009, unter https://hbr.org/2009/05/why-teams-dont-work (letzter Aufruf 23. 6. 2016)

[Eis 10] Eisele, D., Tests in der Managementdiagnostik. Persönlichkeitstests unter der Lupe, in: Personalführung 10/2010, 32–41, unter https://www.dgfp.de/wissen/personalwissen-direkt/dokument/85384/herunterladen (letzter Aufruf 24. 5. 2016)

[End 13] Endres, H., Fehlbesetzung. Den Job bekommt oft der Falsche (13. 12. 2013), unter http://www.spiegel.de/karriere/berufsleben/bewerbung-nicht-erfolgreich-personaler-besetzen-stellen-falsch-a-938722.html (letzter Aufruf 24. 5. 2016)

[Gal 14] Gallup Engagement Index Deutschland (2014), unter http://www.gallup.com/de-de/181871/engagement-index-deutschland.aspx (letzter Aufruf 23. 5. 2016)

[Gla 13] Gladwell, M., Blink! Die Macht des Moments, München 2013

[Gol 97] Goleman, D., Emotionale Intelligenz, München 1997

[Gol 08] Goleman, D./Bovatzis, R. E., Social Intelligence and the Biology of Leadership, in: Harvard Business Review 9/2008, unter https://hbr.org/2008/09/social-intelligence-and-the-biology-of-leadership (letzter Aufruf 23. 6. 2016)

[Hos 03] Hossiep, R./Paschen, M., Bochumer Inventar zur berufsbezogenen Persönlichkeitsbeschreibung BIP, Göttingen 2003

[Kön 15] Köneke, V., Overconfidence. Warum nur die anderen scheitern (19. 10. 2015), unter http://gruender.wiwo.de/overconfidence-warum-nur-die-anderen-scheitern/3/ (letzter Aufruf 24. 5. 2016)

[Kru 99] Kruger, J./Dunning, D., Unskilled and unaware of it. How difficulties in recognizing one's own incompetence lead to inflated self-assessments, in: Journal of Personality and Social Psychology 77/6 1999, 1121–1134

[Per] Persönlichkeitstest, unter https://de.wikipedia.org/wiki/Persönlichkeitstest (letzter Aufruf 24.5.2016)

[Pros] Prospect Theory, unter https://de.wikipedia.org/wiki/Prospect_Theory (zuletzt abgerufen am 24.5.2016)

[San 13] Sandberg, S., Lean in. Frauen und der Wille zum Erfolg, Berlin 2013

[Spr 02] Sprenger, R.K., Führen für Erwachsene, in: brand eins 10/2002, 154–158, unter http://www.brandeins.de/archiv/2002/ausblick-2003/fuehren-fuer-erwachsene/ (letzter Aufruf 24.5.2016)

[Uhl 05] Uhlmann, E.L./Cohen, G.L., Constructed Criteria. Redefining Merit to Justify Discrimination, in: Psyhological Science 16/6 2005, 474–480

5 Miteinander reden und dann entscheiden

> **In diesem Kapitel**
>
> - Warum mehr Entscheidungsfreude, bessere und möglichst schnelle Entscheidungen erforderlich sind, um im modernen Wettbewerb Zukunft zu sichern
> - Die Komponenten guter Entscheidungen
> - Was gute Entscheidungen verhindert
> - Wie und wann die Erfolgsschlüssel „Gedanklicher Austausch" bessere Entscheidungen, Ideen und Innovationen durch Heterogenität günstig beeinflusst werden

Entscheidungen in einer modernen Welt müssen anders getroffen werden als früher. Wenn Einzelne grundlegende Entscheidungen treffen und dabei nur ihre Sichtweise zugrunde legen, sind die Risiken nicht zuletzt vor dem Hintergrund geänderter Rahmenbedingungen hoch. Gleichzeitig werden Chancen vergeben, wenn die Intelligenz im Unternehmen nicht bestmöglich genutzt wird. Meinungsvielfalt zuzulassen, mehr Entscheidungsfreude, bessere und dabei möglichst schnelle Entscheidungen sind erforderlich.

> *Ich prüfe jedes Angebot. Es könnte das Angebot meines Lebens sein.*
> Henry Ford (1863–1947)

Wie kommen wir zu besseren Entscheidungen? Wann ist Zeit für Mehrheits-, wann für Einzelentscheidungen? Wann sind schnelle Entscheidungen sinnvoll, wann geduldige? Welche Komponenten, welche Merkmale hat eine gute Entscheidung? Und wie kann vermieden werden, dass bei demokratisch orientierter Führung endlose Diskussionen in Sackgassen führen?

■ 5.1 Entscheidungen im Wandel

Entscheidungen, in denen fast ausschließlich Produktionsmethoden im Vordergrund standen (wie die für den Ford Modell T, den es elf Jahre lang nur in einer einzigen Farbe gab) und die dennoch für lange Zeit erfolgreich waren, sind heute für Hersteller ebenso traumhaft wie undenkbar. Immer kürzere Produktzyklen, immer schnellere Neuentwicklungen in immer größerer Menge bedeuten, dass Planung immer kurzfristiger und unsicherer wird.

Früher hat der Kunde beispielsweise sein Auto gekauft und fuhr es mehrere Jahre lang. Und dann hat er wieder den gleichen Typ, den gleichen Hersteller gewählt – oder stillschweigend die Marke gewechselt. Der Hersteller hatte wenig direkte Rückkopplung zum Kunden. Im Gegensatz dazu sammelt sich heute die geballte Meinung der Verbraucher im Netz. Kein Mensch muss mehr etwas kaufen und ausprobieren, um zu wissen, ob es gut oder schlecht ist. Er erkundet einfach, was andere dazu sagen. Viele Menschen teilen Erfahrungen, stimmen ab, bewerten Waren und Dienstleistungen, geben Empfehlungen, wirken sogar an der Entwicklung von Produkten mit – mit der Folge, dass schlechte Produkte sich schließlich nicht mehr verkaufen. Interessengruppen bilden sich, Kritik wird direkt gegenüber dem Anbieter geäußert – Verbrauchermeinungen sind längst keine kaum hörbaren Einzelstimmen mehr. Erfolg oder Misserfolg von Unternehmen können von ihnen abhängen, Lovestorms ebenso wie Shitstorms sind längst eher Massen- als Einzelphänomene.

Aus dem Monolog: „Wir bieten – du nimmst" ist ein Dialog geworden: „Wir bieten – du sagst deine Meinung." Entschieden wird blitzschnell: Like oder Dislike eben. Vertrauen zu erwerben und zu sichern, ist eine Herausforderung in nie da gewesener Dimension.

Wissen, Ideen und Erfahrungen werden geteilt, aber künftig vermehrt auch materieller Besitz an sich. Beispiele sind Carsharing und Wohnungstausch auf Zeit. Ressourcenknappheit und Umweltprobleme, aber auch Kritik am Besitzdenken sind die Grundlage für steigendes Konsumbewusstsein.

Unternehmerische Einzelentscheidungen werden folglich noch problematischer – sie treffen auf veränderte Konsumgewohnheiten, auf Kollektive, auf unbegrenztes Wissen, unbegrenzte Offenheit. Wie können Unternehmen vor diesem Hintergrund bessere Entscheidungen treffen?

■ 5.2 Perfekte Entscheidungen

Malcolm Gladwell erzählt in seinem Buch *Blink!* [Gla 13] die Geschichte Paul van Ripers, eines ehemaligen Generals der amerikanischen Eliteeinheit Marines. Er wurde zum Millennium Challenge 2002, dem bislang größten Militärmanöver der US-Streitkräfte, hinzugezogen. Ziel war es, zu erproben, ob die sogenannte netzwerkzentrierte Kriegsführung im Einsatz gegen einen Staat im Mittleren Osten sinnvoll und tauglich war. Auf der einen Seite das „blaue Team", die USA, bestens bestückt mit militärischen Mitteln bestehend aus Technokraten und Strategen. Ihnen stand ein strategisches Computerprogramm zur Verfügung, das mit etwa 40 000 Daten aus jedem möglichen Bereich des „Gegners" gefüttert wurde und das Analysen und Entscheidungen unterstützte. Der Gegner wurde damit im wahrsten Sinne berechenbar; viele Berater und Diskussionsrunden sollten für beste Entscheidungen stehen. Auf der anderen Seite das „rote Team", das den feindlichen Staat darstellen sollte: Der erfahrene General van Ripers mit seinem Stab und vor allem mit bekanntermaßen unkonventionellen Ideen, hinsichtlich der Waffen jedoch mehr David als Goliath im Vergleich zum blauen Team. Während das blaue Team die Computer mit allen Daten und Optionen fütterte, sie auswerten ließ und die Strategien auf der Basis dieser Informationsfülle beraten und entscheiden konnten, verfügte der erfahrene General nur über konventionelle Kommunikationsmittel.

Das rote Team ließ sich jedoch nicht einfach berechnen und: Es wartete nicht. Es nutzte veraltete Kommunikationsmethoden, um durch das Überwachungsnetz der Blauen zu schlüpfen, sowie unerwartete Angriffstaktiken. Damit schlug es das blaue Team bereits am zweiten Tag der Simulation vernichtend. Im Echtfall wären 20 000 Menschenleben und zwei Drittel der „blauen" Flottenkapazität vernichtet worden. Diesen Sieg, ebenso rasch wie überraschend, erkannte das blaue Team im Bewusstsein des immensen Wissens, das ihm zur Verfügung stand, nur widerwillig an. Und doch war er eindeutig – die perfekten Entscheidungen des roten Teams und das Versagen des blauen Teams sind ein Musterbeispiel dafür, wie und auf welcher Basis überhaupt gute Entscheidungen getroffen werden. Wir werden uns einzelne Komponenten am Beispiel van Ripers später noch näher ansehen.

Die erste Frage: Worum genau geht es?

Im Unternehmensalltag wird oft viel Energie auf unkomplizierte Fragen und Routinefragen, bekannt aus dem betrieblichen Alltag, verwendet. Wenn sie nicht sofort und ohne großen Erklärungsbedarf entschieden werden, wird Zeit verschwendet und Ballast angesammelt.

Die notwendige Klarheit darüber fehlt in der betrieblichen Praxis genauso häufig wie bewusste Strategien für den Umgang mit komplexen Themen. Oft wird zu wenig Zeit auf genaue Fragestellungen verwendet, ohne die keine guten Ergebnisse mit wirtschaftlichem Zeitaufwand möglich sind. Fragen, etwa danach, ob das Thema vollständig und richtig betrachtet und klar herausgefiltert worden ist, ob es ein Einzel- oder Grundsatzproblem ist, helfen ebenso weiter wie zeitliche Planungen. Was genau ist das Ziel, mit welchen Mitteln soll es in welcher Zeit erreicht werden? Zeit zu investieren in die genaue Definition, das vollständige Verstehen des Themas, die Beschreibung bisheriger Lösungsansätze und der Ziele, ist zwingend notwendig und spart im Nachhinein Geld, Zeit und Ärger, wie wir aus den Erkenntnissen des Zeitmanagements wissen.

Für solche genauen Fragestellungen und weiterführenden Analysen ist Zeit, wenn das Thema noch nicht akut ist oder nicht extrem eilbedürftig. Gute Führung, gutes Management sorgen dafür, dass wichtige Fragen nach Möglichkeit gar nicht erst eilig werden und vorausschauend behandelt werden können.

Oft ist etwas scheinbar komplex und schwierig. Dann muss versucht werden, den Sachverhalt zu vereinfachen – und das im ganzen Prozess, beginnend mit der Themenstellung! Das meiste im Leben ist nicht zwangsweise kompliziert; geniale Erklärungen und Lösungen haben sich oft durch ihre Einfachheit ausgezeichnet. Es gibt Menschen mit der ausgeprägten Fähigkeit, Dinge zu vereinfachen oder einfacher zu erklären und die Essenz zu finden, damit alle mitgehen können – und die gilt es, zur Unterstützung hinzuzuziehen.

Die zweite Frage: Schnelligkeit oder Geduld für bessere Entscheidungen?

Intelligenz wird durch Bewusstsein und Logik definiert. In Kapitel 3 haben wir schon gesehen: Wir sehen uns als rationale Entscheider und begründen unsere Entscheidungen auch gern so – doch unser unbewusstes Denken mischt gern und ausschlaggebend mit. Schnelles, intuitives Denken und Entscheiden liegt uns und ist Alltag, im Gegensatz zum langsameren, rationalen Denken und Entscheiden. Die einen setzen auf die schnellen Bauchentscheidungen, die anderen auf Ratio, genaue Analyse unter Heranziehen möglichst vieler Daten. Rotes und blaues Team sind gute Beispiele dafür.

Gerd Gigerenzer ist ein deutscher Psychologe, tätig am Max-Planck-Institut für Bildungsforschung. Ihn beschäftigen dort und in seinem gleichnamigen Buch die *Bauchentscheidungen*. Er wollte wissen, wie häufig sie tatsächlich sind, und befragte Menschen in wichtigen Positionen bis in die Vorstandsebene großer internationaler Unternehmen hinein dazu, wie oft sie Bauchentscheidungen treffen. Deren Quote beträgt bei allen wichtigen beruflichen Entscheidungen immerhin 50 Prozent! Grund für die Bauchentscheidungen ist also häufig nicht der Zeitdruck, es sind offenbar vorwiegend unbewusste Erwägungen. Da sie schlecht zu erklären und wenig anerkannt sind, suchen viele dieser Entscheider zur Bestätigung anschließend rationale Gründe für ihre Intuition, gern auch mithilfe von teuren Beratungsunternehmen. Immense Kosten und Zeitverlust sind die Folge. 50 Prozent der rational, wortreich und gründlich erläuterten Entscheidungen sind demnach Bauchentscheidungen! Gigerenzer stellte allerdings fest, dass sie nicht nur unter Zeitdruck eine gute Ergänzung des Entscheidungsprozesses sind [Gig 08].

Sogenannte *Defensive Entscheider*, die besser begründbare Optionen wählen, riskieren gegenüber den schwerer erklärbaren Bauchentscheidungen oft zweit-, dritt-, oder viertklassige Ergebnisse mit mehr Kosten. Gigerenzer hält Bauchentscheidungen oft für gut; vor allem die, die auf großem Fachwissen beruhen. Denn unser Unterbewusstsein denkt schnell und komplex wie ein Supercomputer – durch das unbewusst abgerufene und verarbeitete Fachwissen sind Bauchentscheidungen deshalb tatsächlich weniger zufällig als allgemein angenommen. Dass Analysten und Big Data sogar häufig unterlegen sind, belegt Gigerenzer mit etlichen Beispielen.

Allerdings ist der Glaube, dass das Lösen komplexer Probleme komplexes Nachdenken erfordert, noch fest in den Köpfen verankert. Einfache, schnelle Lösungen für komplexe Probleme erscheinen unangemessen und von vornherein zweifelhaft. Wenn dem so wäre, dann wäre zum Beispiel das Finanzwesen nicht derart durcheinandergewirbelt worden. Komplexe Produkte sollten in einer komplexen Welt Sicherheit schaffen. Tatsächlich haben sie Risiken mit sich gebracht und mangelnde Transparenz, die per se Risiken erhöht.

Unter Zeitdruck ergibt sich die Frage nach Kopf- oder Bauchentscheidungen erst gar nicht. Es kann kein logisches Vorgehen und Abwägen aller möglichen Optionen geben. Die Situation muss kurz eingeschätzt und durchgespielt werden – und dann folgen Entscheidung und Handlung. Van Riper und sein Team mussten schnell entscheiden. Das Durchdenken aller Handlungsoptionen hätte ihren Zeitvorteil aufgezehrt, sie sehr wahrscheinlich auch ihren Sieg gekostet.

Schnelle Entscheidungen sind üblicherweise mit einem gewissen Ausmaß an Stress verbunden, ausgelöst durch das Gefühl, vielleicht nicht genug zu wissen. Der Einsatz von Polizisten in Krisengebieten oder Krisensituationen zeigt: Bei schnellen Entscheidungen werden Fehler gemacht, die Menschenleben kosten. Der Grund: Je mehr Stress wir haben, desto mehr reagieren wir aus unseren ältesten Hirnfunktionen heraus. Und dort sind nur noch die Alternativen *kämpfen* oder *flüchten* einprogrammiert; vernünftige Erwägungen können nicht mehr stattfinden. Fehler können allerdings durch Übung und Vorausdenken, das Durchspielen von Alternativen, minimiert werden und die Menschen für bessere Schnellentscheidungen bereit und stressresistenter machen. Je mehr die Polizisten im Vorfeld kritische Situationen simuliert und durchgespielt haben, desto weniger Fehler treten im Ernstfall auf. Der Stresslevel sinkt deutlich. Training hilft also, aus einer unbekannten Situation eine bekannte zu machen. An die Stelle der Urhirnreaktion tritt die gelassenere, wenn auch schnelle, Bestandsaufnahme. Klügere Entscheidungen sind möglich. Manchmal hilft einfach der Entschluss, zu warten, wo ohne Training schnell, in Panik und daher häufig falsch gehandelt wurde. Im Notfall, bei sofortigem Handlungsbedarf, ist die Bauchentscheidung, die „Intuition", trainiert, die Entscheidung damit deutlich vernünftiger geworden.

Die Spontaneität des roten Teams war dementsprechend weder Glück noch Zufall: Sie entsprang langer Erfahrung in Praxis und Analyse, im Training und in Übungen. Abläufe und Möglichkeiten zigmal durchdacht und erprobt zu haben, lässt schneller entscheiden, lässt auch in der Krisensituation bessere Optionen wählen. Van Ripers Team bestätigt damit Gigerenzers Theorie der guten Bauchentscheidungen durch profundes Expertenwissen.

Schnelle Entscheidungen haben also Vorzüge, je nachdem, wer sie trifft. Wann genau soll nun die endgültige Entscheidung, der Anstoß zum Handeln, erfolgen? Ist Warten bis zu einem optimalen Zeitpunkt sinnvoll?

> Der israelische Sportwissenschaftler Michael Bar-Eli hat Fußballelfmeter als entscheidende Spielsituation analysiert. Sein überraschendes Ergebnis: Nichtstun wäre die beste Option für den Torwart und führt zu statistisch besseren Ergebnissen. Die Wahrscheinlichkeit für einen Schuss in die linke Ecke, die rechte und in die Mitte des Tors verteilte sich bei 286 Elfmetern nahezu gleich [Ram 15]. Die Mathematik würde nun raten, in den meisten Fällen mittig stehen zu bleiben. Doch das tun die Torhüter aus verschiedenen Gründen nicht.

Aktivitäten wie ein mutiger Hechtsprung entsprechen den Erwartungen an hochbezahlte Profis. Nichtstun wirkt – nicht nur im Fußballspiel – unentschuldbar faul. Optisch wirkungsvoll inszeniert, spielt die Ratio keine Rolle mehr, Aktivismus ist Trumpf. Der österreichische Verhaltensökonom und Berater Gerhard Fehr sieht im Nichtstun allerdings nicht die Faulheit, sondern die Geduld. Er meint dazu, dass alle verhaltensökonomischen Experimente belegen, dass der Geduldige im Schnitt die besseren Entscheidungen trifft. Nach dem Motto: *Lieber den Spatz in der Hand als die Taube auf dem Dach, greift der Faule gern sofort zu. Der Fleißige arbeitet geduldig, bis er die Taube bekommt.* Übertragen auf Torwart und Elfmeter heißt das für Gerhard Fehr: „*Bei Entscheidungen heißt Aktivität: Warten. Das ist die Arbeit, und die ist verdammt anstrengend.*" [Ram 15]

> Im gleichen Artikel in *brand eins* werden der ehemalige Investmentbanker und Wallstreet-Anwalt Frank Partnoy und sein Buch *Wait!* zur Untermauerung der These genannt: Die besten Entscheider an den Börsen warten, evaluieren, warten, evaluieren und entscheiden so spät wie möglich. Gerade im schnellsten Geschäft, dem Hochfrequenzhandel, gelte das besonders: „*Die besten High-Frequency-Trading-Firmen haben Low-Frequency-Kulturen: Die Manager lassen ihre Computer in Lichtgeschwindigkeit handeln, während sie sich selbst zurücklehnen und strategisch über die Märkte nachdenken.*" Denn schließlich werden vor allem gute Entscheidungen honoriert. Das bedeutet, dass gute Entscheider wissen, wie lange sie warten können – und müssen. Van Ripers Team hat genauso den Wert des Wartens erkannt. Bei aller Schnelligkeit ist es auch seine Erfahrung, dass Warten bis zum ideal scheinenden Zeitpunkt bessere Ergebnisse bringt.

Das rote Team im Kriegsspiel setzte also auf eine Kombination: „langsame" Analysen in nicht eilbedürftigen Situationen oder bei der Vorbereitung und Bauchentscheidungen unter Zeitdruck. Die Ratio wird hinzugezogen, um den „richtigen" Zeitpunkt fürs Handeln abzuwägen. Von einigen Börsengrößen wird berichtet, dass auch sie ihre Entscheidungen vorwiegend an einem „Gefühl" für das Was und Wann ausrichten und ihre Entscheidungen im Nachhinein mit Analysen unterlegen. Auch sie hören auf ihren Bauch, doch das können sie teuer bezahlenden Kunden kaum vermitteln.

> Van Riper ist der Beweis für die Kraft schneller Entscheidungen zum richtigen Zeitpunkt, ebenso sind es erfolgreiche Unternehmer wie zum Beispiel Richard Branson (unter anderem Virgin Group). Auch Branson ist ebenso

spontan wie erfolgreich. Er hat seit Jahren Entscheidungsroutinen durchlaufen und aus Fehlern gelernt. Das Ergebnis ist eine Mischung aus Intuition und Analyse, die ihm seinen Erfolg bringt. Fehler fürchtet er nicht – denn seine Art, Entscheidungen zu treffen, hat ihn so sicher wie möglich gemacht – in dem Wissen, dass kein Entscheidungserfolg zu 100 Prozent vorhersagbar ist.

Die dritte Frage: Handeln oder Unterlassen?

Nicht nur für einen Torwart stellt sich die Frage, ob Tun oder Nichtstun sinnvoller ist. Sich mehr oder weniger bewusst fürs Nichtstun zu entscheiden, kann zumindest für Entscheider sinnvoll sein. Ob das auch für andere, das Unternehmen oder die Allgemeinheit zutrifft, wird nicht immer erwogen. Denn nach dem sogenannten *Omission Bias*-Phänomen, der „Neigung zum Unterlassen", wird eine Handlung möglicherweise (unbewusst) subjektiv als riskanter angesehen als ihr Unterlassen.

Wenn also Menschen negative Folgen einer Handlung befürchten, werden sie eher nichts tun. Unterlassen macht unsichtbarer als Handeln, es ermöglicht, sich zu verstecken und zu *entschuldigen*. Mark Daniel Schweitzer hat das in einer Studie über kognitive Täuschungen untersucht [Sch 05]. Ein Fall: Ein Arzt kann ein Menschenleben nur retten, indem er die Krankheit behandelt. Dafür muss er aber ein Medikament verabreichen, an dessen schweren Nebenwirkungen 20 Prozent der Patienten sterben. Schweitzer hat festgestellt, dass der Arzt das Medikament im Zweifel nicht verabreichen wird. Obwohl die Konsequenzen der Handlung, also Tabletten zu verabreichen, in vier von fünf Fällen positiv wären, überwiegt das Gefühl, die Verantwortung für die 20 Prozent Todesfälle zu tragen. Die Rettung der übrigen 80 Prozent ist demgegenüber emotional geringer gewichtet.

Nichthandeln ist mit weniger Verantwortungsbewusstsein verbunden, denn ein Unterlassen, ein Nichtkümmern, ändert oft nichts offensichtlich zum Schlechteren hin. Das Unterlassen bleibt meist folgenfrei. Jedes Unternehmen kann solche Beispiele bei sich finden. Das Unterlassen der konsequenten Investition in Vielfalt oder in eine bessere Kommunikation und mehr stehen dafür. Eine klare Analyse, die Chancen und Konsequenzen aufzeigt, unterbleibt häufig. Die Chancen, die im Thema Vielfalt stecken, können vermeintlich gefahrlos vernachlässigt werden, zumal, wenn sie sich vielleicht in Beispielen belegen, jedoch nicht berechnen lassen. Unternehmen wollen Zahlen, sie wollen, dass ein Engagement sich finanziell für sie lohnt. Da, wo nicht genau gerechnet werden kann, ist es nicht erstaunlich, dass eher nicht gehandelt statt investiert wird. Erst recht, wenn die Konsequenzen des Nichthandelns nicht in die Zukunft projiziert werden.

Egal, ob diese Beispiele für schnelle oder langsame Entscheidungen stehen: Wo im Gegensatz zu Expertenwissen unbewusste Neigungen und Vorlieben Entscheidungen prägen, ist Vorsicht geboten.

Die vierte Frage: Wer entscheidet?

Führungskräfte erwarten mündige Mitarbeiter, die selbstständig arbeiten und entscheiden. Mitarbeiter verlangen Selbstständigkeit, Wertschätzung und Entscheidungskompetenzen.

Im Alltag spiegelt sich das allerdings meist nicht: Führungskräfte und Manager fragen sich oft nicht: *Bin ich wirklich zuständig?* Aus Routine und oft in Folge von Beförderungen, bei denen angestammte Aufgabengebiete ohne Not gern mitgenommen werden, durch Rückdelegation, mangelndes Vertrauen, überzogenes Kontrollbedürfnis und mehr werden „oben" häufig Entscheidungen getroffen, die auch von niedrigeren Hierarchiestufen übernommen werden könnten. Ein doppelter Nachteil entsteht: Mitarbeitern ist die Möglichkeit genommen, sich zu entwickeln, und die Führungskraft selbst beraubt sich zeitlicher Freiräume für wichtige Aufgaben im eigenen Handlungsrahmen. Entscheidungen ohne Not in höhere Hierarchieebenen zu übernehmen, bedeutet die schon beschriebene *Entmächtigung* mit negativen Konsequenzen für Motivation, Bindung und vor allem: für die künftige Selbstständigkeit von Mitarbeitern.

Eine der ersten und wichtigsten Aufgaben des Managements ist es, sicherzustellen, dass die Mitarbeiter die erforderlichen Fähigkeiten und Kenntnisse haben, um in ihrem Bereich Routineentscheidungen, einfache Entscheidungen und Entscheidungen mit überschaubarer Tragweite hinsichtlich Chancen und Risiken treffen zu können. Die Kommunikationskultur muss vertrauensorientiert beschaffen sein, sodass Zweifelsfragen zeitnah, offen und unkompliziert diskutiert werden können.

Wann und von wem sollen idealerweise Einzel- beziehungsweise Gemeinschaftsentscheidungen getroffen werden?

■ 5.3 Mehrheits- contra Einzelentscheidung

No risk – no fun?

Eilbedürftige Entscheidungen sollten, wie schon beschrieben, Experten überlassen werden. Bei allem, was Zukunft gestaltet, ist *die* richtige Entscheidung schwerer zu finden als früher. Das Blatt wird immer neu verteilt, wer heute nicht profitiert hat, kann morgen wieder dabei sein. Und ein Mensch sieht Chancen, wo der andere Schwierigkeiten sieht.

IBM versprach sich nichts von einer Beteiligung an Bill Gates' Microsoft – seinerzeit für eine sehr geringe Summe möglich. Ebenso war es IBM, wo Mitarbeiter ihre Idee, Standard-Softwarelösungen für den Businessbereich zu entwickeln, nicht umsetzen konnten. Sie schieden aus und gründeten SAP – mit ungeheurem Erfolg. Und wieder war es IBM, das von Chester Carlson das Konzept des Fotokopierers angeboten bekam. Er wurde abgewiesen – zur Freude von Xerox. Bessemers Venture Capital, ein großer Risikokapitalgeber, verpasste, meist aufgrund schneller Einzelentscheidungen,

Investitionschancen in Hewlett Packard, Apple, eBay, Facebook, Google, Intel und Paypal. Es wäre spannend zu wissen, wie die Entscheidungen ausgefallen wären, wäre ein starkes Team eingebunden gewesen.

Neuland betreten, Veränderungen zuzulassen, bedeutet, dass Risiken eingegangen werden müssen. Diese Risiken sind, weil es um Zukunft geht, nicht vorhersagbar, höchstens eingrenzbar. Fortschritt entsteht durch das Eingehen von Risiken. Aber: Wie hoch dürfen diese Risiken sein? Das Motto *No risk – no fun* klingt zwar abenteuerlustig, mündet jedoch wie in der Finanzmarktkrise oft in *High risk – no fun*. Aus Profitstreben und durch selektive Wahrnehmung entstehen teilweise gewaltige Kollateralschäden nicht nur für die Unternehmen der Entscheider, sondern für die Allgemeinheit. Bewusstheit, das genaue Hinsehen, wie die Konsequenzen im Einzelfall aussehen, ist notwendig, ebenso wie die Kalkulation von Risiken und Chancen.

> Die *„Unaufmerksamkeitsblindheit"*, ein unbewusster Filterprozess, ist einer der Gründe für Fehlentscheidungen. Können Sie sich vorstellen, dass ein Unternehmen 50 Millionen Euro verliert, obwohl alles, was das hätte verhindern können, bekannt war? Weil jemand entschieden hat, dass diese Informationen jetzt nicht wichtig seien? Und so verlor die Deutsche Bank mit Jürgen Schneider 50 Millionen Euro – „Peanuts". Die richtige Information zur falschen Zeit wollte niemand hören, die Entscheidungsträger haben sie „weggeklickt", ihre Aufmerksamkeit gleich dem Lichtstrahl eines Leuchtturms auf etwas anderes gerichtet. Aldous Huxley stellt dazu nüchtern fest: *„Tatsachen hören nicht auf zu existieren, nur weil sie ignoriert werden."*

Kalkulierbare Risiken können eingegangen werden, wenn die Konsequenzen eines Fehlschlags absehbar und tragbar sind. Unkalkulierbare Risiken einzugehen, also jene, bei denen hohe Verluste oder eine Existenzgefährdung des Unternehmens die Folge sind, verbietet sich. Mit Klugheit, mit sorgfältiger Betrachtung von Alternativen und Möglichkeiten, können diese Risiken unter Umständen minimiert werden auf kalkulierbare Risiken, lässt sich ein besserer Weg finden zwischen Risiko und Nachhaltigkeit.

Die frühere Chefredakteurin der *Harvard Business Review*, Suzy Welch, beschreibt in ihrem Buch *10 – 10 – 10* ihre einfache Formel, auch schwierige (Lebens-)Entscheidungen klarer beurteilen zu können. Sie stellt sich vor jeder kritischen Entscheidung die Fragen, was die Folgen ihrer Entscheidung in 10 Minuten, in 10 Monaten und in 10 Jahren sind [Wel 09]. Immer wieder auch auf langfristigere Folgen der Entscheidungen zu sehen, hilft, wirklich wichtige Themen zu identifizieren und sich bewusst zu machen, welche Bedeutung Entscheidungen haben können. Der ebenso übliche wie fast ausschließliche Blick auf den nächsten Quartalsabschluss taugt nicht zur Zukunftssicherung.

Sind Mehrheitsentscheidungen wirklich besser?

Wenn also wichtige, nicht eilbedürftige Entscheidungen getroffen werden sollen, ist zu erwägen, ob dies von möglichst heterogenen Meinungen unterstützt werden sollte. Antworten dazu kommen aus dem Tierreich: Auf einer Insel vor der Südostküste des US-Bundesstaats Maine erforschte der Biologe Thomas Seeley, ob Honigbienen Entscheidungen treffen können und wenn ja, wie richtig diese sind [Mil 07]. Die einzelne Biene ist ja nicht intelligent in unserem Sinne. Doch durch das Zusammenwirken der Mitglieder des Bienenvolks kommen als intelligent anzusehende Leistungen zustande.

Seeley offenbarte verblüffende Fähigkeiten. Bienen haben keinen Anführer, der ihnen sagt, wo es langgeht. Stattdessen befolgen sie spezielle Regeln, organisieren sich selbst als Schwarm. Wenn bis zu 50 000 Bienen in einem Stock leben, ist das eine Herausforderung. Sie haben Methoden entwickelt, die besten Lösungen für die Allgemeinheit zu finden und sogar Meinungsverschiedenheiten beizulegen. Wenn wir auf ihre Lösungen schauen und daraus Strategien ableiten, können wir Menschen in Gruppen helfen, statt in zähen, ergebnislosen Debatten schnell zu besseren Lösungen zu kommen.

Seeley bewegte besonders, wie man gängige Denkmuster, die gute Lösungen schwer machen, durchbrechen und die eigene Wahrnehmung öffnen kann, damit Möglichkeiten und Chancen besser erkennbar werden. Seeley hat die *Bienenstrategie* in Fakultätssitzungen ausprobiert. Dazu bat er seine Mitarbeiter, zuerst einmal über alle denkbaren Möglichkeiten nachzusinnen und dann eine Zeitlang mit all diesen Ideen zu spielen. Das Mögliche ebenso wie das scheinbar Unmögliche denken zu können, zunächst einmal nichts auszuschließen, macht den Blick frei. Was für Einfälle, Ahnungen, Wünsche gibt es, erst einmal völlig ungeachtet jeder Realität? Es ist nötig, sich für Neues zu öffnen, Forschergeist und Entdeckerfreude zu kultivieren.

Gute Ideen entstehen erst, wenn der Prozess des freien Überlegens, des „Herumspinnens" oder Spielens, strikt getrennt wird von der kritischen Betrachtung, der Realisierbarkeitsprüfung und der Prüfung von Vor- und Nachteilen. Völlig neue Ideen können entstehen, es kann quergedacht werden, ganz ohne zentrale Steuerung. Die gleiche Richtung wie Seeley schlagen die US-Forscher Russell Eberhart und Jim Kennedy ein, deren Studiengegenstand Ameisen waren [Sto 14]. Auch ihr Ergebnis: Für bestmögliche Entscheidungen erarbeitet erst jeder unabhängig für sich die beste Lösung. Das sogenannte „soziale Faulenzen", das Ausruhen auf den Leistungen der anderen und Absinken der Schwarmleistung im Vergleich zur Summe der Einzelleistungen, wird damit vermieden.

Genauso macht es der Bienenschwarm, sagt Seeley. Nach seinen wie nach Eberharts und Kennedys Erkenntnissen muss sich die Gruppe anschließend die Zeit nehmen, alle Einfälle zu vergleichen und zu diskutieren, die besten Lösungen auszutauschen, Alternativen herauszuarbeiten, Risiken und Folgen für jede Alternative zu analysieren sowie Prioritäten festzulegen. So lernt jeder vom anderen.

5.3 Mehrheits- contra Einzelentscheidung

> Zum Vergleich der Ergebnisse noch ein Tipp: Für beste Ergebnisse, unbefrachtet von Vorwissen, lassen Sie Einfälle „blind" vergleichen, also ohne Nennung des Urhebers. So wie Orchester heute oft blind vorspielen lassen, um die Besten zu finden, darf auch die Idee namenlos auftreten. ∎

Beim Vergleich der Vor- und Nachteile darf sich eine Lösung als die beste, sinnvollste herausstellen. Die Abstimmung bildet den Schluss – geheime Abstimmungen haben sich dabei bewährt. Am Ende kann so die beste Idee gewinnen. Der Entschluss selbst muss in sichtbare Ergebnisse transformiert werden, die Realisierung sollte in die Entscheidung mit eingebaut werden.

> Die Haufe-Gruppe, ehemals Rudolf-Haufe-Verlag in Freiburg, hat ihre Erfahrungen mit Basisdemokratie gesammelt – es lief nicht reibungslos. Gut geplant und trotz klar umrissener Projektrahmen, kamen keine Ergebnisse zustande. Führung musste her: Haufe entschied sich dafür, einem kleinen Kernteam von Menschen, die die notwendigen Fähigkeiten wie Entscheidungsfreude und Kommunikationsstärke mitbrachten, die Fäden in die Hand zu geben. Dieses Kernteam entschied, wo gemeinsam diskutiert werden musste und wo lange Diskussionen überflüssig und zeitraubend waren. Lösungen werden im Team entwickelt, Entscheidungen wieder an die Spezialisten ausgelagert, die die fachliche Kompetenz mitbringen [Syw 15]. ∎

Schwarmintelligenz zeigt den Weg. Ob es sich um Ameisen, Bienen, Tauben oder Wölfe handelt: Wenn das Verhalten der Individuen in einer Gruppe dezentral gesteuert ist und ihm einfache, bekannte Regeln zugrunde liegen, addieren sich Aspekte individuellen Verhaltens zu einer smarten Strategie, die hilft, komplexe Situationen zu bewältigen. Gemeinsame Regeln schaffen eine gemeinsame Basis, auf der Freiraum für selbstständige Handlungen gegeben ist. Gewaltbereite Randalierer bei Massendemonstrationen im Umfeld des sogenannten G-8-Gipfels im Juni 2007 in Deutschland liefern ein Beispiel für ähnliche Vorgehensweisen. Sie informierten sich fortwährend gegenseitig per Handy. Die Bewegungen der Polizei wurden somit allen bekannt gemacht und damit fast wirkungslos. Der Unkoordiniertheit früherer Demonstrationen stand jetzt ein „schlauer Schwarm" gegenüber. Sogar Demokratie kann durch Schwarmintelligenz gedeihen. Der amerikanische Soziologe Howard Rheingold [Rhe 03] untersuchte das und fand heraus: Gleichgesinnte, die sich vernetzen und so spontan als Gemeinschaft auf Veränderungen in ihrem Umfeld reagieren, können sogar einen politischen Umschwung erreichen. Im Jahr 2001 erzwang eine sogenannte Smart-Mob-Bewegung den Sturz des unter Korruptionsverdacht stehenden philippinischen Präsidenten Estrada: Wo immer er erschien, organisierten Menschen

Demonstrationen mithilfe von SMS und Internetbotschaften. Tausende versammelten sich an öffentlichen Plätzen in Manila und jagten Estrada letztendlich aus dem Amt. „Adhocracy", eine Abkürzung für Ad-hoc-Demokratie, ist nun zum Begriff geworden.

Genauso können Businessentscheidungen von kollektiver Intelligenz unterstützt werden. Gemeinsam ein Ziel zu verfolgen, macht flexibel und stark zu gleicher Zeit. Es ist unwahrscheinlich, dass solche Phänomene nur im politischen Zusammenhang auftreten – sie werden vor dem Arbeitsalltag nicht haltmachen und könnten gezielt genutzt werden. Mit geballter Unternehmensintelligenz geschaffene Lösungen beziehungsweise Produkte in den Markt zu geben, macht heute mehr denn je Sinn: Denn die Verbraucher haben ihre Intelligenz ja auch längst gebündelt.

Die Chance auf den sogenannten Serendipitätseffekt, also das Stolpern über glückliche Zufälle, das Entdecken von ursprünglich nicht Gesuchtem, steigt durch eine Beteiligung vieler, wenn die Zusammensetzung heterogen ist. Gleichberechtigung wie im Bienenschwarm steigert die Innovationskraft ebenso wie die Anzahl gleichberechtigt beteiligter Personen. Ohne diese Gleichberechtigung und damit Anerkennung verschiedener Meinungen entsteht kein Nutzen, sondern erneut Stromlinienförmigkeit, Unterordnung.

Hinweise zur fruchtbaren Zusammenarbeit in menschlichen Teams liefert eine Studie zum „agilen Teamwork" [So 08], die zeigt, dass diese Art der Zusammenarbeit erfolgreicher ist als die klassische Vorgehensweise. Im Gegensatz zu früheren Studien, die darauf hinwiesen, dass Teamarbeit den Informationsfluss und die Kreativität behindert und die lästige Tendenz zur Selbstbestätigung verstärkt, zeigen die dort untersuchten Softwareunternehmen, wie Teamwork funktionieren kann. Eines der größten Probleme in der Teamarbeit ist zwar wertvolles, aber ungeteiltes Wissen, das somit bedeutungslos wird. In agilen Teams wird ebenso intensiv wie strukturiert kommuniziert, die Fehlertoleranz ist sehr hoch, die Planung erfolgt iterativ und beim paarweisen (gemeinsamen) Programmieren gibt der erfahrene Programmierer sein Wissen an weniger Erfahrene weiter. Die Form der Besprechungen ist klar umrissen: Meetings dauern 15 Minuten, haben einen festen Ablaufplan und finden ausschließlich im Stehen statt. Die Agenda steht fest: Jeder berichtet über a) seine Aktivitäten seit dem letzten Meeting, b) seine Planung und c) Hindernisse bei der Arbeit. Sofern daraus weiterer Gesprächsbedarf entsteht, werden Einzelgespräche geführt. Der Informationsaustausch wird ausdrücklich gefördert. Dominanzverhalten, Verweigerung oder Blockaden werden nicht toleriert. Die Bindung an ein formuliertes Ziel, neudeutsch „Commitment", als wesentlicher Erfolgsfaktor erhöht sich laut der Studie durch die agilen Praktiken deutlich. Gleichzeitig steigt das für den Projekterfolg ebenfalls maßgebliche Know-how der Teammitglieder insgesamt.

Nützliche Kommunikation ist im Entscheidungsprozess elementar. Allein das Vokabular verändert Denken und den Umgang miteinander – die Auswirkungen auf die Zusammenarbeit werden gern unterschätzt. Wortwahl und Umgang miteinander gestalten Erfolge mit: Beispielhaft können Sie an den Begriffen *Chancengleichheit* und *Waffengleichheit* den Unterschied spüren! Gesprächsteilnehmer können allein durch die Wortwahl von Gegnern zu Partnern werden. Wenn der echte Wunsch nach mündigen, kreativen, selbstständigen Mitarbeitern und Führungskräften besteht, ist ein Teil des Weges, sich dem Aspekt Sprache zu widmen: eine Sprache zu nutzen, die ausdrückt, dass zusammen Leben und Arbeiten insgesamt angenehmer werden kann, dass sich *zusammen-* statt *auseinanderzusetzen* Stress nimmt.

Schwarmentscheidungen im Alltag

Im Internet ist die fruchtbare Zusammenarbeit von „Schwärmen" schon Alltag. Viele Webtools ermöglichen erfolgreiche virtuelle Zusammenarbeit. Ein Beispiel ist Crowdsourcing (auch *wisdom of the crowd* oder *Weisheit der Vielen*). Es bezeichnet die Auslagerung traditionell interner Teilaufgaben an eine Gruppe freiwilliger User, zum Beispiel über das Internet. Dies wird beispielsweise bei „Prognosebörsen" genutzt, um die Potenziale neuer Produktideen und Absatzprognosen zu recherchieren. Ziele sind bessere Entscheidungen, Kostenersparnisse und höhere Sicherheit.

Im Internet als höchst demokratische Plattform gehört Wissen allen, es wird nicht mehr gehamstert zum Machterhalt, sondern geteilt. Hier findet sich eine Freiheit, die es in Unternehmen klassischerweise noch nicht gibt. Geteiltes Wissen multipliziert sich, wächst schneller zu neuen, erstaunlichen Ergebnissen.

J. Richard Hackman, Organisationspsychologe und Teamspezialist von der Harvard University, hat fünf wesentliche Gründe für das Funktionieren von Teams herausgearbeitet [Cou 09]:

- Das Team ist genau benannt; es gibt weitgehende Stabilität in der Besetzung, sodass bessere Zusammenarbeit erlernt werden kann
- Klare, herausfordernde und konsequent angegangene Zielsetzung
- Teams sollten nicht zu groß (mehr als neun Personen) und zu homogen sein
- Gute unterstützende Einbettung in die Organisation
- Kompetentes Teamcoaching

5.4 Die Liebe zum Nebel – wie viel Information darf es sein?

Das Informationszeitalter versorgt uns mit Informationen in Hülle und Fülle. Wir lieben Informationen, das Klicken und Stöbern, den Sog schneller Nachrichten, das Sich-Hineinverlieren vom einen ins andere. Das kurze Hinschauen, nicht hängenbleiben, nicht vertiefen. Mehr ist die Devise. Weil viel und schnell ja gut ist. Die Häppchen werden immer mundgerechter und dramatisch bebildert geliefert. Stars und Sternchen liefern sich mit Millionenanhängerschaft Wettbewerbe um die meisten Klicks. Unmengen an Informationen sind verfügbar. In aller Eile vergessen wir, auf ihren Wert zu schauen. Und der geht sehr oft gegen null. Doch die Liebe zu Informationen hat unabhängig von ihrem Wert Hochkonjunktur.

Studien haben sich mit der Auswirkung von Informationsmengen auf die Qualität von Urteilen beschäftigt. Zum Beispiel ging unter anderem der Psychologe Stuart Oskamp [Osk 65] der Frage nach, ob die Menge an bereitgestellten Informationen Fachleute oder deren Urteil, deren Entscheidung, beeinflusst. Im Versuch sollte eine Gruppe von 32 Psychologen ein Urteil über den psychischen Zustand eines 29-jährigen Kriegsveteranen abgeben.

In der ersten von insgesamt vier Phasen gab es wenig zusätzliche Informationen. In der zweiten Phase wurden die Psychologen auf anderthalb Seiten über die Kindheit des Probanden informiert. Die dritte Phase enthielt zusätzliche zwei Seiten über Jugend und frühes Erwachsenenalter. In der vierten Phase kam eine Darstellung seiner Zeit in der Armee und nach der Rückkehr aus dem Krieg hinzu, die Informationsmengen wuchsen also ständig. Nach jeder Phase mussten die Psychologen 25 Multiple-Choice-Fragen beantworten. Es zeigte sich: Die wachsende Informationsmenge hatte keine Verbesserung des Urteils zur Folge.

Damit nicht genug: Obwohl die Entscheidungen mit der wachsenden Informationsmenge sogar ungenauer wurden, empfanden die Psychologen ein wachsendes Sicherheitsgefühl! Sie waren sich also mit jedem Häppchen Information sicherer, die besseren Schlüsse zu ziehen. Quantität zog keine bessere Qualität nach sich. Die Situation wird nur scheinbar klarer.

Ein anderes Beispiel, in dem mehr Information schlechtere Ergebnisse und höhere Kosten mit sich bringt: Notfallärzte müssen möglichst rasch über komplexe Sachverhalte entscheiden: Herzinfarkt ja oder nein, Intensivstation ja oder nein. Einige entscheiden unbefangen „aus dem Bauch heraus", andere nach Sammlung möglichst vieler Informationen. Gleich ist in jedem der beiden Fälle, dass beide nicht alle Informationen über die aktuelle Situation oder gar die Zukunft kennen. Vollständig rationales Verhalten und ein Abwägen aller Möglichkeiten sind unter diesen Umständen nicht möglich und – wie das Beispiel der Psychologen zeigt – oft auch nicht hilfreich.

Doch auch kritische, scheinbar komplexe Entscheidungen können ihre Regeln haben. Einmal identifiziert, können künftige Entscheidungen leichter werden, der Mensch kann sich an relativ einfache Faustregeln halten. Gerd

Gigerenzer beschäftigte sich mit der Frage, wie man rationale Entscheidungen treffen kann, wenn Zeit und Informationen begrenzt sind und die Zukunft ungewiss ist. Auf Basis seiner Forschungen haben Wissenschaftler in der Notfallmedizin beobachtet, mit welchen Informationen Ärzte bei Patienten mit akuten Herzproblemen konfrontiert wurden. Aus der Fülle von Entscheidungskriterien wurden die Symptome extrahiert, die nützlich und relevant waren. Der Rest konnte (vorerst) beiseite geschoben werden. Er war für die eilige und für die Klinik auch finanziell wichtige Entscheidung nicht hilfreich.

Anschließend wurde ein Entscheidungsbaum mit den wichtigsten Merkmalen zusammengestellt. Statt sich nun in jedem Fall aufs Neue in der Fülle der Symptome zu verlieren und unsichere Entscheidungen zu treffen, können sich die Ärzte auf die drei wichtigsten Kriterien verlassen, um eine gute Entscheidung zu treffen. Eine komplexe, ja lebenswichtige Entscheidung wurde einfach. Transparenz und leichte Vermittelbarkeit des Entscheidungsbaums sind ein Traum für jede Entscheidungsfindung und eine willkommene Unterstützung im Informationsdschungel. Erklärungsbedarf entsteht nur noch im überschaubaren Umfang.

Bei komplexen Entscheidungen muss folglich ein Ziel sein, das Thema zu abstrahieren und so weit wie möglich zu zerlegen und zu analysieren, um uns damit von derzeit überflüssigen Informationen zu befreien. So reduziert, fallen Entscheidungen leichter, der Mensch fühlt sich wohler damit. Doch solche Überlegungen und Methoden haben im Unternehmensalltag noch nicht Einzug gehalten. Statt uns mit Kriterien für Entscheidungen zu beschäftigen und daraus zu lernen, lassen wir uns gern immer wieder insgesamt verwirren und meinen, mehr sei gut. Die Hilfsmittel moderner Kommunikation haben uns dabei keineswegs entlastet.

Van Ripers Beispiel zeigt, dass ein versierter Entscheider einem Netzwerk von qualitativ hochwertigen Einzeldaten überlegen ist – denn Verarbeitung, Auswertung und Diskussion dieser Daten binden enorme Kapazitäten. Durch die Komplexität wird die Intuition gelähmt, sinken Entscheidungs- und Handlungsfähigkeit dramatisch. Die Bewertung zu vieler Details lähmt. Van Riper hatte erkannt: Schnelle Entscheidungen können und müssen mit weniger Informationen getroffen werden. Laut ihm ist der „Nebel" des Krieges aus Ungewissheit und vielen Details immer da, und noch so viele Daten machen nicht alles vorhersagbar. Van Riper zog zwar in Analysephasen viele Informationen heran, doch in Krisenzeiten verknappte er sie für sich und seine Mitarbeiter, um dem schnellen Denken nicht im Weg zu stehen. Wenn sein Team sich im Angriffsfall im Hauptquartier hätte abstimmen müssen, wären aus den zwei Tagen bis zum Sieg sechs bis acht geworden – und der Sieg wäre ungewiss geworden, der Überblick verloren gegangen. Das blaue Team dagegen ging im Nebel der Informationen und im bedingungslosen Glauben an die Komplexität von Lösungen völlig verloren.

Zum Abschluss raten Sie bitte, ob das Computerprogramm der „Blauen" trotz der ernüchternden Erkenntnisse im Einsatz ist! Mit immensen Mitteln angeschafft, ist es das tatsächlich. 250 Millionen US-Dollar hat das Militärmanöver gekostet. Die Komplexität und die scheinbar unendlichen Möglichkeiten schlagen in Bann, ebenso wie die Mengen an Geld, deren Verschwendung ungern zugegeben wird – notfalls wie im Beispiel van Ripers durch nachgeschobene, manipulierte Tests gerechtfertigt. Zur Vorhersage untauglich, hat das Programm allenfalls im Nachhinein Erklärungen liefern können.

Aber welche Informationen sind wichtig?

Gigerenzer schätzt Heuristik – die Kunst, mit begrenztem Wissen und wenig Zeit gute Lösungen zu erhalten. Er bezeichnet Heuristik als ein analytisches Vorgehen, bei dem mithilfe von Mutmaßungen Schlussfolgerungen über das System getroffen werden, und warnt davor, zu viele Daten zu sammeln. Große Datensammlungen sind ihm gemäß eher dazu geeignet, vergangenheitsbezogene Erklärungen zu liefern. Um Vorhersagen in einer unsicheren Welt zu treffen, müsse man jedoch einen Teil der Informationen ignorieren, einfachere Methoden mit weniger Daten seien besser geeignet. Gigerenzer hat in etwa 20 Studien belegt, dass Analysten, die große Datenmengen handhaben müssen, sich häufig bei Vorhersagen nur auf Zufallsniveau bewegen. Und dass mit großen Datenmengen, Kosten und Zeit erzielte Entscheidungsgrundlagen häufig nicht besser sind als die genannten Bauchentscheidungen.

Es ist ohne Zweifel eine Herausforderung, relevante Informationen zu ermitteln und sich für die Selektion zu entscheiden. Das erfordert Mut – genauso wie das Stehenbleiben des Torwarts beim Elfmeterschuss: Kritik ist häufig die Folge. Auf Basis seiner Untersuchungsergebnisse plädiert Gigerenzer für diesen Mut zur Einfachheit und Transparenz. Auch deswegen, weil komplexe Lösungen einen weiteren Nachteil haben: Zur Verifizierung sind häufig langjährige Datenreihen erforderlich. Als Beispiel nennt er das nobelpreisprämierte Mean-variance-Modell von Harry Markowitz zur Geldanlage, das einige Geldinstitute ihren Anlegern empfehlen. Um jedoch tatsächlich Aussagen zur Richtigkeit der Hypothesen treffen zu können, würde eine Datenreihe von zirka 500 Jahren benötigt. Das Modell ist also nicht einmal überprüfbar – und was in 500 Jahren ist, interessiert Sie wahrscheinlich genauso wenig wie mich.

Wenn einmal ermittelt ist, welche Informationen die Entscheider zurzeit für wichtig halten, ist der Blick wieder frei für Wesentliches. Der Entscheidungsprozess wird schneller, schlanker und außerdem sicherer.

5.5 Kurz und knapp

- Die moderne Zeit erfordert neue Methoden. Entscheidungsroutinen des vorigen Jahrhunderts können keine guten Ergebnisse mehr in völlig geändertem Umfeld erbringen. Intelligente, zukunftsrelevante Entscheidungen können nicht mehr von Einzelpersonen getroffen werden oder müssen zumindest von heterogenen Teams vorbereitet werden. Entscheidungsverhalten muss systematisch betrachtet und verbessert werden.

- Führung muss sich frühzeitig bedeutenden, zukunftsträchtigen Fragen widmen, um in Ruhe Entscheidungen vorbereiten und sie qualitativ hochwertig auf Basis guter Optionen treffen zu können.

- Einzelentscheidungen führen häufig zu höheren Risiken für Unternehmen, vor allem in unserer zunehmend komplexeren Welt. Vielfalt aktiviert den Erfolgsschlüssel „Gedanklicher Austausch" und sorgt für bessere Entscheidungen, Ideen und Innovationen. Geschickt genutzt, steigen die Chancen für Unternehmen, die Risiken sinken.

5.6 Handlungsempfehlungen

- Klären, ob es sich um einfache Fragen, Routinefragen oder um komplexere, zukunftsweisende Angelegenheiten handelt. Routinen beziehungsweise ein Bewusstsein dafür entwickeln, zu erkennen, was unkomplizierte und Routinefragen sind. Ist genug Zeit für zukunftsweisende Themen eingeplant, um Eilbedürftigkeit zu verhindern? Ist die Entwicklung solcher Fragen regelmäßig Thema der Führung? Kann ein komplexes Thema vereinfacht dargestellt werden und von wem? Ist die Fragestellung genau genug beschrieben?
- Klärung der Frage, ob und was ganz genau von wem zu entscheiden ist. Komplexe Themen möglichst vereinfachen lassen, damit sie transparenter werden.
- Entscheidungsträger identifizieren und sich bewusst darüber sein, wo welches exzellente Wissen vorgehalten wird. Den Erwerb von Spezialwissen fördern, auch den Wissensaustausch unter den Mitarbeitern.
- Ein Bewusstsein für Bauch- und Kopfentscheidungen schaffen. Klären Sie den Wert von Bauchentscheidungen und ziehen Sie diese auch zu Entscheidungen ohne Zeitdruck hinzu. Dabei sollten die Entscheider über gutes Fachwissen verfügen. Wenn im Anschluss rationale Entscheidungsroutinen erfolgen, sollte die anfängliche Bauchentscheidung hinterher mitbetrachtet werden: Weichen die Ergebnisse ab, was könnten die Gründe sein, was spricht nun für welche Entscheidung?
- Ist die Entscheidung für Handeln und Unterlassen explizit gefallen? Sind Chancen und Risiken erwogen worden?
- Klärung der Informationsbeschaffung, -verteilung und -verwendung. Wer beschafft und verteilt Informationen an wen, wer selektiert, sind Heuristiken sinnvoll? Jede relevante Information muss jedem Beteiligten zur Verfügung stehen, gleichzeitig ist eine Informationsüberladung zu vermeiden.
- Schaffung einer konstruktiven Kommunikationskultur. Ideal sind feste Diskussionsstrukturen. Sich seine Redezeit erkämpfen zu müssen oder gegen Unterbrechungen anzugehen, raubt konsensorientierten Menschen die Energie, ihre Argumente vorzubringen, und lässt sie im Sinne des Availability Bias unsichtbar werden.
- Training in den Bereichen, in denen häufiger schnelle Entscheidungen getroffen werden müssen, um Fehler zu minimieren und Stress zu vermeiden
- Das Betrachten des richtigen Zeitpunkts für die Entscheidung und die Klärung der Frage, ob Warten sinnvoll sein könnte

- Chancen ebenso wie Risiken aus verschiedenen Zeithorizonten betrachten, damit die Folgen von Tun und Unterlassen erkannt werden können.
- Klären, wer was entscheiden kann und will, damit Entscheidungen in den richtigen Hierarchiestufen fallen und Mitarbeiter er-mächtigt statt ent-mächtigt werden.
- Prüfung der Prinzipien „agilen" Teamworks und Schaffung eigener Regeln für bessere Teamergebnisse
- Die Entscheidungen, wo es sinnvoll erscheint, durch möglichst heterogene Gruppen vorbereiten lassen. Je nach Entscheidung und Projekt zusammengesetzte Teams bieten größtmögliche Flexibilität. Einblicke in andere Bereiche, etwa durch Rotieren bei den Tätigkeiten, sind sinnvoll. Die Gruppe sollte sich außerdem treffen können – ob virtuell oder real, spielt keine Rolle. Entfernung ist kein Hindernis, solange die Menschen, die zusammenarbeiten, sich auch sehen können. Denn Gestik und Mimik offenbaren mehr und wichtigere Informationen als reine Worte. Das geht auch auf digitalem Wege.

Zu Beginn ermittelt jedes Mitglied der Gruppe selbst Lösungen in einer „Spielphase", in der möglichst viele, auch unkonventionelle Ansätze gefunden werden sollen, ohne jeglichen Bezug zur Realisierbarkeit. Anschließend folgen der (möglichst „blinde") Vergleich und Diskussion aller Vorschläge, Austausch der besten Lösungen, Analyse von Alternativen mit ihren Risiken und Chancen und die Festlegung von Prioritäten sowie Klärung der Realisierbarkeit. So kann jeder vom anderen lernen und das Team immer besser werden, soziales Faulenzen ist ausgeschlossen beziehungsweise minimiert.

- Die Kommunikationsgewohnheiten klären: Wie, wann und in welcher Form sollen Meetings stattfinden? Wie soll gewährleistet werden, dass jeder frei, gleichzeitig aufs Wesentliche beschränkt, seine Redebeiträge einbringen kann?
- Erfolgskriterien von Teamwork nach J. Richard Hackman beachten (Definition, wer im Team ist; Teamgröße; Zielsetzung; unterstützende Einbettung in die Organisation; kompetentes Teamcoaching)
- Geheime Entscheidung über die Vorschläge, gegebenenfalls zur Vermeidung endloser Diskussionen in einer zweiten Stufe in einem kleineren Team.
- Wenn eine Entscheidung getroffen wird für etwas, das Mehrarbeit mit sich bringt, macht es Sinn, zu überlegen, was im Gegenzug dafür gestrichen werden könnte. Denn noch viel zu oft wird der Blick auf Wichtiges verstellt durch den „Müll", der sich im Laufe der Zeit ansammelt.
- Ergebnisse in „sichtbare" Ziele und Zwischenschritte umsetzen.
- Die Anzahl der Themen muss begrenzt gehalten werden, es muss handhabbar bleiben!
- Dokumentation und Analyse wichtiger Entscheidungen hinsichtlich ihres Zustandekommens und ihrer Ergebnisse, um den Hintergrund des Entstehens von Erfolgen und Misserfolgen beziehungsweise der Ergebnisse insgesamt besser zu erkennen. Der Fokus darf nicht auf Fehlern liegen, sondern auf der Chance zu lernen. Rückkopplung und Dialog sind elementar wichtig für künftige bessere Entscheidungen.

5.7 Literaturverzeichnis

[Cou 09] Coutu, D., Why Teams don't Work, in: Harvard Business Review 5/2009, unter https://hbr.org/2009/05/why-teams-dont-work (letzter Aufruf 23.6.2016)

[Gig 08] Gigerenzer, G., Bauchentscheidungen, Die Intelligenz des Unbewussten und die Macht der Intuition, München 2008

[Gla 13] Gladwell, M., Blink! Die Macht des Moments, München 2013

[Mil 07] Miller, P., Schwarmintelligenz, in: National Geographic 8/2007, unter http://www.nationalgeographic.de/reportagen/topthemen/2007/schwarmintelligenz (letzter Aufruf 25.5.2016)

[Osk 65] Oskamp, S., Overconfidence in Case-Study judgments, in: Journal of Consulting Psychology 29/3 195, 261–265

[Ram 15] Ramge, T., Die Arbeit der anderen, in: brand eins 8/2015, 74–79, unter http://www.brandeins.de/archiv/2015/faulheit/die-arbeit-der-anderen/ (letzter Aufruf 25.5.2016)

[Rhe 03] Rheingold, H., Wenn der Mob smart wird (6.6.2003), unter http://www.stern.de/digital/smartphones/howard-rheingold-wenn-der-mob-smart-wird-3337174.html (letzter Aufruf 25.5.2016)

[Sch 05] Schweitzer, M.D., Kognitive Täuschungen vor Gericht. Eine empirische Studie, Diss. Universität Zürich 2005, unter http://www.decisions.ch/dissertation.html (letzter Aufruf 25.5.2016)

[So 08] So, Chaehan/Scholl, W., Making Software Teams Effective. How Agile Practices lead to Project Effectiveness through Socio-Psychological Mechanisms (2008), unter https://www.psychologie.hu-berlin.de/de/personal/7777269/agile_teamwork (letzter Aufruf 25.5.2016)

[Sto 14] Stober, A., Schwarmintelligenz: Wie Ameisen den kürzesten Weg finden (30.4.2014), unter http://www.planet-wissen.de/natur/insekten_und_spinnentiere/ameisen/pwieschwarmintelligenzwieameisendenkuerzestenwegfinden100.html (letzter Aufruf 25.5.2016)

[Wel 09] Welch, S., 10 – 10 – 10: 10 Minuten, 10 Monate, 10 Jahre. Die neue Zauberformel für intelligente Lebensentscheidungen, München 2009

6

Stark statt steif – die neue Organisation

In diesem Kapitel

- Wie Führung sich zugunsten von mehr Flexibilität zurücknehmen kann, um Menschen zu stärken, und warum ein völliger Verzicht auf Führung nicht möglich ist
- Welche Aufgaben Führung vor allem in einer flexiblen Organisation idealerweise wahrnimmt
- Wie Unternehmen und Führung mit zunehmender Flexibilität stärker werden
- Wie die Vielfalt der Menschen im Unternehmen sich nur erfolgreich einbringen kann, wenn die Strukturen Flexibilität erlauben. Ein Erfolgsschlüssel zur Erzielung größerer Heterogenität ist, die Rolle der Menschen stärker zu gewichten als die der Organisation.

Bis heute schaffen wir Organisationen, in denen Menschen funktionieren sollen. Die zeitgemäße Führung sollte jedoch den Menschen sehen, erst danach die Struktur. Sie schafft flexible Organisationsformen, die den jeweiligen Talenten gerecht werden. *Spiel-Räume* werden dazu erschaffen, leichter zu lernen, im unternehmerischen Sinne kreativ zu sein, und für die bessere Abstimmung zwischen den Menschen. Netzwerke werden wichtiger als Hierarchien.

> *Es gibt eine Neigung zur Überorganisation. Das erzeugt eine Starrheit, die man in Zeiten immer schnelleren Wandels niemals zulassen sollte.*
>
> Thomas J. Peters und Robert H. Waterman jr. in *In search of excellence*

Können Unternehmen in ihrer klassischen, durchorganisierten Form weiter bestehen? Können sie das bieten, was nicht nur der Markt, sondern zunehmend auch die Menschen verlangen? Können sie umschwenken von prozessoptimierten Abläufen hin zu einer Organisation, die sich Gegebenheiten anpassen kann und Frei-Räume, Spiel-Räume lässt? Brauchen Mitarbeiter und Führungskräfte mehr Frei-Raum, um bessere Leistungen zu erzielen? Und brauchen wir überhaupt noch Führung? Kann ein Unternehmen mit zunehmender Flexibilität stabiler werden?

Hervorragender Mitarbeiter sucht hervorragendes Unternehmen

Die Weichen sind gestellt: Der Wert der Vielfalt ist erkannt, Führungskräfte und Mitarbeiter kennen sich und ihre Stärken. Aus funktionierenden Zahnrädchen ist das geworden, was sich Arbeitgeber wünschen: selbstständige Menschen, die sich wertgeschätzt fühlen und aus Freude über ihre gewonnenen Freiräume, über die Möglichkeit, ihre Individualität nicht am Werkstor abgeben zu müssen, gern zur Arbeit kommen. Vom „nine to five" früherer Generationen, dem Gehorchen, dem Angepasstsein hat der Weg hin zu dem geführt, was unser Zeitgeist mit sich gebracht hat: zur Besinnung auf den Einzelnen und dessen Bedürfnisse. Menschen wählen aus und entscheiden, welcher Arbeitsplatz ihren individuellen Bedürfnissen am ehesten entgegenkommt. So können sie ihre Stärke einbringen – und der starke Mensch trägt dazu bei, das Unternehmen zu stärken.

In dieser Stärke sieht der Einzelne natürlich das Umfeld kritischer, in dem er wirken kann. Die freiheits- und entscheidungsliebenden jungen Generationen von Arbeitnehmern schauen nicht nur auf die emotionale Seite von Arbeitsverhältnissen. Darüber hinaus sehen sie Abhängigkeiten und Unterordnung, also die klassische Unternehmensorganisation, kritisch. Nicht nur sie: Die für die bereits zitierte Studie der Initiative Neue Qualität der Arbeit [Ini 14] befragten 400 Führungskräfte aus Unternehmen unterschiedlicher Branchen und Größen sagten sinngemäß: *„Hierarchisch dominierte Vorausplanungen werden mehrheitlich abgelehnt. Die Zeit des Vordenkens und Anweisens ist vorbei. Die klassische Linienhierarchie wurde zum Auslaufmodell erklärt. Die Führungskräfte prognostizieren sich selbst organisierende Netzwerke als Organisationsform der Zukunft."*

Ein ehrgeiziges Ziel mit enormen Herausforderungen nicht nur für klassisch aufgestellte Unternehmen. Aber müssen sich selbst organisierende Netzwerke überhaupt ein Ziel sein, haben sie tatsächlich Vorteile?

Die Spannung steigt

Mehr Spannungsfelder für Unternehmen, harter beziehungsweise intensiver Wettbewerb, Shareholder Value statt soziale Verantwortung für die Mitarbeiter – es sind stürmische Zeiten für alle. Wer Wolkenkratzer baut, weiß, dass sein Werk bereit sein muss, Bewegungen aufzufangen, die aus allen Richtungen kommen können. Starke, kräftige Bauteile sind notwendig, solide verankert, clever an ihren Platz gesetzt und so miteinander verbunden, dass das eine das andere stärkt und ihm Bewegungsfreiraum lässt. So kann das Gebäude Winde, Stürme, sogar Erdbeben unbeschadet überstehen. Die neue Architektur zeigt, was möglich ist, bis hin zu Gebäuden, die sich insgesamt bewegen, in sich verschieben und nach der Sonne ausrichten können.

Unternehmen sind vergleichbar mit Gebäuden: je starrer die Struktur, je mehr am Alten, am Gewohnten festgehalten wird, desto größer die Anfälligkeit bei wechselnden Bedingungen. Das macht auch nicht vor früher unangefochtenen Größen halt. Die Modebranche zeigt exemplarisch: Aus früheren Königen der Laufstege wie Karl Lagerfeld und Wolfgang Joop, die Trends vorgaben, sind bestenfalls Mitspieler geworden. Mode ist jetzt immer und überall, braucht keine von den großen Modeschauen vorgegebenen Halbjahresrhythmen mehr. Auch hier hat Vielfalt Einzug gehalten, Wendigere haben den ehemals Großen der Branche Erfolg abgejagt, profitiert und ganz nebenbei unser Leben bunter gemacht. Jetzt ist alles zu jeder Zeit möglich; selbst große Unternehmen sind keine Bollwerke des Erfolgs und der Sicherheit mehr. An ihrem Beispiel sehen wir: Stabilität bei gleichzeitiger Flexibilität muss her.

Diese Flexibilität betrifft nicht nur die großen Bauteile, jede kleine Schraube ist wichtig, jedes Verbindungsstück. Gleichzeitig jeder Blick aufs große Ganze, sozusagen das Wissen der Schraube um ihre Wichtigkeit für das Gesamte. Vernetzung wird immer wichtiger: Die relevanten Stellen stehen in Verbindung, tauschen sich aus, können agieren und reagieren und schnell Anpassungen zielgenau und ohne Umwege vornehmen. Wo Steifheit zu Schwierigkeiten führen würde, wo Abstimmungen im Gang durch Hierarchiewege zu lange dauern, wo Kompetenzen falsch angesiedelt sind und zu umständlichen Entscheidungswegen führen, zeigt sich der Vorteil der vernetzten, flexiblen Organisation. Wenn Vernetzung immer wichtiger wird, wenn Teamarbeit gewünscht ist, muss der Chef im alten Verständnis zwangsläufig an Bedeutung verlieren. Es drängt sich die Überlegung auf, ob er nicht gleich ganz verzichtbar ist zum Wohl einer noch flexibleren Führung.

■ 6.1 „Oben ohne" – ganz ohne Chef?

Wäre das denkbar: ein Unternehmen ganz ohne Führung? Sich als Führungskraft selbst überflüssig machen? Ein heiß diskutiertes Thema. Wie viel Führung, wie viel Hierarchie muss noch sein?

Die Deutsche Kammerphilharmonie Bremen hat ihre Erfahrungen mit „Kopflosigkeit" gesammelt [Deu 16]. 1980 aus der Jungen Deutschen Philharmonie entstanden, war es Ziel der jungen Musiker, selbstbestimmt, frei und kreativ zusammenarbeiten zu können und Höchstleistungen zu erbringen. Sie folgten den Idealen der 68er-Bewegung, Basisdemokratie war daher eines der Gründungsprinzipien. Sie wollten sich nicht mit den sonst eher strengen, hierarchisch geprägten Strukturen üblicher deutscher Orchester abfinden, deren Arbeitszufriedenheit sich laut der Studie einer Gruppe um den Organisationspsychologen und Teamspezialisten Richard Hackman von der Harvard University auf dem Niveau eines durchschnittlichen Gefängniswärters bewegte [All 96]. Nicht so bei der Deutschen Kammerphilharmonie Bremen: Bei ihr herrscht eine außergewöhnlich gute Atmosphäre im Orchester, nicht zuletzt durch eine demokratisch orientierte Grundhaltung.

Ohne Dirigenten aufzutreten, war aber nicht Teil des Gründungskonzepts, sondern entstand aus einer Notlage. Im Jahr 2006 war ein gemeinsamer Auftritt mit der georgischen Violinistin Lisa Batisahvili beim Bonner Beethovenfest geplant. Doch der Dirigent Paavo Järvi konnte nicht wie geplant auftreten. Statt einen Ersatz zu suchen, entschieden sich die Musiker demokratisch, ohne Dirigenten zu agieren. Eine Herausforderung nicht nur für das Orchester: Auch Frau Batisahvili ließ sich auf das ihr völlig Ungewohnte ein. Das Ergebnis: stehende Ovationen, nicht nur am Ende des Konzerts, sondern bereits in der Pause. Das Publikum sah und hörte die ungewöhnliche Leistung und Dynamik und war begeistert.

Ein solcher Auftritt funktioniert nicht ohne Abstimmung, das Einstudieren ist ein aufwendiger Prozess. Denn das große Ganze hat nur im Blick, wer die gesamte Partitur kennt. Wenn demokratisch gespielt wird, müssen alle Musiker sie kennen, kann sich niemand mit Blick auf den Dirigenten entspannt zurücklehnen. Sobald also Demokratie herrscht, muss jeder Einzelne genau wissen, in welchem Rahmen er sich bewegt und welche Rolle er oder sie einnimmt. Jeder Musiker ist gefordert, lernt seine Neigungen und Fähigkeiten, seine Talente, aber auch Grenzen und den Reiz des Spiels ohne Dirigenten kennen. Die Stimmführer der Instrumente tragen beim dirigentenlosen Spiel eine noch höhere Verantwortung als ohnehin schon. In dem Moment, in dem ihr Einsatz kommt und sie ihr Bestes geben können, in dem sie auf beste Weise zum Gesamtbild beitragen können, treten sie selbsttätig in den Vordergrund. Sie treten wieder zurück, wenn ein anderer Musiker seine Aufgabe zu erfüllen hat. Vergleichbar mit klassischen Unternehmen müssen die Musiker also Unternehmensstrategie, -ziele und -aufgaben kennen und wissen, wann sie gefordert sind, damit das Unternehmen bestmöglich vorankommt, wann andere gefordert sind und sie sich entsprechend zurücknehmen, damit bestmögliche Ergebnisse entstehen und das Ziel auf diese Weise gemeinsam erreicht werden kann.

Das Fazit der Bremer: Sie kennen die Möglichkeiten, aber auch die Grenzen des Modells. Denn in der hierarchischen Organisationsform überblickt und managt der Dirigent das Gesamte, unterstützt von seinen „Abteilungsleitern", den Stimmführern der Instrumente; die einzelnen Musiker sind entlastet. Gleichzeitig liefert er neue musikalische Inspirationen, durch die sich das Orchester entwickeln kann. Wenn er anwesend ist, ist die Situation für die Musiker entspannter. Außerdem ist der Dirigent idealerweise offen für Impulse, Stärken und Fähigkeiten seiner Musiker. Ein vollständiger Verzicht auf den Dirigenten kam daher für die Bremer nicht in Frage. Gestützt von klaren Anforderungen entstand eine gelungene Mischung aus Führung, wo sie notwendig und sinnvoll ist, und einer Freiheit zur Mitwirkung, die die Menschen sich wohlfühlen, sich anerkannt und geschätzt fühlen lässt. Mit einem Wort: Wert-voll für sich und das Ganze. Lebendigkeit ersetzt Anweisungen, Freiheit die Vorgaben. Die Musiker schätzen den daraus resultierenden Wohlfühlfaktor: Sie leben und lieben ihre Arbeit weit über das übliche Maß hinaus. Heute kommt für sie nur noch ein Typ von Dirigent in Frage, der neben seiner natürlichen Autorität offen für die Impulse und Kompetenzen des Orchesters ist. Ein reines Befolgen von Anweisungen ist mit diesem Orchester nicht mehr möglich. Paavo Järvi nennt sich entsprechend „musikalischer Kollaborateur" oder „Kammermusiker unter Kammermusikern". Er als Dirigent muss sich in seiner Rolle zurücknehmen, damit das Orchester im Einzelnen und insgesamt stärker werden kann. Also doch nicht ohne Chef, jedoch mit einem, der seine Mitarbeiter wichtig nimmt, sie sich einbringen lässt, sie hört, wahrnimmt, wertschätzt.

Erfolg auf ganzer Linie – durch Versuch und Irrtum

Der Führungsstil des Orchesters ist nicht über Nacht perfekt gewesen, sondern mit Versuch, Umwegen und Irrtum gewachsen. Konflikte entstehen selbst in dieser angenehmen Organisation. Zu Beginn musste sich jedes Mitglied einmal im Jahr eine Bewertung durch alle anderen Musiker gefallen lassen. Dabei war es möglich, durch eine Zweidrittelmehrheit beschließen zu lassen, dass Musiker aufgrund stagnierender künstlerischer Fähigkeiten das Orchester verlassen mussten. Unruhe und Unzufriedenheit waren die Folge. Die Erkenntnis: Demokratie muss nicht glücklicher machen, wenn jedes Thema mit der gleichen Intensität verfolgt wird. Heute wird nur noch in offensichtlich problematischen Fällen die Mitgliedschaft einzelner Musiker zum Thema. Konflikte werden in regelmäßigen Nachbesprechungen und Supervisionen geklärt. Das Problem anderer Orchester, deren Mitglieder teilweise über Anwälte kommunizieren, lässt sich so erfahrungsgemäß vermeiden. Der Aufwand der Abstimmung, der Kommunikation untereinander ist gestiegen. Doch der Erfolg rechtfertigt diesen Aufwand, er lohnt sich in jeder Weise.

Der beschrittene Weg war nicht immer eben. 1998 gerieten die Philharmoniker in ihre größte finanzielle Krise mit einem Defizit von 1,5 Millionen Euro. Bei diesen hohen Schulden stand durch die besondere Gesellschaftskonstruktion das Privatvermögen jedes einzelnen Musikers und Miteigentümers auf dem Spiel. Doch die Musiker hatten weiterhin volles Vertrauen zu ihrem Unternehmen. Nach einigen gescheiterten Versuchen mit externen Managern wechselte ein Orchestermitglied, der heutige Geschäftsführer, selbst ins Management. Das war auch finanziell der Durchbruch. Während das durchschnittliche deutsche Orchester mit einem Subventionsanteil von bis zu 90 Prozent arbeitet, kommen die Bremer mit gerade mal einem Drittel hiervon aus. Den Rest erwirtschaften sie selbst.

Mit meist lange im Voraus ausgebuchten Konzerten spiegeln die Zuhörer den Erfolg. Die Bremer gehören zu den weltweit zehn besten Orchestern. Die Nachfrage wächst beständig. Preise werden den Bremern häufig und in verschiedenen Kategorien verliehen. Das Fazit: rundum erfolgreich gerade wegen einer Organisation, die untypisch und flexibel ist, die den Blick fest auf die Stärken der Menschen richtet und ihnen im wahrsten Sinne des Wortes *Spiel-Räume* gibt.

Nicht nur im künstlerischen Bereich

Der Vorteil abgeflachter Hierarchien und von mehr Kompetenz direkt bei den Verantwortlichen hat auch die Ministry Group gereizt [Dah 15]. Ministry ist eine 1999 gegründete Agentur für Kommunikation in digitalen Medien mit namhaften Kunden wie Gilette, Mitsubishi, Otto, Fiat und anderen. Die Geschäftsleitung litt nach rasantem Wachstum unter dem alten Prozedere, alles entscheiden zu müssen, was Projektgruppen erarbeitet hatten. Doch das bedeutete einen gewaltigen Aufwand, weil die Geschäftsleitung fernab von den Projekten war und sich jeweils erst umfangreich einarbeiten musste. Naheliegend war daher der Ansatz, die Entscheidungskompetenzen über Controlling, Ressourcen, Personalplanung und Kommunikation, später auch Kundenakquise und Finanzplanung, direkt in die jeweiligen Projektgruppen zu geben. Die vier Geschäftsleiter beschäftigten sich intensiv mit dem Thema, fanden die Überlegungen vielversprechend und machbar. Nach Sparten organisiert und mit einem Mitarbeiterstamm, der sich binnen zwei Jahren mehr als verdoppelt hatte, war die Abgabe von Aufgaben und Verantwortung einerseits eine Notwendigkeit, um nicht in altgeübten Routinen zu erstarren, andererseits ein anspruchsvolles Projekt, das die Herren mit ebenso viel Euphorie wie Optimismus angingen. Ihr Ziel: Ohne Mitwirken der Geschäftsleitung sollte alles besser funktionieren als bisher. Die erwarteten Vorteile überwogen die Bedenken. Denn Ministry ging davon aus, dass eine Gemeinschaft, die sich einig ist, immer mehr erreicht als der beste Einzelkämpfer. Gemeinschaft würde zudem eine Schutzfunktion entfalten, wenn das wirtschaftliche Umfeld immer komplexer und damit auch bedrohlicher würde.

Den unvorbereiteten Mitarbeitern und Mitarbeiterinnen wurde nach reiflicher Überlegung der Geschäftsleiter das „kopflose" Modell in einer Sitzung verkündet. Anschließend setzten die vier Chefs auf Selbstregulierung und vertrauten darauf, dass die Mitarbeiter zurechtkommen würden. Die dynamisch vorgetragene Verkündigung wurde schweigend aufgenommen. Neu gebildete Teams sollten ihre Struktur selbst herausbilden, während sie ihrer Arbeit nachgingen. Die Möglichkeit, einen Ansprechpartner einzubeziehen und Fragen zu stellen, gab es – doch sie wurde nicht genutzt. Das Phänomen der gläsernen Decke trat auf: So, wie Fische im Aquarium lernen, Glasdecken zu akzeptieren und zu vermeiden und selbst, wenn diese Wände verschwinden, keinen Versuch mehr machen, ihren Radius zu erweitern, geschah es bei Ministry. Die Einschränkungen waren verschwunden, doch die Unsicherheit davor, was erwartet wurde, was zu tun war und davor, Fehler zu machen und gewohnte Grenzen zu überschreiten, war zu groß. Zu groß war auch die Hemmung davor, den ersten Schritt zu tun. Von kleinen Dingen wie der Urlaubsplanung bis hin zu den gegenseitigen Erwartungen war erst einmal alles offen, fehlten die Leitplanken. Alles musste neu organisiert werden und nicht zuletzt mussten Entscheidungen fallen, welches Maß an Demokratie wann sinnvoll war.

Im Beispiel der Bremer Philharmoniker gab die Musik einen weitgehend definierten Rahmen vor. Bei Ministry fehlte denen, die Verantwortung übernehmen sollten, Klarheit. Anleitung gab es nicht und entsprechend existierte zu viel Raum für Verwirrung. Von *alles wird angesagt* zu *mach einfach selbst*: Zu riesig der Schritt vom konventionellen

Unternehmen zur Delegation weitreichender Kompetenzen, damit aber auch von Verantwortung. Das aus der verordneten Veränderung entstandene Chaos dauerte rund sechs Monate lang, so lange, bis die Unzufriedenheit zu groß wurde und Wortführer bei der Geschäftsleitung die Beschwerden der Mitarbeiter vorbrachten. Das Schweigen der Mitarbeiterversammlung war keine Zustimmung gewesen; die Geschäftsleitung fiel aus allen Wolken. Ihr Selbstbild von *mit uns kann jeder reden und tut es auch* wandelte sich zur Realität des: *obwohl wir offen sind, wird viel gesprochen, aber nicht mit uns*. Nachdem die Wortführer zu Gruppensprechern ernannt worden waren, gab es mit diesem teilweisen Rückzug in Hierarchien Fortschritte.

Die Zeit für intensive Kommunikation über die Zielsetzung des Strategiewechsels war gekommen. Die Geschäftsleitung erklärte, ging in die Gruppen und brachte ihnen die Überlegungen nahe. Orientierungshilfe und Unterstützung bildete sich langsam aus der Erfahrung und dem Bedarf heraus, denn Vorbilder gab es ja nicht. Das Ergebnis war auch für die Chefs überraschend: Es entstanden Gruppen mit völlig unterschiedlicher Struktur, manche eher hierarchisch, manche basisdemokratisch. Hier konnte sich die Neigung der einzelnen Mitarbeiter und der Gruppen ebenso spiegeln wie der Bedarf. Denn in manchen Bereichen waren schnelle Entscheidungen ohne große Diskussionen, also eine klare Hierarchie, wegen der Schnelligkeit des Geschäfts extrem wichtig. Schließlich war der Durchbruch endlich geschafft, mit der Erkenntnis: Eine ideale Lösung gab es auch hier wieder nicht.

> Die Ministry Group mit ihren in der Umorganisation gesammelten Erfahrungen ist kein Einzelfall. Auch das bekannte Unternehmen Haufe, früher ausschließlich tätig im Verlagswesen und heute mit rund 95 Prozent digitalen Arbeitsplatzlösungen und Dienstleistungen, hat sich überwiegend von der klaren Linienstruktur abgewendet [Syw 15]. Beweggrund für Haufe war, dass Projekte immer mehr an Bedeutung gewannen und darin oft Menschen mit Dingen beschäftigt waren, die weder ihre Kernkompetenz noch ihr Interessengebiet betrafen – Menschen, die allenfalls ausgefüllte, aber nicht erfüllte, schon gar nicht inspirierte Zeit verbrachten. Eine Lösung in beiderseitigem Sinne musste her, damit Arbeit mehr Freude machen konnte.

Bei Haufe bewerben sich heute die Mitarbeiter um Projekte wie um ausgeschriebene Stellen. Aus jedem Unternehmensbereich können die Projektgruppen bunt zusammengesetzt sein. Früher mussten die Projekte die Abteilungen je nach geforderter Kompetenz durchlaufen. Heute sitzt die Kompetenz im Projekt, was Entscheidungen deutlich schneller macht. Die Freiheitsgrade für die Teams unterscheiden sich: von eher engen Vorgaben und notwendigen Absprachen im Kerngeschäft über mehr Freiheit für die Entwicklung des zukünftigen Geschäfts bis zu visionären Projekten, in denen völlige Gedankenfreiheit herrscht. Über einen Drei-Monats-Horizont geht keine Planung hinaus. Denn alles fließt, ist beweglich, die Projekte sollen in ihrem Fortgang nicht eingeengt werden. Mitarbeiter kommen hinzu, gehen wieder, können sich für „Normalbetrieb" oder Projektarbeit entscheiden, ganz nach Neigung. Größtmögliche Demokratie soll auch hier herrschen – und genau das war wie bei Ministry auch für Haufe ein Problem. Nicht alle Mitarbeiter waren mit der Entwicklung im Unternehmen, der Strategie und den neuen Führungsansätzen einverstanden. Etliche verließen das Unternehmen.

Heute sind diejenigen dabei, die die Strategie unterstützen, eine Arbeit wie bei einem Start-up mögen und damit Projekte, in denen die Haufe-Zukunft gestaltet wird.

Insgesamt hat das Loslösen von der früheren Hierarchie, das Schaffen einer neuen, „fluiden" Hierarchie, wo sie notwendig und sinnvoll ist, bei Haufe wie auch bei Ministry mehr Wertschätzung und Freiheit für die Mitarbeiter mit sich gebracht. Die Menschen haben die Möglichkeit, gezielt die Rahmenbedingungen für ihre Arbeit zu wählen. In der Linie arbeiten oder frei, hierarchisch oder demokratisch – Raum ist nun für jede Neigung. Das Fazit für Ministry wie für Haufe: Die Umstellung ist nach anfänglichem Stolpern gelungen. Der gegenseitige Respekt ist gewachsen. Die Mitarbeiter können selbstbestimmter arbeiten. Die allgemein gängigsten Wünsche von Mitarbeitern sind mit einer flexiblen Organisationsform erfüllt. Genau wie bei den Bremer Philharmonikern haben sich mit der Veränderung der Hierarchiefrage neue Potenziale ergeben – ein Zuwachs an innerer und äußerer Stärke.

> Der Zugewinn an Effizienz durch Hierarchieabbau lässt sich belegen. Eine Studie zeigt, dass sich die Effizienz zumindest von Schweizer Unternehmen um 15 Prozent erhöht [Bec 11]. Ein Zuviel an Hierarchie führt laut Studie zu Entmächtigung, geringerer geistiger Flexibilität und Detailverliebtheit statt Blick aufs Ganze. Eine flache Hierarchie ist schneller, flexibler und entscheidungsfreudiger. Das kann nur funktionieren, wenn Führung sich nicht selbst zum Flaschenhals macht: Verantwortungen und notwendige Kompetenzen müssen konsequent delegiert, die Führungsarbeit dadurch entlastet werden.

Zeit für Wesentliches

Die Neuorganisation von Ministry war eine Herausforderung – und das nicht nur für die Mitarbeiter. Die Geschäftsleitung musste sich fragen: Wohin mit der freien Zeit? Der Geschäftsleitung fehlte trotz der eigenen Entscheidung, Entscheidungsmacht abzugeben, ihr gewohnter Platz in der Hierarchie, ihre vor der organisatorischen Veränderung als wichtig empfundene Stellung. Statt der Versuchung zu erliegen, diese Zeit doch wieder ins Tagesgeschäft zu investieren, doch wieder Rückdelegationsversuche zuzulassen und Probleme „schnell mal eben" selbst zu lösen, galt es, sich auf das zu konzentrieren, was sie besser konnte, was sinnvoll und notwendig war und wofür sie nun endlich Freiraum hatte: Visionen und Strategien zu entwickeln, neue Projekte anzustoßen, die Zukunft der Firma zu sichern. Und auch „Serviceteam" für die Mitarbeiter zu sein und diesen das Umfeld zu bereiten, in dem sie optimal arbeiten können, nicht zuletzt auch, neue Herausforderungen intern und extern zu erkennen und anzugehen. Die zeitliche Entlastung dadurch, dass Entscheidungsgewalt dahin abgegeben wurde, wo sie sinnvoll eingesetzt werden kann, erwies sich als richtig und wichtig. Die Chefs von Haufe und der Ministry Group (genauso wie das Beispiel Mike Fischers in Kapitel 1) können nur bestätigen: Mindestens 80 Prozent des früheren Tagesgeschäfts sind weggefallen. Kontrolliert werden muss nicht mehr wie früher, Führung kann deutlich entspannter erfolgen.

Die **Methode – gibt es nicht**

Wie wir schon in Führungsfragen gesehen haben: Eine ideale Methode gibt es auch nicht bei der Organisation. Standardrezepte externer Berater helfen genauso wenig wie gelernte oder kopierte Konzepte. Zweck und Tätigkeit jedes Unternehmens oder Unternehmensbereichs können eine andere Organisationsform erfordern. Firmen, bei denen die schlanke Abwicklung des Standardgeschäfts im Vordergrund steht, bei denen die Kosten so gering wie möglich sein müssen wie bei Aldi oder Fast-Food-Restaurants, benötigen mehr Vorgaben als Unternehmen, bei denen Innovationen Kerngeschäft sind. Wenn weniger vorgegeben wird, ist es für Individuum und Unternehmen notwendig, Entscheidungskompetenz auf breiterer Ebene als früher bereitzustellen. Führung und Organisationsform müssen entsprechend individuell und vielseitig sein und werden. Kollektive Regelungen und das Nutzen von Stereotypen, um die Komplexität zu reduzieren, können nur noch in sinnvollem Kontext funktionieren. Denn Stereotypen reduzieren die Vielfalt.

Auch der Forscher Julian Birkinshaw, von dessen Erkenntnissen über Führungsstile Sie schon in Kapitel 2 gelesen haben, sammelte Erfahrungen mit Unternehmen, die versuchen, fast hierarchiefrei zurechtzukommen. Das Unternehmen Valve, ein 1996 gegründetes amerikanisches Softwareunternehmen, setzt auf Selbstorganisation mit nur einem einzigen Geschäftsführer. Mit heute immerhin rund 300 Mitarbeitern ein mutiges Experiment, in dem Birkinshaw jedoch auch die Schwierigkeiten sieht: Informelle Hierarchien entstehen ebenso wie Spannungen, die nach seinem Empfinden deutlich erkennbar sind [Mal 15]. Schwierigkeiten lassen sich in der Theorie erkennen, in der Praxis auch zum Beispiel bei Gemeingütern wie Wikipedia – denn am Ende muss jemand verantwortlich sein, und sei es für die Zahlungsfähigkeit. Hierarchie ist wegen der Verantwortung für das Unternehmen somit unumgänglich. Doch zwischen dem Zuviel an Hierarchie klassischer Konzerne und der Hierarchielosigkeit mutiger Unternehmensbeispiele ist die Bandbreite geradezu unendlich. Ein gewisses Maß an Hierarchie kann die Zusammenarbeit deutlich erleichtern, was die Erfahrungen von Haufe und Ministry belegen. So viel wie nötig, so wenig wie möglich wäre deswegen eine bessere Antwort als ein Entweder – Oder.

■ 6.2 Weniger und flexibler arbeiten

Abgabe von Verantwortung in niedrigere Hierarchiestufen bedeutet, dass auch hier über eine Veränderung der Tätigkeit nachgedacht werden muss, ansonsten führt die Verlagerung von Aufgaben zu (zusätzlichen) Überstunden. Teilweise werden längere Arbeitszeiten gefordert, die dieses Problem lösen könnten. Untersuchungen zeigen allerdings, dass mit der Zahl der Stunden pro Tag – bereits ab der 7. Arbeitsstunde – die Leistung deutlich ab-, die Gesundheitsgefährdung dagegen zunimmt, ebenso wie die Fehlerhäufigkeit [Nac 05, Nac 06]. Zwar ist die Entlohnung besser, doch mehr Geld für mehr Arbeitszeit bedeutet, dass unter dem Strich Freizeit abgekauft wird – viele riskieren dafür gesundheitliches und privates Wohlergehen. Die Belastung steigt entsprechend auf dem Karriereweg häufig ebenso wie die Unzufriedenheit: Etliche Führungskräfte beklagen, zu wenig Zeit für Familie und Freunde zu haben [Wal 08a]. Für andere endet der Karriereweg in dem Moment, in dem mehr Zeit investiert werden muss. Gestern noch ambitioniert und voller Pläne, haben sich ihre Lebensumstände, ihre Interessen geändert: erst Aufsteiger – dann Aussteiger. Gute Mitarbeiter in den besten Jahren gehen verloren, sowohl Männer als auch Frauen.

Von Einzelfällen, in denen lange Arbeitszeiten Unzufriedenheit schaffen, kann nicht die Rede sein. In Deutschland arbeiten vollzeitbeschäftigte Männer etwas mehr als 10 Prozent länger als gewünscht und vereinbart [Mei 14]. Rund die Hälfte der Beschäftigten würden ihre wöchentliche Arbeitszeit gern um durchschnittlich 10 Prozent reduzieren. Auch Vollzeitbeschäftigte wollen flexibler arbeiten, rund 25 Prozent von ihnen dauerhaft oder für einen bestimmten Zeitraum in Teilzeit. Doch Unternehmen tun sich immer noch schwer mit der Akzeptanz und Umsetzung von Teilzeitmodellen. Das Ansehen der Teilzeitarbeit wandelt sich zwar allmählich – positiv ist es jedoch immer noch nicht. Denn Leistungswilligkeit und Leistungsfähigkeit werden oft in direkten Zusammenhang mit der geleisteten Arbeitszeit gesetzt. Ein Mehr an Zeit bedeutet für viele dementsprechend ein Mehr an Leistung, ungeachtet individueller Unterschiede und anderslautender Studienergebnisse.

Würden Unternehmen tatsächlich Einbußen erleiden, wenn sie es Mitarbeitern gestatten, ihre Arbeitszeiten zu reduzieren? Die Verknüpfung von Arbeitszeit mit Leistung wird noch zu häufig als selbstverständlich angesehen, und das auf allen Ebenen einschließlich Führung und Management. Die oben zitierten Untersuchungen zu Fehlerhäufigkeit und Gesundheit sprechen eine deutliche Sprache, die zum Umdenken veranlassen könnte. Eine Professorin an der Harvard Business School, Leslie A. Perlow [Per 09], ist der Wirkung kürzerer Arbeitszeiten nachgegangen. Sie wurde durch eine Untersuchung der Tätigkeit von Beratern der Boston Consulting Group, einer international erfolgreichen Unternehmensberatungsgesellschaft, in ihrer Vermutung bestätigt, dass deren Effektivität bei längeren Arbeitszeiten nicht steigt, sondern im Gegenteil erst dann zunimmt, wenn die Berater weniger arbeiten. Nicht nur das: Obwohl es in der Branche allgemein und bei Boston Consulting im Besonderen üblich ist, Überstunden zu leisten, und ein gewisser Gewöhnungseffekt angenommen werden kann, spürten die Berater den Unterschied, als ihre Arbeitszeiten offiziell reduziert wurden. Ihnen ging es besser mit den verkürzten Zeiten, sie schätzten sogar ihre Arbeit mehr als vorher und fühlten sich wohler durch die bessere Vereinbarkeit von Beruf und Familie. Gleichzeitig stieg die positive Einschätzung der Leistung, die sie für ihre Kunden erbrachten.

Statt die Zeit „zusammenzudampfen", mit mehr Druck konzentrierter und fokussierter an Themen zu arbeiten, waren nur geringfügige Änderungen notwendig: Die Beraterteams fingen genau dann an zu profitieren, wenn sie nicht mehr separiert arbeiteten, sondern ihr Wissen teilten und offen und ehrlich miteinander kommunizierten, quasi selbst organisiert „netzwerkten". Der Gewinn für die Berater: ein freier Abend zusätzlich in der Woche. Der Gewinn für Boston Consulting: Die Kündigungsrate war bereits seit langem zu hoch – nun sank sie deutlich. Obwohl die Arbeit bei Boston Consulting ein hohes Ansehen genießt, hatten die Arbeitsumstände für eine hohe Fluktuation gesorgt – und das schadete letztlich der Qualität der Arbeit und brachte zusätzliche Belastungen für verbleibende Mitarbeiter mit sich. Die Boston Consulting Group, deren Aufgabe es ist, Lösungen und permanente Verbesserung für ihre Kunden zu erzielen, war selbst nicht darauf gekommen, hier anzusetzen – so festgefügt war das klassische Bild. Manchmal bedarf es eben Anstöße von außen …

> Die MSC Basel hat für sich erkannt, dass Teilzeitarbeit sogar eine Bereicherung ist [Bun 12]. Geschäftsführer Mägli hat seinen Mitarbeiterinnen Freiheit gegeben: *„Jede meiner Mitarbeiterinnen darf selber entscheiden, wie viel sie arbeiten will."* Ariane Mosetti, Controllerin bei MSC Basel, machte die Erfahrung, dass es zwar mehr Koordinationsaufwand bedeutet, wenn zwei Menschen sich eine Stelle teilen, dass aber auch mehr geleistet wird, weil beide ihre Arbeitszeit effektiv nutzen und sich gegenseitig vertreten können. In anderen Unternehmen oder gar bei leitenden Mitarbeitern selbst ist es noch undenkbar, dass höherqualifizierte Arbeit auch in Teilzeit oder geteilt ausgeübt werden könnte. Das sollten Sie aber noch einmal überdenken: Die MSC hat festgestellt: Je höher eine Position in der Hierarchie eines Unternehmens angesiedelt ist, desto leichter ist sie tatsächlich in Teilzeit umsetzbar. Geschäftsführer zum Beispiel sind kaum noch mit alltäglicher Arbeit beschäftigt und können ihre Zeit flexibler einteilen. Beruf und Privatleben sind leichter zu vereinbaren. Im Gegensatz zu anderen Unternehmen, die Mütter nach der Babypause häufig als Arbeitskräfte verlieren, kommen bei MSC fast alle nach der Geburt ihrer Kinder schnell ins Unternehmen zurück. Die Fluktuation liegt bei *„nahezu null"*. Nicht nur MSC, auch andere Unternehmen wie BP Europe SA [Agi 16] und der Henkel-Konzern [Wor 16] haben den Wunsch der Arbeitnehmer erkannt und streben mehr Flexibilität bei den Arbeitszeiten auch für höherqualifizierte Stellen an.

Was Leistung und Glühbirnen gemeinsam haben

Noch herrscht in Unternehmen meist die Präsenzkultur vor. Doch Präsenz am Arbeitsplatz ist für viele heute zunehmend hinderlich, wie eine Befragung von 1200 Männern und Frauen, die in Partnerschaften mit Kindern leben, verdeutlicht. Sie wünschen sich laut einer Studie im Auftrag der Bertelsmann Stiftung und des Bundesministeriums für Familie, Senioren, Frauen und Jugend, dass die Unternehmenskultur sich ändert. „Denn diese stellt derzeit noch die entscheidende Barriere für die tatsächliche Nutzung flexibler Arbeitszeitangebote dar: 46 Prozent der Befragten kritisieren, dass ein hohes Maß an täglicher Anwesenheit entscheidend sei für künftige Karrierechancen. Nur in 36 Prozent der Unternehmen wird individuelle Flexibilität unterstützt", indem Arbeitsergebnisse, nicht die Dauer der Anwesenheit am Arbeitsplatz zählen. Das sind noch zu wenige Unternehmen in einer Arbeitswelt, die sich zunehmend auf Projektarbeiten, Flexibilität hinsichtlich des Arbeitsorts, vor allem jedoch die Nutzung geistiger Potenziale konzentrieren wird und in der die künftigen Generationen von Arbeitnehmern dem Präsenzgedanken nur noch wenig abgewinnen können [Wal 08b].

Präsenz als Kombination von Anwesenheit und langen Arbeitszeiten bedeutet heute immer noch Karriere, zumindest in den Augen der meisten Führungskräfte. Leistung wird daher häufig eher an der Präsenz als an den Ergebnissen gemessen, auch wenn Präsenz an sich keinerlei Wert hat: Wie bei der Verpackung eines Parfüms ist zwar etwas zu sehen, doch Aussagen über den Inhalt sind daraus nicht abzuleiten. Wer lange präsent ist, bekommt mehr Anerkennung, mehr Geld und kann leichter Karriere machen. Der britische Organisationsforscher Dan Cable von der London Business School wies die versteckten Fallen der fehlenden Präsenz in seinen Forschungsarbeiten nach: schlechtere Leistungsbeurteilungen, geringere Gehaltserhöhungen und seltenere Beförderungen, obwohl die Arbeit genauso hart und genauso lang ist wie die der Kollegen, die weiter in Firmenbüros sitzen [Däm 15]. Das wissen Mitarbeiter und Führungskräfte und reagieren auf ihre Weise. So wurde mir zum Beispiel aus einem deutschen Großkonzern berichtet, dass es üblich ist, beim Verlassen der Büros Licht brennen zu lassen, um die „richtigen" Signale zu setzen.

Wo ich bin, ist auch meine Arbeit

Nicht nur, dass das Präsenzdenken überholt ist, Arbeitsorte selbst werden immer flexibler. Teile der Arbeitswelt wie kreative Arbeiten und Bürotätigkeiten sind durch die zunehmende Technisierung sowie die digitalen Möglichkeiten viel weniger an Zeit und Raum gebunden als früher. Wieso ins Büro gehen, wenn mein Büro die Welt ist? Wenn ich im Café arbeiten, kopieren, mailen, faxen, speichern, drucken kann? Wenn ich auch am Strand arbeiten kann, technisch überall erreichbar bin und die Technik gleichzeitig auch für den Freizeitbereich nutze, werden die Grenzen von Arbeit und Freizeit immer durchlässiger. Vielleicht verschwinden sie irgendwann ganz. Heimische Arbeitszimmer, Arbeit im Urlaub, im Ausland – überall stehen uns die technischen Möglichkeiten zur Verfügung. Arbeitswege fallen weg und schaffen mehr freie Zeit, auch dadurch rückt die Ergebnisorientierung in den Vordergrund. Arbeit wird mehr und mehr zum Lebensbestandteil, entkoppelt vom „nine to five". Die früher nicht dagewesene Möglichkeit ist entstanden, sich die Arbeit so einteilen zu können, wie es am besten zur Lebenssituation und zu den Anforderungen des Arbeitsumfelds passt. Tätig sein in der kreativsten, produktivsten Zeit schafft mehr Effizienz und bessere Ergebnisse. Selbstbestimmte Mitarbeiter werden allerdings mit den fließenden Übergängen zwischen Arbeit und Privatleben zurechtkommen (müssen) und das erfordert Organisation und Disziplin. Für Unternehmen und Menschen bedeutet es sicher auch gute Vorbereitung und Unterstützung, damit auftretende Schwierigkeiten nicht von jedem allein bewältigt werden müssen und diese Modelle gerade, wenn sie entstehen und wachsen, stetig verbessert werden können.

Wohin das führt

Professionalität in der Führung bedeutet, sich auf Ergebnisse zu fokussieren, Störquellen und Ballast zu beseitigen. Die Frage, ob eher nach Anwesenheit oder nach Leistung bezahlt werden soll, würde jeder Unternehmer schnell beantworten können. Doch bis zur Umsetzung dieses Gedankens in die Praxis ist es noch weit. Weiter am Präsenzgedanken und langen Arbeitszeiten festzuhalten, bedeutet, etwas für die Zukunft beizubehalten, für das wenig Akzeptanz bei den vorhandenen, erst recht den potenziellen Arbeitskräften gegeben ist. Oder andersherum betrachtet: Wer Mitarbeiter hat, die dem Präsenzgedanken nachhängen, darf sich die Frage stellen, warum das so ist.

Wie können nun Ergebnisse sichtbarer gemacht werden, wie lässt sich Ergebnisfokussierung stärken? Es geht nicht ohne klare Aufgaben- und Zieldefinition, damit die Möglichkeit, die Zielerreichung festzustellen, überhaupt gegeben ist. Es darf, wie im Fall der Einführung flacherer Hierarchien, Lösungen geben, die gemeinschaftlich erarbeitet wurden und die je nach Unternehmensbereich unterschiedlich aussehen können. Zumindest die Beurteilung der Leistung nach Sichtbarkeit beziehungsweise Anwesenheit muss entfallen.

Arbeitszeitreduzierung und flexiblere Einteilung führen zu einer engeren Vernetzung von Mitarbeitern. Denn um Vertretungen gewährleisten zu können, müssen mehr Mitarbeiter den Sachstand, sozusagen die Partitur, kennen. Die Kommunikation ist auch hierbei wieder ein Schlüssel: Sie muss zeitnah, offen und transparent sein. Da trifft es sich gut, dass genau das ein Bedürfnis der jüngeren Generationen und in der heutigen Zeit somit fast schon ein Erfordernis ist. Das Mehr an Vernetzung kostet nicht automatisch Zeit, wie wir gesehen haben. Ein Zeitgewinn entsteht daraus, dass Fehlentwicklungen schneller erkannt werden, dass gute Ideen aus einem größeren Pool das Projekt beschleunigen. Dass offenbar frischere Mitarbeiter ausgeruhter zu Werke gehen können. Dass der Abstand die Sicht auf die Dinge schärft. Vielleicht ist es auch das Gefühl, sich nicht mehr (in gleichem Maße) aufreiben, aufteilen zu müssen zwischen beruflichen und privaten Verpflichtungen – und die Kraft der Gemeinschaft nutzen zu können.

6.3 Kurz und knapp

- Starre Strukturen in einer modernen, höchst flexiblen Welt führen ähnlich wie bei Bauwerken, die verschiedensten Einflüssen ausgesetzt sind, zu Spannungen und Schäden. Versuche zeigen: Es ist für Unternehmen möglich, erfolgreich deutlich flexibler zu werden, indem mehr Verantwortung „nach unten" abgegeben wird. Eine ideale Methode gibt es dabei nicht, jedes Unternehmen wird selbst seinen Weg finden müssen – und sogar innerhalb des Unternehmens kann es in unterschiedlichen Abteilungen eine Vielfalt an Möglichkeiten geben. Der Veränderungsprozess muss sorgfältig eingeleitet werden. Vollständig flexibel sein zu wollen, ganz ohne Hierarchie, bringt erfahrungsgemäß Risiken mit sich – ein gewisser Anteil an Hierarchie ist daher unverzichtbar. Die Abgabe von Verantwortung hat aber auch für die Führung

Vorteile: Sie gewinnt Zeit für wichtige Fragen. So erstarkt jede Position im Unternehmen, starke und vernetzte Mitarbeiter erschaffen eine starke und flexible Organisation. Dazu gehört, dass die Fokussierung künftig deutlich mehr auf Ergebnissen statt auf Präsenz und Arbeitszeiten liegt und die Flexibilisierung dieser Bereiche das Unternehmen stärker machen kann.

- Wenn der Nutzen der Vielfalt vollends zur Entfaltung kommen soll, muss der bisher übliche Fokus statt auf die Organisation und die Erfüllung ihrer Bedürfnisse nun auf die Menschen gerichtet werden. „Flexible Organisation, der Mensch im Mittelpunkt" wird zum Erfolgsschlüssel.

6.4 Handlungsempfehlungen

- Wie viel Führung/Management muss in Ihrem Unternehmen beziehungsweise Bereich unbedingt sein? Untersuchen Sie formelle und informelle Hierarchien.
- Wer kennt die „Partitur", das große Ganze? Und wer muss sie kennen oder notwendige Teile davon? Definieren Sie das und vermitteln Sie es im Unternehmen.
- Klären Sie, welche Aufgaben Führung bei Ihnen unbedingt wahrnehmen muss, welche Ansprüche Führung an sich selbst hat und welche Ansprüche die Mitarbeiter an die Führungskräfte haben.
- Prüfen Sie Entscheidungskompetenzen: Wer soll was wann wo und mit wem entscheiden. Hier kann eine Umfrage helfen, die Schwächen der bisherigen Verfahrensweisen aufdeckt.
- Klären Sie Stärken und Verantwortungen. Niemand muss alles können, doch die oder der Beste sollte anerkannt sein und handeln können, wenn ihre oder seine Stärken gefragt sind.
- Klären Sie, dass die Federführung mit der Aufgabe wechseln kann.
- Bereiten Sie sich und die Mitarbeiter darauf vor, auf dem Veränderungsweg Rückschläge als Lernerfolge anzunehmen.
- Klären Sie, wie künftig Konflikte behandelt werden sollen: gemeinschaftlich oder im engeren Kreis? Und welche Themen soll welcher Kreis behandeln?
- Bleiben Sie bei Veränderungen anfänglich eng im Gespräch, um Überraschungen zu vermeiden, Störquellen aufzudecken, Orientierungshilfe und Sicherheit zu bieten.
- Wo entsteht aus mehr Flexibilität (vorübergehend) mehr Kommunikationsbedarf? Wie wollen Sie Zeiten dafür bereitstellen, wie sollen die Rahmenbedingungen aussehen und wie wollen Sie kommunizieren?
- Prüfen Sie immer wieder, ob der jeweilige Mensch sich im jeweiligen Umfeld wohlfühlt oder ein anderer Führungsstil, eine andere Organisationsform ihm besser liegen.
- Planen Sie die Verwendung gewonnener Zeit ein: Gewonnene Zeit aus dem veränder-

ten Führungsverständnis und der Entrümpelung unnötiger Prozesse und Handlungen muss in sinnvolle Tätigkeiten investiert werden – oder notwendiger Entlastung dienen.

- Prüfen Sie, welchen Stellenwert Präsenz momentan im Unternehmen hat. Besprechen Sie dies offen und informieren Sie hinsichtlich Veränderungen im Hinblick auf Arbeitszeiten, -orte und -risiken.
- Prüfen Sie bisherige Arbeitszeitregelungen und -wünsche. Wo ist mehr Flexibilität gewünscht, sinnvoll und möglich? Denken Sie dabei auch an Führungspositionen.
- Wo ist eine stärkere Vernetzung sinnvoll für einen besseren Austausch untereinander?

6.5 Literaturverzeichnis

[Agi 16] Agile-Working. Geteilte Führung – voller Erfolg (März 2016), unter http://www.charta-der-vielfalt.de/unterzeichner/best-practice/portraits/agile-working.html (letzter Aufruf 31.5.2016)

[All 96] Allmendinger, J. u. a., Life and work in symphony orchestras, in: The Music Quarterly 80/ 1996, 194–219, unter https://www.princeton.edu/~artspol/orchestras/suggested_readings/JRH-SymphOrchs.pdf (letzter Aufruf 31.5.2016)

[Bec 11] Beckmann, M./Kuhn, D., Auswirkungen des Hierarchieabbaus auf die Performance von Schweizer Unternehmen, Basel: WWZ Forschungsbericht 2011/02

[Bun 12] Bund, K., Herr Mägli und die Ladies, in: Die Zeit 49/2012, unter http://www.zeit.de/2012/49/Frauen-Schweiz-Reeder (letzter Aufruf 31.5.2016)

[Dah 15] Dahlmann, F., Mach doch mal 'ne Ansage, in: brand eins 3/2015, S. 116–119, unter http://www.brandeins.de/archiv/2015/fuehrung/ministry-group-mach-doch-malne-ansage/ (letzter Aufruf 31.5.2016)

[Däm 15] Dämon, K., Wenn Home-Office zum Karrierekiller wird (22.4.2015), unter http://www.wiwo.de/erfolg/beruf/arbeiten-von-zu-hause-wenn-home-office-zum-karrierekiller-wird/11665968.html (letzter Aufruf 31.5.2016)

[Deu 16] Die Deutsche Kammerphilharmonie Bremen (29.2.2016), unter http://www.kulturwandel.org/content/die-unternehmen-des-gelingens/die-deutsche-kammerphilharmonie-bremen/index.html abgerufen (letzter Aufruf 31.5.2016)

[Ini 14] Initiative Neue Qualität der Arbeit (Hrsg.), Führungskultur im Wandel (2014), unter http://www.inqa.de/SharedDocs/PDFs/DE/Publikationen/fuehrungskultur-im-wandel-monitor.pdf?__blob=publicationFile (letzter Aufruf 23.5.2016)

[Mal 15] Malcher, I., Die Dinosaurier leben noch, in: brand eins 3/2015, 54–57, unter http://www.brandeins.de/archiv/2015/fuehrung/julian-birkinshaw-interview-die-dinosaurier-leben-noch/ (letzter Aufruf 23.5.2016)

[Mei 14] Meister, F./Stockfisch, C., Teilzeit als Option der Lebenslaufgestaltung, hrsg. vom DGB-Bundesvorstand (März 2014), unter www.dgb.de/familie/++co++89e5265e-cba1-11e3-bf3b-52540023ef1a (letzter Aufruf 31.5.2016)

[Nac 05] Nachreiner, F. u. a., Arbeitszeit und Gesundheit – zu gesundheitlichen Effekten längerer Wochenarbeitszeiten, in: Personalmanagement und Arbeitsgestaltung, hrsg. von der Gesellschaft für Arbeitswissenschaft e. V. (GfA), Dortmund 2005, 337–340

[Nac 06] Nachreiner, F. u. a., Arbeitszeit und Gesundheitsrisiken – ein Überblick, in: Innovationen für Arbeit und Organisation, hrsg. von der Gesellschaft für Arbeitswissenschaft e. V. (GfA), Dortmund 2006, 187–192

[Per 09] Perlow, L. A., Making Time Off Predictable – and Required, in: Harvard Business Review 10/2009, unter https://hbr.org/2009/10/making-time-off-predictable-and-required (letzter Aufruf 31.5.2016)

[Syw 15] Sywottek, C., Sinnvolle Unordnung, in: brand eins 3/2015, 46–51, unter http://www.brandeins.de/archiv/2015/fuehrung/haufe-gruppe-sinnvolle-unrodnung/ (letzter Aufruf 23.5.2016)

[Wal 08a] Walther, K./Lukoschat, H., Kinder und Karrieren. Die neuen Paare, Gütersloh 2008

[Wal 08b] Walther, K./Lukoschat, H., Kinder und Karrieren. Die neuen Paare. Kurzzusammenfassung der Studie, unter http://www.eaf-berlin.de/doppelkarrierepaare.html (letzter Aufruf 31.5.2016)

[Wor 16] Work-Life-Flexibility (März 2016), unter http://www.charta-der-vielfalt.de/unterzeichner/best-practice/portraits/work-life-flexibility.html (letzter Aufruf 31.5.2016)

7 Wie gute Gründe motivieren

In diesem Kapitel

- Wie statt der Tätigkeit an sich immer mehr der Sinn, der gute Grund für die Arbeit, wichtiger wird
- Welche guten Gründe Menschen haben, sich motiviert zu betätigen
- Was die Führung dazu beitragen kann, den Menschen gute Gründe zu liefern – nicht nur dem Verstand, sondern vor allem auch dem Herzen, damit größtmögliche Motivation entsteht
- Der Erfolgsschlüssel Sinn und Ziele sorgt dafür, dass die Menschen ihre „Buntheit", also ihre Individualität und ihre Stärken, engagiert zur Erreichung gemeinsamer Ziele einbringen. Energien entstehen, die ohne einen tieferen Sinn und gemeinsame Ziele nicht denkbar wären.

Führung bedeutet auch, Menschen gute Gründe zu vermitteln, warum Dinge getan werden. Den größeren Zusammenhang des eigenen Tuns zu kennen, einen Sinn in der Arbeit zu sehen, der über das Tun hinausgeht, motiviert und setzt Energie frei. Gute Führungskräfte sorgen dafür, dass Emotionen die guten Gründe ins Herz transportieren.

Wenn das Leben keine Vision hat, nach der man sich sehnt, dann gibt es auch kein Motiv, sich anzustrengen.

Erich Fromm, Psychoanalytiker

Es genügt nicht, die richtigen Dinge zu tun. Wir müssen sie darüber hinaus auch noch richtig tun. Jede Tätigkeit, gleichgültig, ob sie dem Betrachter wichtig oder unwichtig erscheint, kann mit Motivation und Freude erledigt werden – oder auch nicht. Beispiele sind sicher in jeder Berufsgruppe zu finden: Der eine Kassierer im Supermarkt ist allzeit gut gelaunt und hilfreich, der andere nicht. Die eine Sprechstundenhilfe oder der eine Arzt macht den Arztbesuch zu einem angenehmen Kontakt und gibt das Gefühl, willkommen zu sein; die anderen leisten nur genau das sachlich erforderliche Minimum. Die Ursache für die unterschiedlichen Verhaltensweisen ist der Sinn, den er oder sie in der Arbeit erkennt. Das kann auf Menschen oder „die Sache" gerichtet sein. Motivation über die reine Pflichterfüllung hinaus entsteht nicht von allein, ist nicht unbeeinflussbar entweder vorhanden oder abwesend. Im Idealfall treffen gute innere (endogene) Gründe auf gute äußere (exogene) Gründe. Arbeitgeber, die den Menschen gute Gründe für die Arbeit liefern, können exogene Motivation schaffen und die Menschen dabei unterstützen, ihre innere Motivation zu entwickeln. Wie entdecken Menschen nun ihre „guten Gründe"?

■ 7.1 Gute Gründe I: Bedürfnisse

Basis der menschlichen Handlung ist das Erfüllen von Bedürfnissen. Dabei müssen die Grundbedürfnisse auf Dauer möglichst gut erfüllt sein, damit der Mensch der Sorge um existenzielle Notwendigkeiten enthoben ist.

> Grundbedürfnisse:
> - Sicherheit
> - Abwechslung
> - Anerkennung
> - Verbindung (Liebe)
>
> Weiterführende Bedürfnisse:
> - persönliches Wachstum
> - einen Beitrag leisten
>
> (nach A. Robbins [Rob])

Wie die Bedürfnisse erfüllt werden und wie wichtig sie im Einzelnen sind, kann sich im Laufe der Zeiten wandeln. Früher einmal erschien Arbeitsteilung als *die* Lösung für die Zukunft von Mensch und Unternehmen. Unternehmer hofften das zumindest, als die ersten Manufakturen gegründet wurden, die ersten Fließbänder ihren Betrieb aufnahmen. Der Mensch bediente die Maschinen, war ihr Zulieferer, von ihnen gesteuert. Er sollte Prozessschritte erledigen, die möglichst klein, möglichst gleichförmig waren. Anlernzeit: minimal. Austauschbarkeit: hoch. Die Menschen waren bereit dazu – im Tausch für ihre Arbeit bekamen sie in schweren Zeiten Sicherheit: *Arbeite bei uns und dein Lebensunterhalt und der deiner Nachkommen ist sicher.* Ein gutes Versprechen, gern angenommen – die eigene Ersetzbarkeit war angesichts dessen verkraftbar. Für ältere Generationen ein ausreichend guter Grund, zu arbeiten: Ein gewisser Wohlstand, die Aussicht auf eine Rente und dann ein erfüllter Lebensabend, das war der Traum. Doch irgendetwas fehlte offenbar: Die Menschen fühlten sich unwohl, wurden krank, unaufmerksamer, die Fehlerquote stieg. Stete Routine forderte ihren Tribut. Abwechslung, ein weiteres wichtiges, bislang unbeachtetes Bedürfnis, war nicht erfüllt, Abhilfe musste her. Aber wie? Das System sollte bleiben, wie es war, allerdings nun den Menschen besser angepasst werden. Sie sollten nicht immer das Gleiche tun müssen, konnten rotierend die Tätigkeiten ändern und vieles mehr, bis sie die dringend benötigte Abwechslung hatten. Es funktionierte für Unternehmen wie Arbeitnehmer: Wohlstand wuchs auf der Grundlage des Arbeitsteilungssystems.

Wenn ein Zustand zur Normalität wird, ein Bedürfnis erfüllt ist, tritt anderes in den Vordergrund und wird wichtiger, Stillstand gibt es nicht. Die Menschen wollten nicht nur Rädchen im Getriebe sein, sondern als Menschen wahrgenommen werden: Anerkennung, der Wunsch nach Verbindung rückten ins Blickfeld und wurden eingefordert. Die Arbeitgeber reagierten so gut wie möglich durch Prämien, Punktsysteme, persönliche Ansprechpartner, durch Teams statt Einzelkämpfertum, Karrierechancen und mehr.

Für die folgenden Generationen verschob sich der Fokus weiter, die Ansprüche wuchsen. In der glücklichen Zeit des quasi unbegrenzten Wirtschaftswachstums waren materielle Sicherheit ebenso wie Abwechslung bereits Normalität, Anerkennung und Verbindung selbstverständlich. Eltern wünschten sich auf solider Basis Besseres für ihre Kinder, aber auch für sich. Es stand mehr Zeit zur Verfügung, sich um sich selbst zu kümmern, um die Gesundheit, um die Psyche. Persönliche Weiterentwicklung, Wachstum und Sinnfindung wurden bedeutsamer. Selbstoptimierungsliteratur und entsprechende Seminare stifteten – und stiften noch heute – dazu an: *Mach' dein Ding; entdecke den Sinn deines Lebens.* Der Mensch kommt unverändert nicht nur zur Erledigung seiner Arbeiten, sondern bringt sich selbst, sein gesamtes Denken mit. Damit änderte sich erneut die Einstellung zur Arbeit: Ein Leben nur für die Arbeit, nur zur Erfüllung von Grundbedürfnissen lieferte nicht mehr das, was Menschen wollten. Die Ansprüche nicht nur an das Leben wachsen, sondern auch an die Arbeit: Nicht funktionieren, sondern Sinn-voll handeln ist der Wunsch. Das *Sein-Wollen* wächst aus dem Schatten des *Haben-Wollen*.

Sinn im Leben – Unsinn im Unternehmen?

Und während der Mensch seinen Lebenssinn – bewusst oder unbewusst – auch bei der Arbeit finden will, rückt andererseits durch fortwährende Veränderungen und die Konzentration auf Gewinnmaximierung oder Shareholder Value der *Human Value*, der Wert des Menschen und seine Bedeutung im Wirtschaftsleben, aus Unternehmenssicht weiter in den Hintergrund. Immer schneller aufeinanderfolgende Versuche, Unternehmen mit neuen Methoden profitabler zu machen, immer mehr Maschinen, die die Arbeit erledigen, sorgen dafür, dass der Boden schwankt, auf dem die Arbeitskräfte stehen, gleichgültig, in welcher Hierarchiestufe. Die schnellen Auf- und Abstiege von Unternehmen, die gewollte Austauschbarkeit ohne das alte Sicherheitsversprechen lebenslang verfügbarer Arbeitsplätze ziehen jetzt negativ empfundene Ersetzbarkeit nach sich und stören das Sicherheitsempfinden. Der Mensch fühlt sich nicht gefragt, er ist nur da im Einsatz, wo er die bessere Maschine ist. Die eigene Bedeutung schwindet. Wo der Umgang miteinander rauer wird, wo häufig auch offen Druck ausgeübt wird *(in einem Jahr sind hier nur noch halb so viele)*, schwindet die so wichtige Verbundenheit zum Nächsten. Der Blick aufs Ganze geht darüber hinaus durch die in alle Unternehmensbereiche fortschreitende Zergliederung der Prozesskette verloren, durch die Erfüllung von Kontrollbedürfnissen, durch Mengen an Details. *Frag' nicht, tu es einfach. Wohin es gehört und ob das einen Sinn hat? Was geht das dich an?! Mach' einfach! Schneller!*

Die Grundbedürfnisse sind in dieser Atmosphäre wiederum nicht erfüllt. Statt eines dem alten Zeitgeist entsprechenden, mit Sicherheit, Fürsorge, Verbindung und soweit möglich Abwechslung wohlgefüllten Pakets, dessen Inhalt irgendwann einmal genug war für die Lebensplanung des *Hart arbeiten und dann ein schöner Lebensabend*, gibt es nur noch eine leere Hülle, die die Arbeitgeber den Arbeitnehmern unter den kritischen Blicken der Shareholder anbieten. Dass immer weniger Menschen diese leere Hülle annehmen wollen, dürfte nicht erstaunen. Die Älteren wissen, dass es keine Sicherheit alter Welten mehr geben wird. Und dass sie im Übrigen jetzt nehmen müssen, was kommt. Manchmal, vor allem bei Streiks, wird der Unwillen laut. Fundamentale Veränderungen sind jedoch nicht in Sicht. Als Reaktion auf den ewig präsenten Spargedanken sparen Menschen ebenfalls: an Motivation, an Identifikation. Der früher anzutreffende Stolz darauf, für ein bestimmtes Unternehmen zu arbeiten, ist selten geworden, die Menschen sind ermattet. Statt der erhofften, mehr oder weniger bewussten Sinnfindung geht es oft doch nur ums Geldverdienen und „irgendwie zurechtkommen". Pflichterfüllung steht im Vordergrund. So viel tun wie notwendig, ansonsten den Blick auf die Freizeit richten. Nicht, dass wir uns hier missverstehen: Für viele bedeutet das einen extrem hohen Zeit- und Kraftaufwand. Doch Motivation und Freude, die beflügeln und die Kraftreserven wieder auffüllen, wollen nicht aufkommen. Energie wird im Beruf verbraucht und soll im Privatleben wieder aufgefüllt werden. Die vielen gesundheitlichen Probleme zeigen: Es funktioniert nicht überzeugend. Weder Sinn noch Erfüllung entstehen. Arbeit bleibt übrig als Selbstzweck und vermittelt mehr Last als Lust, mehr Mühsal als Freude. Wo der Sinn der Tätigkeit nicht erkennbar ist, ist auch der eigene Sinn in Frage gestellt.

Für die jüngeren, *selbstbewussteren Generationen* bedeutet die Veränderung des wirtschaftlichen und kulturellen Rahmens, dass ihre Grundbedürfnisse anders als bei den Älteren erfüllt werden. Für sie ist es bereits selbstverständlich, dass es die Sicherheit in Form des Wunsches nach einem lebenslang unveränderten Arbeitgeber nicht geben kann, sie haben sich schon auf die entsprechende Realität eingestellt. Die Bedürfnisse nach Sicherheit und Abwechslung müssen jetzt aus sich selbst heraus erfüllt werden: sich auf sich selbst, die eigenen Stärken besinnen und wissen, dass es das ist, was Arbeitgeber brauchen und annehmen. Die Demografie hilft ihnen, sie haben mehr Auswahlmöglichkeiten als früher. Der Arbeitgeber muss ihren Anforderungen entgegenkommen. Sie investieren Wissen, Können und Flexibilität und verlangen, dass der Arbeitgeber dem mit Anerkennung und Verbindung Rechnung trägt. Und darüber weit hinaus: dass er die Gelegenheit zum fachlichen und persönlichen Wachstum genauso wie Sinn liefert, indem für „die" richtige, Sinn-volle Sache gearbeitet wird.

Kostenmanagement statt Sinn

Die gängigen Unternehmensstrategien im Umgang mit den Menschen liefern für diese Veränderungen bislang noch keine schlüssigen Lösungen. Statt auf der Führung durch bessere Strategien liegt das Gewicht meist noch auf dem Kostenmanagement. Hohe Qualität soll billig von der Stange geliefert werden. Daher werden selbst anspruchsvolle Prozesse zergliedert; Fluglinien und Banken zum Beispiel bauen Kompetenzcenter auf, das Wissen wird zerlegt und für alle, vor allem weniger Qualifizierte als bisher, verfügbar und handhabbar gemacht. Die Initiatoren vergeben unverblümt Namen wie „Kreditfabrik" und sie meinen es gut im Sinne der Profite. Aus den müden Gesichtern der Arbeiter in den alten Fabriken haben sie nichts gelernt – vielleicht nicht einmal hingesehen, gebannt vom Blick auf die Zahlen. Es sind alte Methoden, die da in neue Zeiten und neue Branchen übertragen werden. Der Mensch soll wie ein Sachmittel funktionieren – doch in die Pflege und Wartung von Sachmitteln wie Maschinen und EDV wird oft mehr investiert als in Menschen. Wie schnell wird zum Beispiel ein Techniker geholt, wenn die EDV streikt? Und wie schnell ein Coach oder Trainer, wenn der Mensch Schwierigkeiten signalisiert?

> Kostenmanagement ist wichtig, keine Frage. Die Zukunft sichern Sparmaßnahmen allerdings nicht, wie eine Studie im Auftrag von PriceWaterhouseCoopers belegt [Vie 02] – sie haben kurzfristige Wirkung, die jedoch schnell wieder verbraucht ist. Wettbewerbsvorteile entstehen dauerhaft eben nur durch Weiterentwicklung. Da, wo die Bedürfnisse der Menschen ignoriert werden und ihnen der Sinn fehlt, ihre Fähigkeiten nicht abgerufen werden und sich entfalten können, liegen ihre Potenziale weiter brach, in einem Ausmaß, in dem Maschinenkapazitäten niemals ungenutzt bleiben würden.

■ 7.2 Gute Gründe II: persönliches Wachstum und einen Beitrag leisten können

Das fünfte und sechste Bedürfnis bringen uns über die existenziellen Grundlagen der Bedürfniserfüllung hinaus zum tieferen Sinn, zum Gefühl der Erfüllung, lassen uns Flügel wachsen. Es fällt uns leicht, uns hinter einen größeren Zweck zu stellen, hinter etwas, das Bedeutung verheißt und uns damit in unserer eigenen Bedeutung wachsen lässt. Mit dem Sinn bekommt sogar eine unwichtig scheinende Arbeit Bedeutung, lassen sich Durststrecken leicht überstehen. Sinn lässt den nötigen Sog entstehen, um zu handeln. Es entstehen Freude und gute Gefühle jenseits der praktischen Gründe dafür, eine Arbeit aufzunehmen.

Götz Werner, erfolgreicher Gründer der Drogeriekette dm, äußerte sich in einem Interview im *Spiegel* wie folgt: *"Die Aufgabe eines Unternehmers ist es, dafür zu sorgen, dass Mitarbeiter in ihrer Tätigkeit einen Sinn sehen. Und dass auch die Kunden, die dort einkaufen, darin einen Sinn sehen. Ein Professor sagte dazu: Wir reden immer über das Know-how. Wir sprechen viel zu wenig über das Know-why. Das ist der Punkt. Wir fragen zu wenig nach dem Warum und Wozu."* [Gat 11].

Das können die jüngeren Generationen nur unterstreichen. Sie fordern die Sinnkultur auch aus ihrer Sicht verstärkt und aktiv ein. Sie verlangen mehr, denn sie brauchen gute Gründe, sie möchten nicht mehr einfach tun um des Tuns willen und für Grundbedürfnisse, vielmehr wollen sie Wichtigkeit und Hintergründe von Projekten erkennen können. Sie haben entdeckt, wie Sinn nähren und Un-Sinn Kraft entziehen kann. Die Deloitte Millennial-Studie 2015 [Del 15] hat die Herausforderungen identifiziert, mit denen es Unternehmen in der Zusammenarbeit mit jüngeren Menschen zu tun haben, und ergründete die Denkweise der „Millennials". 7806 nach dem Jahr 1982 geborene Menschen in 29 Ländern aller Kontinente wurden befragt. Die Studie beginnt mit dem Satz: *"Die Millennials glauben in ihrer übergroßen Mehrheit, dass die Wirtschaft einen Neuanfang braucht, sowohl was die Aufmerksamkeit für Menschen und Ziele angeht, als auch ihre Produkte und Gewinne betreffend."* Philip Riederle, ein Digital Native, bestätigt das in seinem Buch *Wer wir sind und was wir wollen* [Rie 13]. Im Wesentlichen geht es auch nach seiner Ansicht um Sinn, um gesellschaftliche Verantwortung. *Warum soll ich das machen, warum jetzt, warum überhaupt?* Diese Fragen wurden Eltern häufig gestellt und sind von der jungen Generation bis über das Kindesalter hinaus verinnerlicht. Nicht das Erledigen von Pflichten, sondern die schnelle Entscheidung, was gewollt ist, steht im Vordergrund: *Das mag ich nicht, also mache ich das nicht* – heute denkbar infolge der gesellschaftlichen Entwicklung und der Vielfalt der Wahlmöglichkeiten. Arbeitgeber sollen nicht nur auf die Gewinne sehen. Erst, wenn sie Sinn und „Heimat" bieten können, kann die Zusammenarbeit langfristig funktionieren.

Patagonia, der amerikanische Hersteller von Outdoor-Bekleidung, hat die Zeichen der Zeit verstanden. Im Privatbesitz stehend, kann es sich das Unternehmen erlauben, Wege zu gehen, die nicht Shareholder-rechenschaftspflichtig sind. Rick Ridgeway, Patagonias Vizepräsident für Umweltangelegenheiten, stellte im Jahr 2009 fest, dass Konsumenten infolge der Weltwirtschaftskrise Wert-voller konsumierten und nicht mehr ausschließlich auf Schnäppchenjagd waren. Das traf die Firmenphilosophie. Nachhaltiger Konsum und Schonung der Ressourcen waren Patagonias Anliegen aus Überzeugung: *Erschaffe das beste Produkt, richte keinen unnötigen Schaden an und benutze das Geschäft dafür, Lösungen für die Umweltkrise einzuführen und anzustoßen.* Legendäre Kampagnen wie eine Anzeige in der Times „Kaufe diese Jacke nicht", in der aufgerufen wurde, das abgebildete Patagonia-Produkt nur im echten Bedarfsfall zu kaufen, untermauern die Firmenphilosophie. Soziale und Umweltziele stehen gleichberechtigt neben Gewinnzielen. Im Jahr 2011 entschied sich Patagonia als erstes Unternehmen in

Kalifornien, den Status eines Sozialunternehmens anzunehmen. Die hohen Anforderungen in Bezug auf Umwelt und Menschen, egal ob Mitarbeiter, Lieferanten, Kunden oder allgemein, sind in regelmäßigen Audits zu erfüllen. Patagonia hat sich im freiwilligen Unternehmenszusammenschluss One Percent for the Planet dazu verpflichtet, ein Prozent des Gesamtumsatzes oder 10 Prozent des Gewinns an Umweltorganisationen zu spenden [Pat, BLa]. Der Aufschwung des Unternehmens wurde von den hohen Unternehmensidealen nicht behindert, sondern beflügelt: Umsatzsteigerungen von noch 270 Millionen US-Dollar im Jahr 2007 auf 414 Millionen 2011 und sogar 600 Millionen 2015 zeigten, dass sich Wachstum, Verantwortung und hohe Werte nicht ausschließen. Dass Gewinn so viel mehr als finanzielle Aspekte bedeuten kann, ist die treibende Kraft hinter Unternehmen wie Patagonia. Wie man sieht, lässt sich das eine sehr wohl um das andere ergänzen. Patagonia vernetzt sich quasi mit der Welt, setzt nicht sich selbst als Unternehmen ins Zentrum seiner Arbeit, sondern höhere Ziele.

Verbraucher befürworten diese Philosophie genau wie Arbeitnehmer. Das amerikanische Natural Market Institute NMI hat ermittelt, dass durchschnittlich 55 Prozent weltweit befragter Verbraucher bereit sind, mehr Geld als üblich in Produkte zu investieren, wenn die Produzenten soziale Verantwortung übernehmen und besonders verantwortungsvoll mit Umwelt und Menschen umgehen [Ver 14]. Auch wenn es auf den ersten Blick schwierig, gar unmöglich erscheint: Sich auf Ziele jenseits des Profits zu konzentrieren, kann den Gewinn vergrößern – und auch die Anziehungskraft auf Mitarbeiter, denn Patagonia kennt weder Probleme mit Fluktuation noch mit Bewerbermangel.

Soziales spielt eine Rolle, wenn zwar Individualität Trumpf ist, diese sich aber immer mehr im *Wir* ausdrückt, in Zugehörigkeiten, in *Likes*. Immer wichtiger werden Austausch und Interaktion mit anderen Nutzern in einem Netzwerk, das zum einen Verbindung verkörpert und darüber hinaus eine Möglichkeit ist, dem weiterführenden Bedürfnis nachzukommen, einen Beitrag zu leisten. Der von Nutzern wahrgenommene Wert einer Marke, der durch Vernetzung und soziale Interaktion einer Gemeinschaft entsteht, wird als *Social Brand Value* bezeichnet. Die Unternehmensberatung Vivaldi Partners hat in Zusammenarbeit mit der Innovationsagentur Hyve und der Universität Innsbruck schon 2009 in einer Studie beziffert, dass Wiederholungskäufe und damit die Kundenloyalität durch das *Wir-Phänomen*, also den sozialen Nutzen, um durchschnittlich 15 Prozent steigen [Fül 09]. Nicht nur das: Die Bereitschaft, einen höheren Preis zu zahlen, ist direkt mit der sozialen Vernetzung verbunden. Marken können sich *Wir-Phänomene* zunutze machen. Viele Unternehmen sind darum bemüht, ihr Produkt als Marke zu etablieren. Der Wert einer Marke und die Etablierung überhaupt gelingen nicht nur durch Produkteigenschaften. Apple zum Beispiel erzielt seinen Erfolg auch durch die gute Vernetzung mit seinen Nutzern. Statt aggressiver, verkaufslastiger Kommunikation setzt Apple auf die Moderation der Kommunikation von Nutzern untereinander. So muss Apple wenig für die Platzierung seiner Produkte zahlen, weil es statt Kunden Fans geschaffen hat. Alles, was Apple tut, wird von der Fangemeinde aufgeregt kommuniziert und fleißig verbreitet. Die 19 untersuchten globalen Online- und Offline-Marken zeigten, dass es Apple am besten gelingt, den sozialen Nutzen der Marke in ein Premium-Preissegment zu übersetzen. *„Das Produkt und das Markenimage allein sind dafür nicht verantwortlich"*, so die Studienautoren. Wir-Gefühle werden gesucht und gefunden, wenn Kunden sozialen Nutzen im Produkt sehen, der über das Produkt selbst hinausgeht. Erst dann ist ein Handy nicht nur ein Handy, sondern eine Stilikone. Das Wir setzt enorme Kräfte frei, die Unternehmen im Markt spüren. Wenn es ihnen gelingt, den Wir-Gedanken auch im Unternehmen selbst zu beleben, die Mitarbeiter Sinnvoll zu einem *Wir* zu vereinen, kann es über sich hinauswachsen.

■ 7.3 Gute Gründe III: Bedürfniserfüllung als Temperaturfühler

Das *Bedürfnis nach Sicherheit* und *Abwechslung* sorgt dafür, dass Menschen überhaupt eine Arbeit aufnehmen. Dazu müssen sie nicht besonders begeistert oder engagiert sein. Zur leidlich erfolgreichen Erledigung von Arbeiten genügt es, ein Sicherheitsgefühl zu vermitteln und eine gewisse Abwechslung dadurch, dass nicht pausenlos die gleiche Aufgabe erledigt werden muss. Verglichen mit Außentemperaturen wird ein Stand erreicht, bei dem man nicht erfriert – warm ist es noch nicht.

Die Erfüllung der nächsten beiden Bedürfnisse *Anerkennung* und *Verbindung* sorgt für einen weiteren Temperaturanstieg: Mit Wohlfühltemperaturen ist angenehmes Arbeiten möglich. Das Erzielen des Wohlgefühls ergibt sich aus dem achtsamen Umgang miteinander. Der Arbeitgeber, der für ein Umfeld sorgt, in dem diese Bedürfnisse aus beruflicher Sicht zumindest weitgehend erfüllt werden, erhält Mitarbeiter, die ihre Arbeit gern tun.

Die Temperatur steigt weiter, wenn Menschen sich das fünfte und sechste Bedürfnis, persönliches Wachstum zu erfahren und einen Beitrag leisten zu können, erfüllen. Im Beruf bedeutet es, seine Berufung gefunden zu haben oder zumindest für einen Sinn zu arbeiten, der erfüllend genug ist. Das Thermometer steigt auf „heiß". Emotional bewegt, erwärmen sich Menschen für ihre Tätigkeit – bis sie dafür „brennen".

Die Autoren von *Erfolgreiche Führung gegen alle Regeln* haben zwölf Erfolgsfaktoren für die Gewinnung, Bindung und produktive Beschäftigung von erstklassigen Mitarbeitern identifiziert [Buc 12]. Damit kann nach ihrer Ansicht am genauesten und einfachsten gemessen werden, wie qualitativ hochwertig und vital das Arbeitsumfeld ist. Die Bedürfniserfüllung dahinter ist gut erkennbar:

Sicherheit und Abwechslung:
- Die Erwartungshaltung an die eigene Person kennen
- Die Mittel für eine sehr gute Arbeit haben (Materialien etc.)
- Jeden Tag tun können, was man am besten kann

Anerkennung und Verbindung:
- In den letzten sieben Tagen Lob bekommen haben
- In den letzten sechs Monaten auf Fortschritte angesprochen worden sein
- Interesse des Vorgesetzen oder einer anderen Person spüren
- Das Umfeld, die Kollegen, haben den inneren Antrieb zu hoher Qualitätsleistung
- Mindestens eine sehr gute Freundschaft im Unternehmen

Wachstum und Beitrag:
- In der Entwicklung bei der Arbeit gefördert werden
- In den letzten zwölf Monaten Gelegenheit gehabt haben, Neues zu lernen und sich weiterzuentwickeln
- Es besteht Interesse an der Meinung zum Arbeitsgebiet
- Ziele und Unternehmensphilosophie vermitteln das Gefühl, dass die Arbeit wichtig ist

7.4 Gute Gründe IV: Werte – und gelungenes Zusammenwirken

> Werte sind Eigenschaften oder Qualitäten, die wir Ideen, Idealen, Sachverhalten, Handlungsmustern, Sachverhalten oder Charaktereigenschaften beimessen. Sinn und Werte sind daher eng verflochten, denn unsere Werte bestimmen, welchen Sinn oder Unsinn wir in einem Thema sehen.

Bedürfnisse und deren Erfüllung können mit (neuen) Mitarbeitern im Gespräch erörtert werden. Die Ermittlung der Werte ist komplexer. Wir handeln entsprechend unserer Werte, doch das geschieht weitgehend unbewusst. Haben Sie schon einmal eine Situation erlebt, in der der Gesprächspartner unerwartet reagiert hat? Als Beispiel hier die Aussage: *Da gibt es ein Problem.* Jeder Empfänger dieser Botschaft kann das zuerst einmal auf der Sachebene hören, Hilfe anbieten – oder es lassen. Hat er gelernt, dass es selbstverständlich ist, bei einem Problem zu helfen, wird er unterstützen wollen. Wenn er das nicht gelernt hat, wird er nicht helfen. Damit muss kein böser Wille verbunden sein: Unsere Erfahrungen und Kenntnisse bringen typische Verhaltensweisen mit sich, die von der Erwartung einer anderen Person abweichen können. Fundament unseres Handelns ist das individuelle Wertesystem, die individuelle Sammlung und Hierarchie von Werten.

In einer Umfrage unter den 30 Dax-Unternehmen aus dem Jahr 2012 [Köp 12] und unter Führungskräften im Rahmen der Wertekommissions-Studie 2015 [Hat 15] wurde abgefragt, welche Werte als wichtig eingestuft wurden (s. Tabelle 7.1).

Tabelle 7.1 Umfragen zur Wertegewichtung

Werte	30 Dax-Unternehmen in Prozent, gerundet	Führungskräfte in Prozent, gerundet
Integrität/Rechtschaffenheit/Compliance	50	25
Verantwortung	34	30
Respekt, Wertschätzung	37	8
Kundenorientierung	30	keine Angabe
Nachhaltigkeit, Ehrlichkeit/Zuverlässigkeit, Leistung, Innovation	27	5 (nur „Nachhaltigkeit" wurde abgefragt)
Vertrauen	23	31
Offenheit	20	keine Angabe
Toleranz, Vielfalt	10	keine Angabe
Mut	keine Angabe	3

Während Integrität/Rechtschaffenheit/Compliance für die Dax-Unternehmen an erster Stelle der Nennungen stehen, also für die Unternehmenskultur als sehr wichtig empfunden werden, ist deren Bedeutung für die Führungskräfte persönlich geringer. Für sie ist Vertrauen am wichtigsten. Sie, die Verantwortung tragen und Dinge bewegen sollen, leiden unter zu viel Regulierung und wünschen sich daher mehr Vertrauen. Wie ist Integrität definiert? Laut Wikipedia als Übereinstimmung zwischen eigenen und in diesem Fall Unternehmenswerten [Int]. Doch wie äußert sich Integrität im Unternehmensalltag? Häufig wird sie mit klagloser Anpassung verwechselt, formellen Abnickprozessen, dem reibungslosen Funktionieren im Getriebe. Eben dem schleichenden Abstumpfungsprozess hochbezahlter Führungskräfte zu „integren" Persönlichkeiten, die sich tapfer durch die Fülle von Compliance-, Kontroll- und sonstigen Regeln schlagen. Förderlich für das Unternehmen ist das nicht – und billiger gäbe es die Leistung allemal, wenn die Ansichten einer eigentlich genau wegen eigener Meinungen eingestellten und teuer bezahlten Führungskraft verzichtbar wären. Demokratie und die Selbstbestimmung, Werte, die zu besseren Entscheidungen beitragen, finden sich vielleicht gerade wegen der Priorität von Compliance nicht auf der Liste der Dax-Unternehmen. Wir werden uns in Kapitel 7 noch näher ansehen, warum andere Werte wie Vertrauen den Unternehmenserfolg wesentlich besser gewährleisten als Compliance, die nicht auf das absolut Notwendige reduziert ist.

Offenheit, Toleranz und Vielfalt sowie Mut werden dagegen von den Unternehmen nicht so stark geschätzt. Kann es Verantwortung ohne Offenheit und Mut geben, Respekt ohne Toleranz? Wo Toleranz gering gewichtet ist, mangelt es möglicherweise an Respekt und an Ehrlichkeit, denn Gesprächspartner und ehrliche Meinungen werden nicht ausreichend geschätzt und gewürdigt. Innovation und Vielfalt hängen so eng zusammen wie Toleranz und Vielfalt.

Die Unterschiede in der Priorität der Werte zeigen: Unternehmen müssen hinsichtlich der Werte eine Balance finden zwischen eigenen Ansprüchen und den Ansprüchen der Mitarbeiter. Auch hier gilt es, sinnvoll zu entscheiden, was genau die Werte für das Unternehmen bedeuten und wie genau sie gelebt werden, damit zum Beispiel Integrität schlüssig definiert wird oder keine übermäßigen Belastungen durch Kontrollen entstehen, gleichzeitig aber Vertrauen schwerlich missbraucht werden kann.

Was tun nun finanziell überdurchschnittlich erfolgreiche Unternehmen? Sie priorisieren und gewichten Werte deutlich anders, als wir es bei den Dax-Unternehmen gesehen haben. Ihr Erfolg geht mit einer überdurchschnittlichen Werteorientierung einher, wie eine Studie der weltweit tätigen Management- und Technologie-Beratungsgesellschaft Booz Allen Hamilton zeigt (s. Tabelle 7.2). Dafür wurden 365 Top-Unternehmen in 30 Ländern befragt. Es zeigte sich, dass es Indizien für die Korrelation zwischen gelebten Unternehmenswerten und überdurchschnittlichem finanziellen Erfolg gibt. „So sind etwa börsennotierte Unternehmen mit branchenüberdurchschnittlichem finanziellen Erfolg („Financial Leader") besonders erfolgreich bei der Verbindung von Werten und operativem Geschäft" [Stu 05].

Tabelle 7.2 Korrelation von Werteorientierung und Unternehmenserfolg

Werte	Wichtigkeit bei erfolgreichen Unternehmen in Prozent der Nennungen	Wichtigkeit bei weniger erfolgreichen Unternehmen in Prozent der Nennungen
Ethisches Handeln/Integrität	98	88
Mitarbeiterorientierung	88	68
Ehrlichkeit und Offenheit	85	47
Übernahme individueller Verantwortung	68	29
Flexibilität	42	9

Werte mit operativem Geschäft eng zu verbinden, lohnt sich also. Dafür, dass Werte im gesamten Unternehmen gelebt werden, ist die Orientierung an Vorbildern besonders wichtig: Der Vorstandsvorsitzende spielt bei der unternehmensinternen Durchsetzung der Werte die maßgebliche Rolle. Zusammen mit seinen Führungskräften muss er diese Werte nicht nur definieren, sondern vor allem vorleben; nicht nur kennen, sondern sich mit ihnen identifizieren. Häufig finden sich zwar Werte und Unternehmenskultur schriftlich niedergelegt – allein das Papier reicht aber eben nicht. Die Ausstrahlung gelebter Unternehmenswerte nach außen bewirkt Authentizität und Vertrauen. So wirken Führungskräfte glaubwürdig und stimmig, Menschen können ihnen folgen und sich engagieren. Im Zusammenspiel mit guter Menschenkenntnis kann die Führungskraft nun ihr Verhalten im vollen Bewusstsein der guten Gründe, die hinter der Unternehmenstätigkeit stehen, auf die Menschen ausrichten.

Werte müssen nicht immer wie aus einem Guss erscheinen. Die Bremer Philharmoniker haben zum Beispiel für sich die Wertepaare Notwendigkeit und Sinn, Perfektion und

Abenteuer, Energie und Konzentration sowie Erfolg und Spaß ermittelt, die beim ersten Hinsehen gegensätzlich erscheinen, sich aber zu einem runden Ganzen ergänzen.

Kommunikation, gezielte Information und die Bewertung der Mitarbeiter im Hinblick auf die Unternehmenskultur sind weitere wesentliche Bausteine der Werteverankerung. Wenn das Unternehmen sich dabei sehr auf die Beschäftigten ausrichtet (Human-Resources-Orientierung), ist nach einer zuletzt 2015 durchgeführten Führungskräftebefragung der Wertekommission und des Reinhard-Mohn-Instituts der Universität Witten/Herdecke [Hat 15] die innere Motivation der Führungskräfte aus sich selbst heraus höher, sie engagieren sich eigenständig für die Arbeit und/oder ihr Unternehmen, ohne dass hierfür zusätzliche äußere Anreize notwendig sind. Wer derart (intrinsisch) motiviert ist, kooperiert auch besser. Bessere Kooperation wird in vernetzten Zeiten immer wichtiger, um Lösungen zu entwickeln, Innovationen und Synergien zu erzielen. Die Studie zeigt außerdem: Je mehr Werte Unternehmen und Mitarbeiter teilen, desto weniger müssen andere Steuerungsformen wie Vorschriften, Regeln und Kontrollen eingesetzt werden.

Werte sind also wichtig für Unternehmen und Führungskräfte – wie wichtig sie für Mitarbeiter sind, belegen die schon zitierten Gedanken der jüngeren Generationen zum Thema wie auch das *„Global Perspectives Barometer 2015"* der Gesellschaft für Konsumforschung. 1000 Nachwuchsführungskräfte wurden dazu befragt, mit dem Ergebnis, dass 60 Prozent der Befragten nur für ein Unternehmen arbeiten würden, dessen Werte sie teilen. Was ist mit den anderen 40 Prozent? Sie haben sich vielleicht noch keine Gedanken darüber gemacht. Doch sind auch sie unbewusst von ihren Werten geleitet und verhalten sich entsprechend. Stimmen diese, wenn auch unbewussten, Wertvorstellungen mit denen des Unternehmens nicht überein, fällt die Identifikation schwerer, dann kann das Unternehmen keine für sich Wert-vollen Mitarbeiter gewinnen. Die gewünschte Temperatur für motiviertes Arbeiten wird nicht erreicht. Daher ist das Teilen grundlegender Wertvorstellungen so wichtig. Ein Unternehmen, das sich über seine Wertewelt vollkommen im Klaren ist, ermöglicht sich selbst und Bewerbern, von vornherein eine bessere Entscheidung über die Zusammenarbeit zu treffen. Werden Werte nicht geteilt, hapert es in der Kooperation und gegenseitigen Unterstützung. Unzufriedenheit und Unwohlsein auf allen Seiten sind die Folge. Hoffnungen, die in die Tätigkeit gesetzt werden, werden enttäuscht. Fehlende Motivation oder gar ein unrühmliches Ende der Arbeitsbeziehung schaden beiden Seiten und belasten jeden Beteiligten. Geteilte Werte dagegen können positive Gründe für die Zusammenarbeit liefern, sie motivieren die Menschen, ihren Beitrag leisten zu wollen. Damit tragen sie entscheidend dazu bei, einen tieferen Sinn in der Tätigkeit zu finden.

7.5 Gute Gründe V: Vision und Sinn

Sinnhaftigkeit und Sinnfindung entstehen aus Bedürfniserfüllung und Übereinstimmung von Werten, sie sind folglich für Führungskräfte und Mitarbeiter wie für Kunden elementar. Den Kunden bieten sie gute Gründe für den Erwerb des Produkts oder der Leistung. Für die Mitarbeiter kann eine Sinn-volle Tätigkeit sogar – zumindest temporär – Ausgleich für die nicht vollständige Erfüllung von Bedürfnissen bieten.

Wie genau kann nun dieser Sinn für jeden Einzelnen nicht nur verstandesgemäß, sondern auch emotional erlebbar gemacht werden? Visionen sind die Antwort. Wahre „Leader" haben Visionen und diese Visionen locken Menschen an. Visionen sind Träume von einer idealen Zukunft – und damit sind sie Emotionen. Ein Reiseziel zum Beispiel ist zuallererst eine Vision: Wir wählen es wegen der damit verbundenen Emotionen aus, nicht weil es Bali heißt oder Mount Everest. Sondern weil es uns etwas verspricht, uns verlockt mit guten Ideen oder Bildern. Das kann im Fall von Bali die Vision von Strand, Meer, Schönheit, Erholung, im Fall des Mount Everest von Abenteuer, Leistung, Einzigartigkeit sein. Eben eine Vision von der perfekten Erfüllung eines Traums, von einer perfekten Zeit. Der Name des Orts ist nur ein Ziel, ist grundsätzlich nicht wichtig, sondern austauschbar. Im Moment der Zielauswahl verbinden wir allerdings unsere Vision, unsere Emotionen mit diesem Ziel. Das lässt Wunsch und Willen in uns wachsen, die Reise antreten.

> Eine *Vision* ist ein attraktives Bild einer erreichbaren oder idealen Wirklichkeit, die aufgrund der Arbeit des Unternehmens oder der Organisation erreicht werden kann. Sie drückt sich darin aus, was das höchste Ziel des Unternehmens in der Zukunft sein könnte. Zum Beispiel bei Wikipedia: „Stell dir eine Welt vor, in der jeder einzelne Mensch freien Anteil an der Gesamtheit des Wissens hat."
>
> Eine *Mission* ist die einprägsame Beschreibung eines Zwecks, also des Grunds, warum das Unternehmen/die Organisation besteht, sie beantwortet die Frage, *wie* die Vision jetzt und hier Wirklichkeit werden kann. Zum Beispiel bei Ärzte ohne Grenzen: „Wir helfen Menschen ungeachtet ihrer ethnischen Herkunft und religiösen oder politischen Überzeugung." Die Mission lebt in der Gegenwart, sie ist nach innen gerichtet und zeigt den Menschen einem Kompass gleich eine Richtung an, einen Weg zur großen Vision, zum großen Traum beziehungsweise Ideal.

Kolumbus hatte ein Reiseziel. Aber seine Reise war nur deswegen erfolgreich, weil er die Vision hatte, einen neuen Weg nach Indien zu finden, und weil er die Mannschaft von dieser Vision überzeugen konnte. Sonst hätte er wenige Tage vor dem Erreichen der Karibik umdrehen müssen, die lange Reise auf offener See ließ seine Gefährten unruhig werden. Er als Einziger war in der Lage, der fast gescheiterten Expedition noch einen Sinn zu geben, wo die anderen nur noch Un-Sinn sahen. So konnte er die Mannschaft zusammenschweißen und sie auf ein gemeinsames Ziel ausrichten. Unternehmen brauchen daher genauso wie Kolumbus eine Vision, die ihre hochgradig emotionale Wirkung außerhalb und innerhalb des Unternehmens entfaltet.

Visionen und strategische Weichenstellungen sind das Fundament der Unternehmenszukunft. Diese Strategien und Visionen sind der Erfolgsmotor des Unternehmens. Sie verhindern, dass man sich vom gewählten Weg ablenken lässt. Wie viel Zeit investieren Sie selbst in Ihrem Unternehmen üblicherweise in Visionen und Strategien? Diese Frage ist ein erster Schritt auf dem Weg zur Veränderung. Nicht nur in kleineren Unternehmen lautet die Antwort oft: *Dafür habe ich im Tagesgeschäft keine Zeit.* Oder: *Visionen sind was für Spinner.* Oder: *Das habe ich ganz unten auf meiner Prioritätenliste, es ist wichtig, aber andere Dinge sind momentan dringlicher.* Doch wer selbst keine Zeit hat, Zukunft zu gestalten, muss hinnehmen, was kommt. Wer nicht weiß, wohin er will, wer nicht stets „am Ball" bleibt, bekommt den Elfmeter vielleicht ins Tor, ohne bis dahin überhaupt bemerkt zu haben, welches Spiel gespielt wird. Der Markt lässt keine Zeit für solche Versäumnisse. Doch viele sind so damit beschäftigt, einen Fuß vor den anderen zu setzen, dass sie nicht einmal wissen, wohin sie gehen – und statt sich über die Richtung zu vergewissern, gehen sie einfach schneller. Nach Mark Twain gesprochen: *„Als wir das Ziel aus den Augen verloren, verdoppelten wir unsere Anstrengungen."* Markus Reithwiesner, Geschäftsführer von Haufe, hat durch die Neuorganisation seines Unternehmens Zeit für Strategie und Visionen geschaffen. Er sieht heute die Richtung klarer und kann sogar gelassener in die Zukunft schauen: Mit veränderten Organisationsansätzen ist es gelungen, viele zu beteiligen, die Ideen liefern; Projekte gehen durch zahlreiche kompetente Köpfe. So ist eine bessere, eine breitere Basis für den Erfolg geschaffen [Syw 15]. Reithwiesners Erfahrungen zeigen gleichzeitig die Notwendigkeit auf, sich mit Strategien zu befassen.

> Eine Analyse der Seghorn Inkasso GmbH [Heu 2003] führt den überwiegenden Teil von Krisenursachen, die zur Insolvenz führen, auf den internen Bereich zurück, wobei – unabhängig von Unternehmensgröße, Alter, Branche etc. – den Fehlern der Unternehmensführung ein besonderes Gewicht beizumessen sei. Oftmals sei das Unvermögen des Managements, die tatsächliche wirtschaftliche Lage des Unternehmens und Kundenbedürfnisse richtig beurteilen zu können sowie rechtzeitig auf externe Veränderungen zu reagieren, ursächlich für die Krise.
>
> Zu den teilweise fehlenden Fähigkeiten kommt sicher auch die fehlende Sensibilität dafür, den Fokus auf die wichtigen Dinge auszurichten – nicht zuletzt, weil eine falsche Aufgabenverteilung Zeit frisst. ∎

7.6 Gute Gründe VI: Ziele

Vision und Sinn sind Ausgangspunkt für Zielfestlegungen. Packende Ziele, die, gefüttert von Vision und Mission, über die reine Sache hinausgehen und *Sinnvoll* werden, sind formulierbar, wenn die Vision feststeht. Wer kein Ziel hat, kann keinen Weg einschlagen, er irrt herum und weiß nicht, wohin. Wer ein Ziel hat und den Weg kennt und geht, dem jedoch ein guter Grund für diese Reise fehlt, wird keinen Antrieb haben, dorthin zu gelangen, und wird sich ablenken lassen.

> Einer alten Geschichte nach tritt die Schildkröte zum Wettlauf gegen den Hasen an, obwohl sie weiß, dass sie grundsätzlich chancenlos ist. Trotzdem: Den Versuch ist es ihr wert, sie hat eine Vision von sich selbst, über eine Ziellinie kriechend. Sie bewegt sich also auf geradem Weg Schrittchen für Schrittchen dem Ziel entgegen. Der schnelle Hase hüpft davon. Er weiß, dass er Zeit hat, wendet sich zur Seite, hüpft zurück, knabbert Gras und legt sich schließlich, weil die Schildkröte noch weit entfernt ist, übermütig und siegesbewusst kurz vor dem Ziel zu einer kleinen Pause hin. Er wird wach, als die Zuschauer die Schildkröte bejubeln, die über die Ziellinie kriecht. Gotthold Ephraim Lessing bringt es auf den Punkt: *„Der Langsamste, der sein Ziel nicht aus den Augen verliert, geht noch immer geschwinder als der, der ohne Ziel herumirrt."* Ziele sind Leuchttürme, die uns auf dem Weg halten. Sie übersetzen die Vision in machbare Stationen auf dem Weg. Ohne Ziele wird die Vision irgendwann zu einem vagen Traum, an den keiner mehr zu glauben wagt.

Zielerreichung kann aus zwei Antriebskräften heraus geschehen. Die eine Antriebskraft ist vergleichbar mit einem Heckmotor, der uns von etwas wegbringt, aus Unbehagen heraus, vielleicht sogar Schmerzen in Bezug auf ein Thema. Mit der Intensität des Unbehagens steigt der Antrieb, etwas zu verändern. „Ich will nicht krank werden" bedeutet, von Krankheit wegkommen zu wollen. Die andere Antriebskraft ist das Gegenteil, der Frontmotor, der uns zu etwas hinzieht. Diese positive Ausrichtung ist etwas, auf das Menschen sich zubewegen können, wie etwa: „Ich will ein gesundes rauchfreies Leben" – vergleichbar mit der Schildkröte, die ihre Ziellinie im Blick hatte. Die eine Betrachtung ist *von-weg* orientiert und vergangenheitsbezogen, die andere *hin-zu* und auf die Zukunft gerichtet. Gemeinsam ist beiden, dass unsere Emotionen die Triebkraft dahinter sind; je intensiver das *Von-weg* oder das *Hin-zu* gefühlt wird, desto höher ist die Motivation. Auch wenn die Vision das große *Hin-zu* ist und eine bessere Zukunft im Sinn hat, sollten für die Ziele beide Motivationsrichtungen genutzt werden; die Kombination beider Betrachtungen entwickelt enorme Kräfte und kann gute Gründe für jeden Mitarbeitertyp liefern.

> Damit Ziele tatsächlich packend und zu guten Gründen werden, müssen es gute Ziele sein. Eine Ende 2010 von der Managementberatung Saaman AG durchgeführte Studie [Saa 11] zeigte, dass nur 51 Prozent der Führungskräfte und nur 27 Prozent der Mitarbeiter sagen konnten, welche Ziele sie überhaupt Anfang des Jahres vereinbart hatten. Welche Vorstellungen und

Erwartungen hat jeder Vorgesetzte an seine Mitarbeiter? Hier verlieren sich viele in vagen Grauzonen. Ziele müssen sich kurz und knackig formulieren lassen. Schwammig, ungenau, nicht griffig für den Mitarbeiter – weder klar noch einfach, noch emotional, noch verbindlich formuliert, haben sich „ihre" Ziele den Menschen nicht einmal eingeprägt, ihnen fehlte der Bezug dazu und das Verantwortungsgefühl dafür. Mitarbeitern würde laut dieser Befragung ohne Ziele nichts fehlen. Allein die Führungskräfte hätten Angst vor Kontrollverlust – sie, die selbst Vertrauen als hohen Wert ansehen, sind offenbar umgekehrt kaum bereit dazu, loszulassen. So bleibt es bei der ebenso beliebten wie wirkungslosen althergebrachten Methodik von Zielsetzungen. Schon der häufig praktizierte langfristige jährliche Zeithorizont ist bei zunehmender Schnelligkeit des Geschäfts und vermehrter Projektarbeit fragwürdig. Wenn Ziele unterjährig oder innerhalb der Besprechungszeiträume ihren Sinn verlieren, müssten sie angepasst werden – und das geschieht wegen des damit verbundenen Aufwands häufig nicht. Ebenso, wie Ziele anpassbar sein müssen, müssen sie Sinn-voll sein. Im Jahr 2013 ergab eine empirische Untersuchung [Kre 15], dass die Leistungsbereitschaft der Mitarbeiter dann am größten ist, wenn sie die Zielvereinbarung als für das Unternehmen relevant empfinden. Wichtig über Einzelziele hinaus ist, die Gemeinschaftsziele zu kennen und den Beitrag, den der Einzelne dazu leisten kann. Dann kann eine Vernetzung untereinander, ein *Wir*, hergestellt werden, damit die „Erfolgs-Fische" besser gefangen werden können als von jedem Einzelnen mit bloßen Händen. Der gemeinsame Beitrag, das Zusammenwirken am gemeinsamen Zweck, müssen also transparent sein. Die offene Kommunikation darüber schafft Transparenz. Transparenz bietet die von vielen Mitarbeitern geforderte Orientierung auf die Ziele hin.

Wenn Ziele vorhanden sind, wie viele sind es? Wenige wichtige Ziele gewährleisten die Orientierung. Ohne die Kenntnis der wichtigen Ziele, der richtigen Dinge, die zu tun sind, ist auch kein Zeitmanagement möglich. Doch in dem optischen „viel hilft viel" verzetteln wir uns und gehen langsam im Überfluss unter.

Die Frage, ob Einzelziele für Mitarbeiter sein müssen, mag jedes Unternehmen kritisch für sich prüfen. Das wiederholte Nichterreichen von Zielen bedeutet eine Niederlage für die Menschen, angesichts derer zusammen mit dem Gefühl von Wertschätzung der Sinn verloren gehen kann. Zu komplizierte Zielsysteme gehen außerdem in Bürokratie über.

■ 7.7 Gute Gründe VII: Inspiration

Gute Gründe beziehungsweise ein tieferer Sinn entstehen folglich mithilfe einer Vision, auf der Basis geteilter Werte, mit angemessenen Zielen und der Berücksichtigung von Bedürfnissen. Was ist nun der Beitrag der Inspiration? Sie haucht Vision, Strategie, Zielen und Werten Leben ein. Auch wenn die Vision an sich schon emotional formuliert ist – inspirierte Führer sorgen dafür, dass die Botschaft beim Einzelnen erst vollends emotional spürbar wird. Inspiration wird zumindest von jungen Arbeitnehmern zunehmend eingefordert. Sie erwarten, dass Begeisterung in ihnen geweckt wird, sie einen Sinn erkennen und sich besser fühlen können. Dieser Sinn kann bei jedem anders aussehen, daher ist die Führungskraft quasi Übersetzer, Kommunikator der Vision.

Inspiration liefert die Energie, über die Pflichterfüllung hinauszuwachsen. Ohne sie sind Menschen nicht mehr bereit, ihr Engagement, ihre Zeit, zur Verfügung zu stellen. Die mit Inspiration verbundenen Emotionen bringen die innere Beteiligung. Die Vision, die Strategie, die Ziele und Werte emotional zu machen, ist damit eine Herausforderung der Führung – sie muss sich fragen, wie diese Ziele über den Kopf hinaus auch das Herz erreichen. Erst dann kann sich wirkliche Begeisterung entfalten und damit die Erfüllung, an einem gemeinsamen Werk mitzuwirken. Inspirierte Führungskräfte sind quasi die Heizquelle, die die gefühlte Temperatur nach oben treibt, bis Wärme fühlbar, vielleicht sogar ein Brennen möglich ist.

7.8 Kurz und knapp

- Führungsaufgabe ist es, dafür zu sorgen, dass genügend gute Gründe für die Arbeit im und am Unternehmen angeboten werden. Die Unternehmenskultur einschließlich der Vision, der Ziele und der Werte muss das in Wort und Tat widerspiegeln. Sie muss darauf gerichtet sein, wichtige Bedürfnisse der Mitarbeiter zu erfüllen, und muss jedem Mitarbeiter bekannt und von ihm zumindest weitgehend geteilt werden. Die Unternehmensvision erschafft den Traum einer idealen erreichbaren Wirklichkeit. Inspirierte Führer sorgen dafür, dass Emotionen in den Mitarbeitern entfacht werden, damit der gemeinsame Weg in die Zukunft mit Begeisterung beschritten werden kann. Emotionen sorgen dafür, dass nicht nur der Verstand, sondern auch das Herz beteiligt ist.
- Sinn und Ziele, individuell und emotional vermittelt, werden zum Erfolgsschlüssel. Buntheit entwickelt sich, wenn Menschen einen tieferen Sinn darin erkennen, warum sie ihre Individualität und ihre Stärken für gemeinsame Ziele einbringen. In der Konsequenz können geistige Potenziale besser genutzt werden, die Selbstmotivation der Menschen steigt deutlich an.

7.9 Handlungsempfehlungen

- Aus Unternehmens- und Mitarbeitersicht, aber sofern zutreffend auch aus Kundensicht, sollte sich das Unternehmen mit Folgendem beschäftigen:
- Die Grundbedürfnisse der Mitarbeiter durch Umfragen besser kennenlernen, besser noch durch Mitarbeitergespräche

- Wachstum und Beitrag: Was wünschen sich die Mitarbeiter?
- Worin sieht der Mitarbeiter den Sinn seiner Tätigkeit aus seiner, aus der Unternehmenssicht und der Sicht der Kunden?
- Lebt das Unternehmen gesellschaftliche Verantwortung?
- Gibt es ein „Wir-Gefühl", wie ist das Soll, wie das Ist?
- Wo sieht sich der Mitarbeiter auf der Temperaturskala? Wie könnte das verbessert werden?
- Wie werden Erfolgsfaktoren, zum Beispiel die nach Buckingham und Coffman (siehe Gute Gründe III), erfüllt?
- Welche Werte sind Ihren Mitarbeitern am wichtigsten? Ermitteln Sie die fünf wichtigsten Werte anhand einer Wertetabelle.
- Wie werden die wichtigsten Werte im Unternehmen gelebt? Werden Verstöße geahndet? Passt die Unternehmenskultur zu den gelebten Werten? Können auch scheinbar gegensätzliche Werte sinnvoll miteinander verbunden werden?
- Besteht eine Vision, ist sie weiterzuentwickeln? Wie wird sie vermittelt?
- Wie sieht das Zielsystem aus? Werden Ziele oft nicht erreicht und/oder die Zielerreichung verschoben? Sind Ziele packend formuliert? Haben Sie die Kraft der Von-weg- beziehungsweise Hin-zu-Formulierungen genutzt? Haben Sie sich bewusst für Einzel- oder Gemeinschaftsziele entschieden und wird das von den Mitarbeitern als gut empfunden? Ist das Zielsystem überschaubar oder durch die Menge an Zielen oder die fehlende Verknüpfung miteinander nebulös? Bei der Konzentration auf wenige Ziele hilft die Frage, welche davon wirklich wichtig sind. Was sind die großen Ziele? Ist das klar oder haben Sie sich in Unwichtigem verzettelt? Weniger ist mehr! Ist das Zielsystem überschaubar oder bürokratisch?

Ist genau analysiert, wie ein geeignetes Ziel festgelegt wird? Ist es (für den Mitarbeiter) erreichbar, ist die Basis korrekt ermittelt, können die Mitarbeiter das Erreichen des Ziels überhaupt beeinflussen? Was brauchen die Mitarbeiter dazu an Qualifikation, Zeit und Mitteln? Wenn er oder sie das Ziel nicht erreicht: Wie kann die Führungskraft unterstützen? Gibt es große Ziele, kleinere Ziele, Fernziele, Etappenziele? Ist eine Herausforderung darin enthalten, um Wachstum zu ermöglichen? Werden Ziele angepasst?

Kann jeder Ihrer Mitarbeiter sofort Auskunft über seine und die Unternehmensziele geben? Wie ist der Beitrag zu den Unternehmenszielen? Wissen die Menschen, wie ihre Arbeitsziele in einem Gesamtzusammenhang stehen, wie ihr Tun das Team, die Abteilung und nicht zuletzt das ganze Unternehmen seinen höheren Zielen, seinem Sinn näherbringt? Und was sind überhaupt Ziele, die von der gesamten Organisation/ dem Team getragen werden?

- Hat Ihr Führungskreis genug Zeit für Strategie und Vision?
- Wie inspirierend sind die Führungskräfte? Wie ist die gefühlte Temperatur?
- Sind Trainings oder Coachings erforderlich?

7.10 Literaturverzeichnis

[BLa] B Lab (4.3.2016), unter http://www.patagonia.com/us/patagonia.go?assetid=68413 (letzter Aufruf 31.5.2016)

[Buc 12] Buckingham, M./Coffmann, C., Erfolgreiche Führung gegen alle Regeln. Wie Sie wertvolle Mitarbeiter gewinnen, halten und fördern, 4. Aufl. Frankfurt am Main 2012

[Del 15] Deloitte Millennial Survey 2015, unter http://www2.deloitte.com/de/de/pages/innovation/contents/millennial-survey-2015.html (letzter Aufruf 23.5.2016)

[Fül 09] Füller, J. u.a., Social Brand Value. Markenwert durch sozialen Austausch – Das Deutschland-Ranking 2009, unter http://files.justmigrate.com. Von http://files.justmigrate.com/host-for-posterous/mschrotter.posterous.com/mnt/space-1139045-mschrotter-9ab4497954069103cb1a0e1e82da42e2/file/2010/12/4680632-Vivaldi_Partners_Hyve_Social_Brand_Value.pdf (letzter Aufruf 31.5.2016)

[Gat 11] Gatterburg, A., „Jeder ist wichtig". Interview mit Götz Werner (22.2.2011), unter http://www.spiegel.de/spiegelwissen/a-763299.html (letzter Aufruf 31.5.2016)

[Hat 15] Hattendorf, K. u.a., Führungskräftebefragung 2015, unter http://www.wertekommission.de/wp-content/uploads/2015/08/Wertekommission_Studie_2015.pdf (letzter Aufruf 31.5.2016)

[Heu 03] Heuer, J. u.a., Insolvenzursachen und Insolvenzprophylaxe. Seghorn Forschungsreihe Band 3 (2003), unter https://www.seghorn.de/fileadmin/img/Publikationen/Studie_Insolvenzursachen_01.pdf (letzter Aufruf 31.5.2016)

[Int] Integrität (Ethik), unter https://de.wikipedia.org/wiki/Integrit%C3%A4t_%28Ethik%29 (letzter Aufruf 1.6.2016)

[Köp 12] Köppel, P., Diversity Management in Deutschland 2012. Ein Benchmark unter den DAX 30-Unternehmen (1.11.2012), unter http://www.synergyconsult.de/pdf/Benchmark_DM2012.pdf (letzter Aufruf 31.5.2016)

[Kre 15] Kreller, A., Ziel verfehlt, in: brand eins 3/2015, 84–86, unter http://www.brandeins.de/archiv/2015/fuehrung/mitarbeitergespraeche-zierlvereinbarungen-ziel-verfehlt/ (letzter Aufruf 31.5.2016)

[Pat] Patagonia (Unternehmen), unter https://de.wikipedia.org/wiki/Patagonia_%28Unternehmen%29 (letzter Aufruf 31.5.2016)

[Rie 13] Riederle, P., Wer wir sind und was wir wollen. Ein Digital Native erklärt seine Generation, München 2013

[Rob] Robbins, A., The 6 Human Needs. Why We Do What We Do, unter https://training.tonyrobbins.com/the-6-human-needs-why-we-do-what-we-do/ (letzter Aufruf 31.5.2016)

[Saa 11] Saaman, W., Verantwortung übernehmen, in: Personal 7-8/2011, 50–52, unter https://www.saaman.de/wp-content/uploads/2011/08/PE_07_11_S50-52.pdf (letzter Aufruf 31.5.2016)

[Stu 05] Studie entdeckt Indizien für Zusammenhang von Unternehmenswerten und wirtschaftlichem Erfolg (21.3.2005), unter http://www.presseportal.de/pm/44015/660485 (letzter Aufruf 31.5.2016)

[Syw 15] Sywottek, C., Sinnvolle Unordnung, in: brand eins 3/2015, 46–51, unter http://www.brandeins.de/archiv/2015/fuehrung/haufe-gruppe-sinnvolle-unrodnung/ (letzter Aufruf 23.5.2016)

[Vie 02] Viele Unternehmen behindern durch kurzfristige Sparmaßnahmen nachhaltiges Wachstum (22.4.2002), unter http://www.presseportal.de/pm/8664/342053 (letzter Aufruf 31.5.2016)

[Ver 14] Verbraucher sind weltweit bereit, ihrem Herzen zu folgen, wenn es um den Kauf von Produkten und Dienstleistungen von Unternehmen mit sozialer Verantwortung geht (17.6.2014), unter http://www.businesswire.com/news/home/20140617005672/de/ (letzter Aufruf 31.5.2016)

8 Vertrauen – nicht einfach, aber gewinnbringend

> **? In diesem Kapitel**
>
> - Wie sehr die heutige Unternehmenskultur auf Misstrauen basiert – und wie hinderlich das für den Erfolg ist
> - Warum es erforderlich ist, sich mit einem angemessenen Maß von Kontrollen und Vertrauen zu beschäftigen
> - Warum Vertrauen Führungspflicht ist
> - Der Wert des Vertrauens als Erfolgsschlüssel für die Förderung von Heterogenität im Unternehmen, denn ohne Vertrauen ist die Entfaltung der Individuen nicht möglich

Vertrauen zu beschwören, gleichzeitig aber exzessive Kontrollen und Compliance-Regeln zu pflegen, ist nicht nur nutzlos, sondern kann im Extremfall sogar ein Klima schaffen, das zu Regelbrüchen inspiriert. Wo Menschen verantwortungsvoll und selbstständig handeln sollen, müssen Regeln auf ein Mindestmaß begrenzt werden und zur Unterstützung, nicht zur Lähmung dienen.

> *„Misstraust du einem Menschen, so stelle ihn nicht ein.*
> *Stellst du ihn aber ein, so misstraue ihm nicht."*
> Chinesisches Sprichwort

Das chinesische Sprichwort zeigt das schöne Ideal des Vertrauens in die Menschen, die für Unternehmen arbeiten. Welchen Stellenwert hat nun Vertrauen im Alltag tatsächlich? Auf wissenschaftlicher Ebene beschäftigte sich unter anderen der britische Soziologe David Halpern damit in einer Umfrage. Dabei zeigte sich, dass in Deutschland das Vertrauen der Menschen untereinander zwischen 1990 und 2000 gewachsen ist, von rund 36 Prozent auf rund 49 Prozent [Cov 14]. Einige skandinavische Länder (auf den ersten Plätzen Schweden, Norwegen, Dänemark) erzielen bessere Werte von rund 70 Prozent. Eine andere Untersuchung misst Glück: Beim Glücksempfinden rangiert Dänemark auf Platz 1, Norwegen auf Platz 4 und Schweden auf Platz 10 [Hel 16]. Ob es einen Zusammenhang gibt zwischen Vertrauen und Glück? Beziehungen sind häufig maßgeblich für das Glücksempfinden und basieren eben auf: Vertrauen!

Vertrauen bedeutet nach Wikipedia: „Subjektive Überzeugung von der … Richtigkeit, Wahrheit bzw. Redlichkeit von Personen, von Handlungen, Einsichten und Aussagen eines anderen oder von sich selbst (Selbstvertrauen). Zum Vertrauen gehört auch die Überzeugung, dass Handlungen möglich sind und dass die erforderlichen Fähigkeiten vorhanden sind. Man spricht dann eher von Zutrauen. Als das Gegenteil des Vertrauens gilt das Misstrauen" [Ver].

Das Vertrauen in Unternehmen ist laut der Umfrage „Work USA 2004/2005" [vgl. Cov 14] nicht besonders ausgeprägt: Nur 51 Prozent der Beschäftigten haben Vertrauen zum oberen Management. Lediglich 36 Prozent der Mitarbeiter glauben, dass ihre Vorgesetzten ehrlich und integer sind. Das wird dadurch gefördert, dass 76 Prozent der Mitarbeiter innerhalb der letzten zwölf Monate vor der Befragung erleben mussten, wie in ihrem Unternehmen gesetzwidrig oder unethisch gehandelt wurde. Die Golin/Harris-Studie „Trust in American Business" aus dem Jahr 2002 [Gol 02] informiert darüber, dass 53 Prozent der Menschen aufhören würden, mit einem Unternehmen Geschäfte zu machen, wenn sie Zweifel an seiner Vertrauenswürdigkeit beziehungsweise am Vertrauen in dieses Unternehmen haben. So ist Vertrauen Grundlage erfolgreicher Beziehungen und gleichzeitig keineswegs selbstverständlich!

8.1 Was können Regeln regeln?

Vertrauen geht davon aus, dass ungeschriebene oder geschriebene Regeln beachtet werden, und basiert auf den Werten einer Gesellschaft. Wo Vertrauen ist, existiert auch sein Gegenpart, der Vertrauensmissbrauch. Dieser lässt sich nicht vermeiden, denn ein gewisser Teil der Menschen wird Vertrauen immer missbrauchen wollen, um Vorteile zu erzielen. Dagegen sollen zunehmend schriftlich fixierte Regelungen helfen – ihr Hintergrund: Mögliche Risiken sollen aus Erfahrungen der Vergangenheit und mit Blick in die Zukunft abgewehrt werden. Der Grundgedanke dahinter ist, dass Menschen grundsätzlich unerwünschtes Verhalten zugetraut wird – zur Abschirmung sind (nach dieser Logik folgerichtig) Regeln erforderlich. Was genau vom Einzelnen gewünscht wird, sollen also Regeln für jede Gelegenheit regeln. Alles soll ordentlich ablaufen, kontrollierbar sein, strukturiert, bis in die kleinsten Einzelheiten, sodass nichts vergessen oder dem Zufall überlassen wird. Eine Fülle von Gesetzen, Verordnungen, Vorschriften, Arbeitsanweisungen und nicht zuletzt Compliance-Regeln und ein enges Netzwerk von Kontrollen sollen das gewährleisten.

> *Compliance* bedeutet wörtlich „Befolgung", im übertragenen Sinn *Regeltreue* (auch Regelkonformität). Corporate Governance hängt eng mit Compliance zusammen. Gemeint sind Gesetze, Richtlinien und Empfehlungen, auch freiwillige Regeln und Maßnahmen, die Unternehmen und Behörden freiwillig oder zwangsweise befolgen, um Missstände zu verhindern. Unternehmensführung und Aufsicht sollen damit verbessert werden. Hintergrund des Entstehens um 1990 herum sind Unternehmenskrisen, Wirtschaftskriminalität, Bilanzfälschungen, Steuerhinterziehung, Umweltverschmutzung, Datenmissbrauch, mangelnde Produktqualität und Arbeitssicherheit. Im Folgenden wird der Einfachheit halber der Begriff Compliance auch im Sinne des gesamten Regel- und Maßnahmenbündels einschließlich Kontrollen genutzt. ∎

Unternehmen erfüllen mit dem Compliance-System behördliche Vorgaben und versuchen durch eigene Ergänzungen und ein intensives Kontrollsystem, sich selbst zu schützen in rechtlicher und praktischer Hinsicht. Nicht zuletzt können damit Haftungsrisiken aus Fehlverhalten vom Unternehmen auf die verantwortlichen MitarbeiterInnen übertragen werden. Da Compliance außerdem im Fokus von Aufsicht und Kontrolle steht, ist sie aus dem Unternehmensalltag nicht mehr wegzudenken. Spektakuläre Betrugsfälle wie der des Unternehmens FlowTex, bei dem 90 Prozent der bilanzierten Maschinen nicht existierten, sollen verhindert werden. Der Blick auf Missstände soll geschärft, das Bewusstsein für Mängel geweckt, einfaches Mitlaufen vermieden werden.

Kann das gelingen? Ihren Ausgangspunkt hat die Regulierung in Politik und Behörden. Wenn diese nun Garanten dafür wären, dass Dinge besser erledigt werden, wenn Behörden erfolgreich geführt würden mit den Mengen an Regeln, die es dort gibt, wäre der Wunsch nach mehr Regulierung in der Wirtschaft nachvollziehbar. Doch die Ergebnisse der Bürokratie sind oft nur als dürftig zu bezeichnen – es darf also zu Recht die Frage gestellt werden, ob diese intensive Regulierung überhaupt sinnvoll und erfolgreich ist. Zumal es im Wesen der Ethik liegt, dass wir zwar recht gut beurteilen können, was wir für ethisch halten, ethisches Verhalten aber aus individuellen Werten und eben nicht aus Regeln entspringt. Betrug ist unethisch und der Mensch, der betrügt, wird sich von Regeln kaum bremsen lassen – auch wenn ihm die Regeln bekannt sind. Einerseits gehen immer mehr Unternehmen gegen Mitarbeiter vor, die Antikorruptionsrichtlinien verletzen; andererseits sind immerhin zwölf Prozent der in einer Studie des Beratungsunternehmens EY befragten Führungskräfte nicht wählerisch und würden unethisch handeln, um ihr Unternehmen zum Beispiel durch Bestechung zu retten, wenn sie keinen anderen Weg sehen [Töd 15]. Wie ehrlich die Antworten zu einem solch heiklen Sachverhalt ausfallen, lässt sich nur vermuten.

■ 8.2 Betrug und Regelbrüche

Bei FlowTex wie bei vielen anderen, etwa auch in der Hypothekenkrise 2008, also fast 20 Jahre nach Beginn der Compliance-Einführung, wurden Geschäfte ohne Beachtung ethischer Grundsätze getätigt, im Bewusstsein der Tatsache, dass betrogen wurde. Die Compliance-Regeln und Kontrollen werden von Führungskräften installiert – für sie selbst müsste folglich die Einhaltung der Grundsätze auch ohne schriftliche Fixierung ein Selbstverständnis sein. Doch oft ist die Geschäftsleitung selbst Verursacher von Missständen und bricht die Regeln. Noch weiß man nicht, ob im Abgasskandal bei VW tatsächlich nur einzelne Mitarbeiter niedriger Hierarchiestufen die Verantwortung für den Betrug tragen – wahrscheinlich ist es nicht. Zwangsläufig müssen viele Menschen beteiligt gewesen sein – sie haben mit Sicherheit gewusst, welches Spiel gespielt wird. Und sie haben ebenso mit Sicherheit irgendwann gelernt, was Unrecht ist. Trotzdem haben sie weggesehen. Dabei haben sie es sich wahrscheinlich nicht leichtgemacht und dennoch mitgemacht, weil der Druck zu groß war, weil es so angeordnet wurde, weil die eigene Karriere der Einsatz war. Betrug als Systemrisiko von Arbeitsverhältnissen sozusagen. Die gelebte Unternehmenskultur ermöglicht und fördert das: Auf der einen Seite gibt es hohe Werte und Ansprüche, auf der anderen Seite Druck, der Ausweichstrategien als Frage des eigenen beruflichen Überlebens erzeugt. Denn auch wenn die höheren Ebenen bei VW nicht über den Betrug als solchen Bescheid gewusst haben sollten, haben sie dennoch ein Arbeitsklima entstehen lassen, in dem man lieber betrügt, als zuzugeben, dass Vorgaben nicht erreicht werden können. Irgendwann platzt die Blase – und dann wird der Vertrauensmissbrauch in Form von Entlassungen bezahlt, und das vor allem von denen, die am wenigsten dafür können. Es ist nicht nur der aktuell messbare Schaden, der entstanden ist – es ist das beschädigte Unternehmensimage, das nicht nur den Mitarbeitern, sondern auch den Kunden missfällt. Sie reagieren, wie wir gesehen haben, zu 53 Prozent mit der Bereitschaft, ihre Geschäftsbeziehung zu einem unethisch handelnden Unternehmen abzubrechen. Aus einem ehemals geschätzten Unternehmen wird in der allgemeinen Betrachtung eine Ansammlung potenzieller Betrüger. Wettmachen lässt sich ein solcher Vertrauensverlust wahrscheinlich nie wieder. Das konnte und kann keine Regel der Welt verhindern, das kann nur eine von allen gelebte Wertekultur.

Somit ist höchst fraglich, ob Compliance gegen Betrug helfen kann. Das Ziel, Risiken zu vermindern, ist gesellschaftlich anerkannt und gewünscht. Doch erreichen lässt sich offenbar mit den Regeln wenig, beim Beispiel VW ebenso wie in vielen anderen Betrugsfällen. Wir können davon ausgehen, dass es immer Betrüger geben wird. Die Systematik und Vorhersehbarkeit der Kontrollmechanismen und Sicherheitsmaßnahmen kann ihnen sogar ihr Handwerk erleichtern, ebenso wie die detaillierte Kenntnis einer Alarmanlage einen Einbruch erleichtert.

Der Druck, den Shareholder auf Unternehmen ausüben, um sie zu stetigem (Gewinn-)Wachstum anzutreiben, steht außerdem in direkter Konkurrenz zu den Regeln. Die Shareholder sind über ihre Forderungen unmittelbar beteiligt an Missständen. Sie müssen ihre Fragestellungen ändern: Es darf nicht der Blick aufs nächste Quartal entscheidend sein, es muss die längerfristige Strategie sein, die gewürdigt wird. Manch ehrlicher Weg benötigt etwas mehr Zeit – und die erlaubt der starre Blick auf das jeweils nächste Quartal einfach nicht.

Compliance besteht aus Geboten, teilweise Verboten. Doch inwieweit Verbote überhaupt positive Effekte haben, ist fraglich. Während der Prohibition in den USA von 1919 bis 1933 schossen die Kneipen, die illegal Alkohol ausschenkten, geradezu aus dem Boden. In der Folge stieg nicht nur Anzahl betrunkener Autofahrer an, sondern auch die Verbrechensrate. Insbesondere um die Versorgung der Kneipen mit den verbotenen Getränken herum blühte das organisierte Verbrechen auf. Die Verbote hatten nicht bewirkt, was gewünscht war: Die Prohibition wurde wieder aufgehoben.

Dichte Regelwerke lassen zudem eine gewisse Sportlichkeit entstehen, herausgefordert von den Regeln, denn diese können auch zum eigenen Vorteil genutzt werden: *Das hätte ich nicht tun dürfen? Oh, aber das stand nirgendwo. Dann muss es ja erlaubt sein.* Für manche öffnet sich schlichtweg ein bequemer Weg: Eine Regel nicht zu verletzen bedeutet, alles gut gemacht zu haben. Das genügt. Der Sinn? Spielt keine Rolle mehr, Mitdenken ist ja nicht gefragt. Im Extremfall hat damit das selbstständige Denken Insolvenz angemeldet. Gleichzeitig überfordert mit Informationen und Regeln und unterfordert ebenso bei der eigenen Verantwortung wie beim Mitdenken und dem Gestaltungsspielraum, geraten manche ins Straucheln. Je steifer das Korsett der Regelungen und Vorschriften, desto besser können sich immer mehr Menschen aus der Verantwortung stehlen und Aufgaben abschieben – sie können ja nichts machen, jede Abweichung, jeder Fehler wird streng geahndet. Initiative wird bestraft, Mitdenken rächt sich über Zusatzaufwand. Die Regulierungswut entfaltet die Wirkung von Bewegungsmeldern: Handeln obliegt ebenso strengen wie unübersichtlichen Bedingungen und setzt sich zumindest der Diskussion aus. Wer sich nicht bewegt, kann das vermeiden. Das Regelungsdickicht bietet viele sichere Plätze, viele gute Verstecke. Es werden sich nicht die besten, leistungsbereitesten, loyalsten Mitarbeiter verstecken und in Sicherheit bringen, sondern die anderen. Aus gutem Grund, denn gut beraten in einem solchen System sind die, die nicht auffallen. Da, wo viele erkennbar aus Selbstschutz in Deckung gehen, wird die Bereitschaft derer, die ihre Leistung zeigen und beitragen wollen, tendenziell und spürbar in einen Anpassungsprozess übergehen.

Ein Ende ist nicht absehbar: Das Regelwerk wird immer dichter, doch es wird nie dicht genug sein, um alle Einzelfälle zu regeln. Jede neue Erkenntnis mündet aus vergangenheitsbezogener Betrachtung in neuen Vorschriften. Wir tun im Glauben daran, dass emsige Aktivität gut ist, weiter so, als ob formelle Verbote wie das der Manipulation von Software oder der mehrfachen Bilanzierung von Maschinen Besserung verheißen.

■ 8.3 Exzessive Regelungen nehmen Handlungsspielräume

Dem Übermaß an Bürokratie einschließlich Kontrollen setzt der Markt grenzenlose Freiheit, grenzenlose Dynamik und Ideenreichtum entgegen. Das wäre Grund genug, intern ähnlich aufgestellt zu sein, um gleichfalls veränderungsbereit zu sein. Doch das Gegenteil ist häufig der Fall. Von außen starr gemacht und teilweise fremdbewegt, geht nicht nur den Unternehmen, sondern jedem Beschäftigten der Handlungsspielraum verloren. *"Die überbordende Compliance ist die Querschnittslähmung der Führungsebene, das Ende der Entscheidungs- und der Handlungsfähigkeit"* [Lot 15]. Da, wo gehandelt werden müsste, steht wie im Falle van Ripers (Kapitel 4) einem agilen Team ein kompliziertes Netzwerk gegenüber, das sich selbst bis zur Entscheidungsunfähigkeit gängelt. Je mehr außerdem automatisch berechnet oder auf den immer gleichen Wegen behandelt wird, desto weniger können Erfolg versprechende Gelegenheiten, also Neues und Unerwartetes, entdeckt werden.

Die Wissenschaft ist schon länger mit Exoskeletten beschäftigt, einer Art funktionellem Gerüst für den Körper oder Körperteile. Sie helfen da, wo eigene Gliedmaßen nicht mehr funktionieren. Oder da, wo Leistung verstärkt werden soll, wie bei Soldaten im Kampfeinsatz, oder um Arbeitern mehr Kraft zu geben. Der nicht genügend leistungsfähige Organismus bedient sich der externen Struktur.

Compliance soll als gedankliches Gerüst mithilfe von Regeln genauso funktionieren: kraftverstärkend, beweglicher machend. Doch ein Exoskelett kommt dann zum Einsatz, wenn der Mensch selbst nicht zur geforderten Leistung in der Lage ist. Das „Exoskelett" der engen Maschen von Compliance und Kontrollen setzt voraus, dass der Organismus in ihm die gewünschte Leistung selbst nicht erbringen kann, sondern sogar für die Erfüllung seines Alltagsgeschäfts ein detailliertes Regelwerk benötigt, also nur eingeschränkt denkfähig und grundsätzlich ohne ausreichend ausgeprägte Ethik ist. Wenn das tatsächlich der Fall ist, hat das Exoskelett jedoch nur noch wenig Sinn. Denn es kann nur von zielbewussten und denkenden Menschen genutzt werden. Compliance und Kontrollen, als Stütze gedacht und als Wegweiser, sollten Diener der Menschen sein – und werden stetig mehr zu deren Herrn. Ausmaß und Richtung der Arbeit werden vorgegeben und die Beweglichkeit wird eingeschränkt, statt sie zu unterstützen. Aus Unterstützung wird Lähmung.

> Die Ärgernisse häufen sich, die Energien fokussieren sich immer mehr auf die Erfüllung von Regeln. Kontrolle wird zum Ballast, die Form zum Inhalt. Auswüchse wuchern munter in vermeintlich guter Absicht: Ein großer deutscher Automobilbauer lässt für jede Tasse Kaffee, die im Unternehmen serviert wird, Compliance-Zettel ausfüllen. Die Betroffenen seufzen. Eine Selbstverständlichkeit wie die Bewirtung eines Gastes wird zur unerträglichen Formalie. Lieber zweimal überlegen. Oder den Kaffee in einer Thermoskanne von zu Hause mitbringen. Das System fängt an, sich selbst zu verwalten und in Regulierungsliebe und -wahn wichtige, weil größere, Dinge zu übersehen. Die eigene Reflexion darüber, was sinnvoll und wichtig im Unternehmensinteresse ist, geht verloren. Komplexe und immer komplexer werdende Regelwerke ersetzen den Menschenverstand nach und nach. Wo starke Mitarbeiter, funktionierende Gehirne ihren Beitrag leisten sollen, werden sie darin trainiert, gerade nicht mehr zu denken oder nur noch innerhalb einer komplexen, vorgegebenen Struktur. Der Mitarbeiter muss sich durchs Regelungsdickicht quälen, im Bewusstsein, dass er etwas nicht kennen und übersehen könnte. Flexibilität, Kreativität und Innovation leben im Schatten übermächtiger Regelwerke; die Selbstverantwortung schwindet, ebenso wie der Sinn der Regeln angesichts deren Fülle schwindet. Statt geschärft zu werden, wird der Blick vernebelt. Das erhoffte Mittel gegen schädliches Verhalten ist nicht gefunden.

Misstrauenskultur

Die bürokratisch perfektionierte Compliance-Kultur und exzessive Kontrollen sind folglich eine Misstrauenskultur, die das Vertrauen offiziell abschafft: Statt Zutrauen in Verlässlichkeit und Fähigkeiten entsteht das Zutrauen, unethisch handeln und grundlegende Regeln verletzen zu wollen. Menschenverachtung ist die Folge: Nach dieser Philosophie muss gegängelt und erzogen werden. Statt sich den Ursachen für mögliches Fehlverhalten anzunähern, statt sich auf Werte zu fokussieren und Werte zu schaffen, werden die Regeln durch Formalisierung übermächtig. Transaktionskosten erhöhen sich, der Unternehmer investiert. Würde er danach gefragt, wann eine Investition sinnvoller ist als ein Unterlassen, würde er klar auf Gewinnerwartung und Zukunftsperspektiven hinweisen. Verspricht der Regulierungsdschungel Gewinn? Um Schäden zu vermeiden, wäre das relativ junge Compliance-System, wären die ständig zunehmenden Regeln und Kontrollen nicht erforderlich. Wir sind sehr lange Zeit ohne dies gut ausgekommen. Wiederum als Selbstzweck der Regelungen ist das Überleben des Unternehmens durch Beachtung bürokratischer Erfordernisse gesichert. Allenfalls die Aufmerksamkeit für bestimmte Fehlerquellen mag geschärft sein. Was bei allem Überflüssigen Unternehmen dann noch dazu antreibt, das Kontrollsystem bis zur Tasse Kaffee aufzublähen, wollen und können die Menschen nicht nachvollziehen. Statt Achtsamkeit zu wecken und eine Verbesserung der Zustände zu erreichen, zieht Misstrauen seine Kreise, entsteht Bürokratie, wo angesichts des Wettbewerbs Unternehmertum erforderlich wäre. Der Nutzen ist kaum messbar, der Aufwand hoch.

Führungskräfte wünschen sich von Mitarbeitern, dass sie möglichst selbstständig arbeiten. Was sich die Mitarbeiter ja auch wünschen. Doch wie sieht der Kontrollalltag häufig aus, was bedeutet dieses Kontrollklima für Führungskraft und Mitarbeiter? Da wollen Unternehmen hochwertige Produkte entwickeln und sind deswegen auf viele gute Ideen ihrer Mitarbeiter angewiesen, das Regelwerk für Projekte ist aber engmaschig gezogen und Projektschritte sollen im Kleinsten festgehalten werden. Über die Fortschritte und Ergebnisse werden in mehreren Stufen der Hierarchie Berichte angefordert, es ist im Tagesrhythmus zu messen, zu berichten und zu diskutieren. Da ist jede kleine Veränderung Gegenstand endloser Diskussionen und Rechtfertigungen in alle Richtungen, auch von einer zur anderen Hierarchieebene. Die Mitarbeiter zeichnen anweisungsgemäß alles entsprechend der Unternehmenskultur bis ins Kleinste auf, um sich nicht eines Vergehens, einer Planabweichung schuldig zu machen. Sie berichten umfassend, der Arbeitsersparnis halber per Mail, und setzen möglichst viele andere ins cc, damit niemand behaupten kann, nicht informiert zu sein – die Fesselung ist komplett. Diese Aufzeichnungs-, Berichts- und Rechtfertigungsaktivitäten binden gefühlt die Hälfte der Arbeitszeit. Fällt einem Mitarbeiter ein, wie etwas leichter und anders zu lösen sei, kann er nicht einmal Kleinigkeiten von sich aus ändern, weil das gegen die Regeln verstößt. Er sieht den Weg vor sich, den er zur Umsetzung gehen müsste: Eine genaue Beschreibung seines Veränderungsvorschlags wird stufenweise geprüft, endlos kommentiert und diskutiert – die Umsetzungswahrscheinlichkeit ist gering, das Projekt vielleicht schon beendet, bevor der Vorschlag zum Tragen kommt. Eigener Handlungsspielraum besteht nicht; dem Vorgesetzten ist zu berichten und eine Entscheidung von ihm über jeden Schritt, jede neue Entwicklung einzuholen. Egal ob es ein *wir haben ein Problem* oder ein *wir haben Chancen* ist, wird jede noch so nützliche, noch so einfache, noch so wichtige Idee zu einer heißen Kartoffel, die am liebsten niemand mehr anfassen will. Alles muss der Vorgesetzte entscheiden. Binnen kurzer Zeit sammeln sich bei ihm die Themen, er hat mehr und mehr zu tun. Durch die Berichts- und Kontrollpflichten gebunden, hat er aber immer weniger Zeit. Führung darf sich jedoch keinesfalls selbst zum Engpass machen und das Unternehmen blockieren, indem sie Entscheidungen trifft, die auch woanders getroffen werden könnten. Genau das ist aber heute häufig der Fall. Vertrauen ist folglich elementar für Geschwindigkeit! Und das bedeutet für Führungskräfte auch, sich erst in Probleme einzumischen, wenn die Menschen sie selbst nicht lösen können oder die Probleme geradezu nach Lösung schreien. Denn sonst wird es zur Gewohnheit, die Lösung „von oben" zu erwarten.

Kontrollen als Teil der Misstrauenskultur

Kontrolleure schauen auf Einsparungen. Bestandteil davon sind stete und ständige Prozessoptimierungen, gebetsmühlenartig eingefordert. Doch Prozesse sind meist schon optimiert oder schon so sehr Bestandteil täglicher Betrachtung und Organisationsroutine, dass hier kaum noch etwas zu verbessern ist. Die Kosten der ewigen Rationalisierungen werden oft nicht aufmerksam betrachtet, stattdessen wird das Motto verkündet:

8.3 Exzessive Regelungen nehmen Handlungsspielräume

Das sparen wir bestimmt wieder ein! Berater und Controller schalten und walten oft nach Belieben. Notwendigkeiten werden entdeckt oder geschaffen, Instrumente verfeinert. Frei nach C. Northcote Parkinson dehnt sich die Arbeit der Controller mit der zur Verfügung stehenden Zeit aus. Geld spielt keine Rolle. Da, wo auf der einen Seite Mitarbeiter gespart werden, wachsen auf der anderen Seite die Controllingbereiche. Deren Ziel ist es häufig nicht, die Effizienz der eigenen Arbeit zu überwachen.

> Gunter Dück erzählt in seinem Buch *Schwarmdumm* [Düc 15] davon, wie Reisekosten rationalisiert werden. Hotels ab einer gewissen Preiskategorie dürfen ab sofort nicht mehr gebucht werden. Fünf Euro pro Übernachtung können im Beispiel immerhin gespart werden. Wunderbar, bei rund 160 Tagen pro Mitarbeiter eine nennenswerte Summe. Gleichzeitig steigen „überraschend" die Taxikosten. Warum? Weil die günstigeren Hotels – ganz überraschend – weiter draußen liegen als das nun zu teure Hotel. Die Arbeitszeiten des Mitarbeiters verlängern sich. Er kann nicht mehr die schnellsten Wege wählen. Die fünf Euro Ersparnis verwehren es ihm. Er beschwert sich. Seine vernünftige Argumentation trifft zwar auf offene Ohren, endet jedoch mit einem hilflosen Achselzucken. Die Verantwortung für die Kostenstellen Taxi und Personal liegt nicht bei denselben Personen. Das Unternehmen will es so. Der Wahnsinn hat Methode, der Mitarbeiter büßt und darf nicht mehr denken. Das Unternehmen büßt auch, hat aber einen großen Teppich, unter den Missfälliges gekehrt werden kann und muss. Von Ersparnis ist bei Betrachtung des Ganzen nicht mehr die Rede. Eine Abteilung schiebt der anderen Mehraufwand zu, um sich selbst zu entlasten und geforderte Einsparungen zu erwirtschaften. Externe Berater profitieren, denn sie können vorweisen: *Wir haben dies und das untersucht und folgende Einsparungen erzielt.* Nichts wird zusammengerechnet, Betroffene werden nicht gehört. Der gesunde Menschenverstand ist nicht gefragt. Die Vorteile von Statistiken, die man selbst schreibt, machen sich bezahlt. Aber nur für die, die den Sinn ihrer Arbeit rechtfertigen wollen.

Lustige Geschichten machen die Runde von fleißigen Ameisen, die arbeiten und von denen immer mehr zu Controllern ernannt werden, bis der letzten noch „normal" arbeitenden fleißigen Ameise wegen Schlechtleistung gekündigt wird. Oder vom Ruder-Achter mit Steuermann, der nicht schnell genug ist und bei dem immer mehr Ruderer zu Steuermännern werden, bis der letzte verbleibende Ruderer entnervt aufgibt – er war halt auch zu schlecht, genauso wie die fleißige Ameise. Die Wahrheit der Geschichten und Sprichworte kommt in Führung und Management nicht an. Der Mut zur Konzentration aufs Wesentliche fehlt.

Zudem wird verglichen, was das Zeug hält. *Warum kann er, was du nicht kannst?* Es wird zerstückelt, aus Zusammenhängen gerissen und zusammengesetzt, was nicht zusammengehört. Die Einsicht, dass Menschenleistungen in gewissem Maß, aber doch nicht vollkommen vergleichbar sind und schon gar nicht ohne negative Auswirkungen auf das zur produktiven Arbeit beitragende Wohlgefühl, fehlt häufig. Im Privatleben gibt es keine schneller wirksame Methode, sich in Unglück und Depression zu stürzen, als über Vergleiche – bei der Arbeit sind sie häufig das Mittel der Wahl zur „Leistungsoptimierung".

Und ja, die Stärken heben, das will jeder. Aber bitte nach der Norm, sonst können wir es nicht mehr kontrollieren. Aus den geforderten Teams, dem Segen der Vielfalt und Zusammenarbeit, werden via ständiger Kritik, kleinkarierter Messung und detailliertem Vergleich wieder Einzelkämpfer mit höchst standardisierten Leistungen und den Reibungsverlusten, die sich aus Einzelkämpfertum ergeben. Unzufriedenheit macht sich breit, Ausweichmanöver werden praktiziert. Denn wo das System sich selbst verwaltet und dem Einzelnen misstraut, muss er für sich sorgen. Auch ihm kommt das Vertrauen abhanden am System, in dem Vertrauen weder Wert hat noch ein Wert ist – er resigniert.

Vertrauensbruch – nicht geahndet

Wenn Vertrauensbrüche von Unternehmen nicht oder auf spürbar falsche Weise geahndet werden, findet ein Lerneffekt statt. Ethik gilt offenbar nicht, Regeln können scheinbar nach Bedarf gebrochen werden, ohne Konsequenzen. Wer sollte da noch höhere Maßstäbe an sich selbst anlegen? Das wäre fast dumm zu nennen, wenn doch die anderen nur auf (kurzfristige) Vorteile bezogen agieren. Nicht zuletzt bewirkt das Tolerieren von Vertrauensbrüchen, dass sie stets und ständig einkalkuliert werden müssen und jeden treffen können. Ein Unternehmen, das Vertrauensbrüche direkt oder indirekt gutheißt oder nicht angemessen sanktioniert, kann kein Wert-volles Verhalten erwarten und gleichzeitig muss es als natürliche Konsequenz den Beschäftigten misstrauen.

Der Vertrauensbruch der Initiatoren der Regeln, also der Führungskräfte und Manager gegenüber geringeren Hierarchiestufen, ist schon Thema gewesen, und er scheint eher Alltag als Ausnahme zu sein, wenn man die Erfahrungen der Befragten bedenkt. Der Schaden, den er anrichtet, ist im Beispiel VW und FlowTex leicht erkennbar. Oft jedoch richten die „leiseren" Varianten, die durch Regeln kaum greifbar sind, genauso hohen Schaden an, wie das nachfolgende Beispiel aus dem Alltag einer Firma zeigt.

Der Fluch der guten Idee – oder warum es keine guten Mitarbeiter gibt

> *Eine tolle Idee! Wie sind Sie nur darauf gekommen? Einfach Klasse.* Euphorische Töne schlugen einer Führungskraft entgegen, als diese mit einer wirklich guten Idee zur Geschäftsleitung kam. Diese Idee könnte viel Geld in die Kassen spülen. Allerdings wäre dafür letztlich mehr Personal zu bezahlen, die Rendite jedoch enorm. Alles klug durchdacht und abgesichert. Die Geschäftsleitung freut sich. Der Gedanke soll in die Tat umgesetzt werden, erst einmal zur Probe in kleinem Rahmen, ohne das neue Personal. *Das ist toll, gehen Sie bitte erst in Vorleistung, bis wir sehen, wie es läuft.* Es läuft. Von Anfang an und hervorragend, nach oben ist reichlich Luft vorhanden. Neukunden werden akquiriert, 80 Prozent Erfolgsquote mit geringem Einsatz in der Akquise, die Kunden kommen und sind bei gutem Service auf Jahre sicher. Allerdings lastet Zeitdruck auf den Mitarbeitern, die sich mit dem Thema beschäftigen. Die Führungskraft sammelt die ersten Erkenntnisse, bereitet sie griffig auf und präsentiert: Nur zwei Leute mehr, an Rendite und an Imagegewinn ist ein Vielfaches der Personalkosten zu erwarten. Die Geschäftsleitung freut sich wieder, das Händereiben ist unübersehbar. Share-

holder Value bringt Augen zum Leuchten. Etwas für die nächste Aktionärsversammlung, den nächsten Rechenschaftsbericht. *Weiter so, das ist ja beeindruckend!*

Die Führungskraft dankt und fragt, ab wann dann neues Personal zur Verfügung stehe. Die Antwort: *„Wieso, das haben Sie doch jetzt auch geschafft!"* Damit ist die Diskussion beendet: dumm gelaufen. Ähnliches hatten schon andere Kollegen berichtet. Er hat es ja nicht geglaubt und sich ins Zeug gelegt. Denn schon jetzt war der Druck groß, gute Mitarbeiter latent abwanderungsgefährdet. Statt sie zu entlasten, hatte er im Vertrauen auf die Geschäftsleitung für eine noch höhere Belastung gesorgt. *Vorleistung* – das Wort will er nie wieder hören, dabei hat er den schalen Beigeschmack des Verrats im Mund. Einen Verbesserungsvorschlag zu machen – das ist offenbar Selbstbestrafung. Er wird seinen Mund halten. Sehen, wie alle besser durch den Tag kommen, ohne noch mehr Stress als ohnehin schon. Das war's mit der Eigeninitiative. Erzählen wird er es den Kollegen auch. Alle schütteln die Köpfe. Keiner wagt mehr etwas Neues, schlägt etwas Gutes vor – es ist einfach zu riskant, in der Hoffnung auf spätere Belohnung, wie auch immer die aussehen mag, eine Bürde auf sich zu nehmen. Vielleicht eine Tantieme, Anerkennung, nicht zu sprechen von der Zukunftssicherung des Unternehmens. Denn die Belohnung bleibt aus. Die Geschäftsleitung lehnt sich zurück, ganz von sich überzeugt: *Machen Sie mal.* Vorleistung eben! Deren Schreibtisch ist erst mal wieder sauber, Unruhe beseitigt, Wiedervorlage erledigt. Die Auswirkungen sind ihr weder bewusst, weil verdrängt, noch bedeuten sie ihr etwas. Wenn, wie abzusehen, aus der Idee nichts wird – nicht, weil sie schlecht, sondern weil die strategische Entscheidung mangelhaft war –, wusste die Geschäftsleitung ja gleich: *Gut, dass wir das erst mal nur getestet haben.* Falls das Unternehmen sich bereits im langsamen Sinkflug befindet, hat es erneut ein paar Meter an Höhe verloren.

Ähnliches geschieht oft in Unternehmen. Vertrauen wird gebrochen, die Mitarbeiter ziehen Konsequenzen. Sie wissen, wann geheuchelt und gelogen wird. Gute Ideen werden nicht mehr vorgebracht, die Geschäfte laufen schlechter. Die Mitarbeiter fühlen sich betrogen, wenn Zusatzrenditen zu ihren Lasten erzielt werden, die dann andere Leute einstreichen. Shareholder Value ist für sie eben abstrakt, sie müssen ihn im Ernstfall bezahlen, womöglich mit der eigenen Gesundheit. Unauffälligwerden ist angesagt. Aus *Leistung lohnt sich* wird: *Leistung wird bestraft*. Offiziell geht das Lamento der Geschäftsleitung weiter, dass man alles allein machen müsse, den Leuten doch gefälligst mal selbst was einfallen könne. *Wenn wir doch nur bessere Ideen, bessere Mitarbeiter, nicht einen so umkämpften Markt hätten.* Der Zusammenhang zwischen ihrem Verhalten und der Zurückhaltung der Mitarbeiter fällt zumindest der Geschäftsleitung nicht auf. Sie findet sich souverän, geschäftstüchtig eben. Aber Mitarbeiter sind sich häufig über die Schwächen des Unternehmens und der Führung völlig im Klaren. Gute Gründe für ein solches Verhalten Vorgesetzter gibt es nicht – es wirkt wie der Versuch, Ackerbau zu betreiben, ohne Saatgut bereitzustellen. Dann die Bauern zur Arbeit auf den Acker zu schicken und zu beklagen, dass sie unfähig sind, Ernte einzubringen. *So ein Pech. Die Umstände waren gegen uns. Gute Leute sind halt so schlecht zu finden. Nichts zu machen!* Da intern keine Lösung für Schwierigkeiten und wirtschaftliche Entwicklung zu erkennen ist, wird jemand von außerhalb zu Hilfe geholt. Irgendwann kommt eine Unternehmensberatung – besser gesagt die nächste von den vielen, weil es ja nicht so gut läuft – und plötzlich spielt Geld keine Rolle mehr. Egal, ob deren Ergebnisse überzeugend sind. Falls auch dieser Schritt nichts bewirkt, gibt es Achselzucken allenthalben: Wenn schon die Spezialisten es nicht richten konnten, wie hätte die Geschäftsleitung etwas ändern können? Der Sinkflug geht weiter – sanft wird die Landung nicht, das steht fest.

Compliance – Lösung oder Systemfehler?

Frei nach Albert Einstein: *Die Lösung eines Problems liegt nie auf der gleichen Ebene wie das Problem selbst.* So ist überbordende Compliance, sind ausufernde Regelwerke und Kontrollen keine Lösung für die großen Vertrauenskrisen und Herausforderungen, sondern Bestandteil des Problems durch die Energie, die gebunden wird. Wir wissen, dass Alleen verstärkt unfallträchtig sind, weil die Menschen auf die Bäume starren, die es zu vermeiden gilt, statt auf die Straße, der sie folgen sollten. Compliance hegt und pflegt diese Alleebäume – als Folge werden Unfälle nicht seltener werden.

Henry Ford sagte: *Suche nicht nach Fehlern, um ein Heilmittel zu finden.* Doch Compliance lenkt den Blick auf Fehler, weil sie Ursache der Regulierungswut sind. Fehlern selbst haftet daher ein unverdient schlechter Ruf an: Denn ohne Fehler gibt es keine Entwicklung. Kein Kind würde mithilfe eines dichten Netzes an Vorgaben, wie das am besten zu bewerkstelligen sei, laufen lernen. In Unternehmen wird Entwicklung jedoch genau so behindert. Aber auch bei völlig dicht gewobener Kontrolle werden Fehler geschehen, vor allem dann, wenn Fortschritt erreicht werden soll und Neuland betreten wird. Doch der Aufwand und Rechtfertigungsbedarf, den das Regelwerk mit sich bringt, lässt Angst vor Fehlern entstehen und mit Blick auf den Aufwand Entscheidungen vermeiden. Wer aber mit Blick auf die Chancen keine Fehler riskiert, bringt auch keine auffällige Leistung. Wo Fehler früher als eine Stufe der Weiterentwicklung, vielleicht sogar notwendige Lernschritte angesehen waren, sind sie jetzt K. o.-Kriterium. Zur Klarstellung: Bei Routinen, erprobten Verfahren, hat die Null-Fehler-Philosophie ihre Berechtigung. Aber immer dann, wenn etwas weiterentwickelt, vorangebracht werden soll, bei einer Vielzahl von Entscheidungen, die zu treffen ist, sind Fehler natürlich – ihr „Sinn" liegt darin, daraus zu lernen und den Fehler richtig zu klassifizieren. Fehler und Erfolge gehören zwingend zusammen. Ideen, Wissen, Innovationen tragen in sich, sich als Fehler erweisen zu können. Müsste jeder Erfinder zuerst die Risiken bewerten, dann nach dem ersten Fehlversuch Reue bekunden und einen 50-seitigen Bericht ausfüllen, würden wir vermutlich noch bei Kerzenschein arbeiten. Fehler im Kontext der Innovation zu belohnen, ist eine Verbesserung der Unternehmenskultur, sie zugeben zu dürfen, ein Fortschritt!

Es gibt Unternehmen mit einer ausgesprochenen Fehlerkultur wie den Drogeriemarkt dm. Fehler werden hier ausdrücklich als Lernmöglichkeiten betrachtet und daher nicht von vornherein negativ bewertet. Doch wie viele Unternehmen können das schon von sich behaupten? Der Vorteil der dm-Fehlerkultur: Mitarbeiter werden auf Entscheidungssituationen vorbereitet, lernen, Verantwortung zu übernehmen und weniger Fehler zu machen, denn Erfahrung schützt. Neben einer guten Fehlerkultur ist eine Erfolgskultur sinnvoll: In der Konzentration auf Fehler und Verbesserungspotenzial werden Erfolge leicht übergangen, als selbstverständlich betrachtet, sofort wird das nächste

Ziel, die nächste Stufe anvisiert. Doch nicht nur die jüngeren Generationen erwarten, dass Erfolge gemeinsam gefeiert und gelegentlich in Erinnerung gerufen werden. Zu Recht, denn das verbindet und schafft positive Energie. Aber wie viel Energie erzeugen Regeln und Vorschriften?

8.4 Vertrauen ist und hat Wert

Das Roman Herzog Institut [Rom 13] nennt das Maß an Vertrauen in der Gesellschaft als wichtiges Bestimmungsmerkmal von Wohlfahrt und Wettbewerbsfähigkeit einer Nation, als den kulturellen Schlüssel zum Wohlstand, zu größerem Wirtschaftswachstum und höherer Lebenszufriedenheit.

Ein Projekt wie *Rhythm is it* veranschaulicht diesen Wert. Eine der Hauptaufgaben von Royston Maldoon und anderen, die Sie im Verlauf des Buchs kennengelernt haben, war: Vertrauen schenken! Potenziale sehen, dann entfalten sie sich auch. Zum Durchhalten motivieren, begeistern, antreiben, wo es notwendig ist. Menschen an Grenzen heranführen und darüber hinaus. Da sein, wo es wichtig ist; sich zurücknehmen, wo Freiraum bessere Ergebnisse schafft. Die oft gehegten Zweifel daran, ob Menschen Vertrauen auch wirklich rechtfertigen können, werden eindrücklich nicht nur an diesem Beispiel widerlegt. Sie wachsen an neuen Herausforderungen und in unerwarteter Weise, weil Wachstum eines der Grundbedürfnisse der Menschen ist und die Gelegenheit dazu geboten und genutzt wird. Das Tanzprojekt *Rhythm is it* hat demonstriert, welch kreative, innovative, erfolgreiche, ergreifende Arbeit möglich ist, wenn viele zusammenwirken an einem gemeinsamen Ziel. Es hat gezeigt, dass soziale und intellektuelle Unterschiede überbrückt, fehlende Kenntnisse überwunden werden können. Es war ein Lehrstück dafür, was in Menschen gefördert werden kann, wenn sie sich auf eine Reise einlassen, wenn visionäre Führer da sind.

Fredmund Malik, einer der bekanntesten Managementtheoretiker, räumt Vertrauen sogar Priorität vor Führungsstil, Motivation und Unternehmenskultur ein. Erst Vertrauen schafft ihm zufolge robuste Führungssituationen und Teams [Mal 00].

Befragt nach einer Wertehierarchie (Kapitel 6), halten Führungskräfte unter den von ihnen persönlich als wichtig empfundenen Werten Vertrauen mit 31 Prozent der Nennungen für sehr wichtig, Dax-Unternehmen dagegen Integrität, Rechtschaffenheit und Compliance mit 50 Prozent der Nennungen. Umfangreiche Regelwerke, früher Bürokratie genannt und als solche verhasst, heißen heute Compliance, Corporate Governance und Kontrollen, entwickeln sehr ähnliche Wesenszüge wie Bürokratie – und stehen ganz oben auf der Dax-Unternehmens-Werteskala. Die Lähmung hat nur andere, elegantere Namen bekommen – und breitet sich weiter aus. Im Gegensatz zur Wertigkeit bei Dax-Unternehmen halten 59 Prozent der Führungskräfte Compliance für eine Belastung [Töd 15]. Vertrauen sollte gute Ergebnisse erzielen lassen – das sollen auch die vielen Regeln. Doch während die Führungskräfte selbst den Weg zum Erfolg mehrheitlich über Vertrauen in Menschen wählen, wollen viele Unternehmen Regeln vertrauen. Im Ergebnis wird das Gleiche gewünscht, doch die Wertvorstellungen kollidieren.

Es verwundert nicht, dass der Wunsch nach mehr Autonomie bei der Arbeit groß ist. Verantwortung und Leistung tauchen jedoch nur im Mittelfeld der Unternehmenswerteliste auf. Mut mit rund 3 Prozent der Nennungen ganz unten, er ist nicht gefragt. Doch wie funktionieren Verantwortungsbewusstsein und Leistung ohne Mut? Wer verantwortungsvoll handelt und Leistung zeigt, muss immer bereit sein, seine Meinung zu verteidigen, neue Wege vorzuschlagen, Auffälligkeiten aufzugreifen. Wer exzellent ausgebildet Entscheidungen weitgehend selbsttätig treffen kann und sich im Netzwerk holt, was er braucht, braucht Vertrauen von außen und sowohl eigenen als auch den Mut des Unternehmens. Was er nicht braucht, sind Bürokratie und noch mehr Regeln.

Nicht zuletzt hat sich die Wissenschaft für den Fall, dass ein Unternehmen selbst unter einem Vertrauensverlust leidet, um Lösungsansätze gekümmert:

Der Golin/Harris-Trust-Survey [Gol 02] hat amerikanische Bürger befragt, was ein Unternehmen, das in Misskredit geraten ist, tun kann, um wieder Vertrauen aufzubauen. Auf den ersten Plätzen fanden sich:

- offene und ehrliche Geschäftspraktiken
- klare, effektive und geradlinige Kommunikation
- sichtbare Sorge um und Rücksichtnahme auf Angestellte
- herausragende Produkte und Service anbieten, ungeachtet des Preises
- bessere Arbeit leisten, indem Bedürfnisse verstanden und berücksichtigt werden

Leitende Mitarbeiter, befragt danach, was ihre Gesellschaft tun kann, um ihr Vertrauen zu verdienen, antworteten (hier die ersten fünf Positionen):

- persönliche Verantwortung übernehmen, Rechenschaft ablegen
- erkennbar persönliche Kundenpflege und -fürsorge zeigen
- unerschütterlich zum Unternehmens-Ethikcode stehen
- offen und regelmäßig mit Interessengruppen kommunizieren
- kritische Situationen besser, offener und direkter bewältigen

Vertrauen ist Selbst-Vertrauen

Reinhard K. Sprenger plädiert für mehr Freiheit: *„Wenn man ein Menschenbild hat, in dem der Mitarbeiter ein Erwachsener ist, ein freier Mensch, dann kann man damit umgehen. Die Leitlinie für richtiges Führen ist einfach: Finde die Richtigen, vertrau ihnen, fordere sie heraus, rede oft mit ihnen, bezahle sie fair und mach dann das Wichtigste von allem: Geh aus dem Weg. Denn die einzige legitime Form von Mitarbeiterführung ist die Selbstführung. Sorg dafür, dass die Leute ihren Laden am Laufen halten, weil es ihr Laden ist."* [zit. bei Döh 15] Die Führungskraft tritt aus dem Rampenlicht, sie fördert andere selbstlos und bringt sie zusammen. Ohne Reife, soziale Kompetenz und Selbstvertrauen funktioniert das nicht. Wer sich selbst nicht vertraut, kann auch anderen nicht trauen. Selbstvertrauen kann nur gedeihen, wenn Vertrauen da ist. Also: Kümmern Sie sich um die Grundlagen. Stellen Sie die richtigen Weichen. Wenn Sie Bedenken haben: Fangen Sie klein an, aber fangen Sie an. Und dann: Gehen Sie aus dem Weg!

Vertrauen ist Arbeitsteilung

Der dm-Gründer Götz Werner äußerte sich unter anderem 2011 im *Spiegel*: „Zutrauen habe ich in jeden, mit dem ich zusammenarbeite. Auf der Basis von ‚Vertrauen ist gut, Kontrolle ist besser?, kann man weder eine Ehe noch eine Firma gründen. Arbeitsteilige Gesellschaft heißt: Wir trauen anderen etwas zu. Ob wir die Bahn oder das Flugzeug nehmen, wir bauen auf die richtige Wartung der Fahrzeuge, darauf, dass alles klappt" [Gat 11]. Genau das ist der Gedanke der Arbeitsteilung. Der dahinterstehende Gedanke des *Mach du, was du am besten kannst*, wird jedoch durch exzessive Kontrollen verletzt. Exzessive Kontrollen stellen den Wert der Menschen und die Qualität ihrer Arbeit infrage. Vertrauen kann niemals durch Kontrolle ersetzt werden. Vertrauen ist gut. Kontrolle ist eine notwendige Sicherungsoption, unnötige Kontrolle die stumpfe Waffe der Hilflosen. Wer als Führungskraft nicht bereit ist, Vertrauen zu geben, und entsprechend ausfernd kontrolliert, sollte die Arbeit selbst machen – er misstraut mit schädlichen Auswirkungen. Wer die Arbeit nicht selbst tun kann, muss zwangsläufig delegieren. Delegieren bedeutet Vertrauen, gewollt oder nicht. Auch Delegieren will gemeistert sein: in einem Rahmen, in dem Vertrauen auf einer soliden Grundlage möglich ist. Delegieren bedeutet, sicherzustellen, dass die richtigen Menschen zur richtigen Zeit das Richtige tun. Dazu dürfen Gespräche absolut ergebnisorientiert sein, sie haben ein Ziel, das definiert wird, und enden, wenn ein Ergebnis gefunden ist. Schritte und Verantwortlichkeiten werden festgelegt. Wo Schaden für das Unternehmen entstehen kann, muss die Abstimmung mit dem Vorgesetzten enger sein. Die Frage, welche Schäden zum Beispiel bei Projekten entstehen könnten, ist sinnvoll und notwendig. Da, wo Mitarbeiter erfahrungsgemäß zuverlässig ihre Aufgaben selbst erledigen können und kein fundamentales Schadensrisiko besteht, genügen, wenn nötig, Informationen im Nachhinein. Die Kontrolle ist Bestandteil der Zusammenarbeit, aber nur in dem Maß, wie sichergestellt werden muss, dass das Schiff auf dem richtigen Kurs ist und den Fahrplan einhalten kann. Funktioniert alles, können Teilschritte oder Erfolge gefeiert werden. Funktioniert es nicht, ist es Zeit, die Rolle als Führungskraft und Navigator wahrzunehmen. Aber es ist nie Zeit für die Führungskraft, an Schräubchen zu drehen und selbst Kohle nachzuschaufeln.

Vertrauen ist Rationalität

Vertrauen ist effizientes Handeln ohne permanente Absicherung, wie viele Aktennotizen, cc-Mails und so weiter. Vertrauen bedeutet schnelle Entscheidungsfindung durch weniger Komplexität, Mut zur Originalität, unkomplizierte Abmachungen, gute Fehlerkultur, intensive Zusammenarbeit, angstfreies Klima. Vertrauen ist Leben und bringt Menschen zueinander, egal ob in Ehe oder Beruf. Dass Enttäuschungen bei der Vertrauenskultur sicher sind, liegt auf der Hand, denn die wenigen Mitarbeiter zu erkennen, die bereit sind, dem Unternehmen Schaden zuzufügen, ist ja nicht leicht. Sie werden es uns im Einstellungsgespräch oder im Verlauf der Jahre nicht sagen. Doch Compliance verhindert Missbrauch eben auch nicht.

Vertrauen ist Erfolg

Mut zu mehr Vertrauen machen etliche gute Beispiele: Mike Fischer (Kapitel 1) hatte keine Wahl: Er musste über Nacht zwangsweise vertrauen – und fand hinterher überrascht begeisterte Mitarbeiter und ein florierendes Unternehmen vor. Erfolg durch Vertrauen entstand auch für Fujitsu Semiconductor Europe (FSEU), ein Unternehmen der Halbleiterbranche. In Deutschlands Krisenjahr 2009 brachen in vielen Branchen die Umsätze ein. Bei FSEU und bei Phoenix Contact, einem familiengeführten Elektronik- und Automatisierungszulieferer aus dem nordrhein-westfälischen Blomberg, drohte die Entlassung von Mitarbeitern. FSEU ist der Ableger eines japanischen Unternehmens – und dort begreift man Vielfalt bewusst als Stärke der (kulturellen) Unterschiede. FSEU kann daher, was im Konzern ungewöhnlich ist, ebenso frei agieren wie die selbstständige Phoenix Contact. Beide Unternehmen erkannten, dass Vertrauen und Kommunikation Weichensteller für den Erfolg sind und Krisen überwinden oder vermeiden helfen: Freiheit als Unternehmenswert hatte Priorität vor Vorgaben. Auch das ging nicht ohne eine Übergangsphase. Aus der Verwunderung über diese offensiven Ansätze wurde Begeisterung. Heute ist die Vertrauenskultur selbstverständlich. Die Meinung der Mitarbeiter in offenen Informationsrunden ist willkommen, es wird offen und regelmäßig informiert. Vorteil für die Führungsebene: Direkter Kontakt, Anregungen können aufgenommen werden, direkter Austausch. Eine gewisse Belastbarkeit der Führungsebene, ein solides Selbstvertrauen, sind erforderlich: Kritik wird offen geäußert und darf ertragen werden. Der Lohn: Beide Unternehmen haben Preise als beliebteste Arbeitgeber in Deutschland erhalten. Im Jahr 2007 übersprang Phoenix Contact mit seinen weltweit 12.300 Mitarbeitern und Produktionsstandorten in sieben Ländern die Marke von einer Milliarde Umsatz, vier Jahre später wurden bereits 1,52 Milliarden Euro Jahresumsatz erzielt. Für FSEU mündete das Vertrauen ebenfalls in Erfolge: Mit seinem Team von 400 Angestellten erreicht es in einigen Marktsegmenten einen Weltmarktanteil von 80 Prozent.

Ganz ohne Regeln mit völligem Vertrauen?

Ganz kann nicht auf Regeln verzichtet werden. Es ist keineswegs die Frage, ob Vertrauen besser ist als Kontrolle, sondern, dass Vertrauen nicht blind geschenkt wird. Wir steigen nicht in Flugzeuge, denen eine Tragfläche fehlt. Vertrauen ist nicht das schrankenlose Delegieren von Verantwortung. Geschichten wie die von Nick Leeson, der die Barings Bank durch Investmentgeschäfte zum Zusammenbruch brachte, von Jürgen Schneider und FlowTex zeigen, dass dem völligen Vertrauen Grenzen gesetzt sind, dass keine Einladungen für Missbrauch ausgesprochen werden dürfen. Wenn nicht angemessen kontrolliert wird, werden Fehler oder Missbrauch provoziert, darüber hinaus entsteht ein für die Mitarbeiter demotivierender Eindruck von Desinteresse.

8.5 Der bessere Weg: Kontrolle, aber sinnvoll

Überbordende Einschränkungen und Kontrollen sind kein Ersatz für Vertrauen. Kontrolle muss also im Sinne notwendiger, sinnvoller Handlungen erfolgen. Niemand will auf den Check vor dem Flugzeugstart verzichten, er sichert Leben. Kontrolle kann eine stabile Grundlage für Vertrauen schaffen, wenn Bestimmtes unbedingt und unverzichtbar kontrolliert wird. Doch die Angemessenheit von Kontrolle und Kontrollverzicht darf ständig geprüft werden. Kontrollen haben immer Opportunitätskosten, und die sind nicht nur materiell messbar, sondern auch gefühlt, zum Beispiel als Unzufriedenheit oder Entmündigung. Kontrolle gehört zwingend zum Management. Die Aufgabe der Führung ist es, dafür zu sorgen, dass Kontrolle angemessen ist. Sie darf sich nicht verselbstständigen. Führungskräfte und Management dürfen nicht etwa der „Kontrollillusion" erliegen, einem eher unbekannten Phänomen: der Tendenz, irrtümlich zu glauben, dass wir etwas kontrollieren oder beeinflussen können, über das wir objektiv keine Macht haben. Deswegen gibt es Placeboknöpfe an Manhattaner Ampeln, die die Fußgänger die Wartezeit besser ertragen lassen, genauso wie funktionslose Placebotemperaturregler in Büros. In die gleiche Kategorie fallen einige nutzlose Messverfahren für Risiken in Banken. Obwohl nachweislich falsch, werden sie mangels besserer Verfahren angewandt und wiegen in Sicherheit, wo in Wirklichkeit bloße Spekulation herrscht. Der Preis: hoher Aufwand. Der Nutzen: keiner. Die Placeboknöpfe zu erkennen, also nutzlosen oder überzogenen Aufwand, und ihn soweit möglich zu vermeiden, ist Führungs- und Managementaufgabe. Angesichts der zunehmenden Regelungswut eine nicht zu unterschätzende.

Angemessenes Vertrauen, angemessene Kontrolle bedeutet Hilfe, Unterstützung, Orientierung, um erfolgreich Ziele anzusteuern und Fehlentwicklungen Einhalt zu gebieten. Es bedeutet Reflektion, was sich zu kontrollieren lohnt. Erfahrungsgemäß brechen nur drei Prozent aller Mitarbeiter geschriebene oder ungeschriebene Regeln und neigen statistisch gesehen zum Betrug. Für diese wenigen sind jedoch viele Regeln gemacht. Wenn sie das System betrügen wollen, finden sie, Regeln oder nicht, dennoch Gelegenheit dazu. Compliance suggeriert, dass Fehlverhalten möglicherweise unbewusst war und durch Regeln zu vermeiden ist. Doch die Betrüger wissen ganz genau, was sie tun, denn sie werden nicht deswegen „erwischt", weil sie ihr Handeln öffentlich gemacht hätten, was die Arglosigkeit unterstreichen würde. Für diese potenziell betrügerischen drei Prozent der Mitarbeiter, von denen sich mit Sicherheit alle ihres Tuns bewusst sind, wird also ein enormer Aufwand betrieben. Gleichzeitig wird den anderen 97 Prozent das Misstrauen erklärt und demonstriert, dass sie die Regeln brauchen, um zu wissen, was richtig ist. Das teure Exoskelett wird jedem übergestreift – ob er es benötigt oder nicht, koste es, was es wolle. Loslassen und Verantwortung zu übertragen, ist notwendig, damit Mitarbeiter so werden, wie Führungskräfte sie sich wünschen: verantwortungsbewusst, selbstständig, innovativ …

> Die niederländische Gemeinde Drachten hat gezeigt, was der Verzicht auf Regulierung bedeuten kann. Als wirtschaftliches Zentrum der Region mit

vielen kleinen und mittelgroßen Industrie- und Handelsbetrieben aller Art herrscht in Drachten reges Verkehrsaufkommen. Trotzdem sind in der Innenstadt alle Ampeln und Verkehrsschilder entfernt worden. Einzige Verkehrsregeln sind „Rechts vor links" und ein generelles Tempolimit von 30 km/h. Seit Beginn des Projekts sind die Unfallzahlen so drastisch zurückgegangen, dass es heute kaum noch Unfälle gibt [Dra]. Die Kunst liegt in der Zurückhaltung: Die Gemeinde Drachten zeigt, dass ein Weniger an Regulierung günstig wirkte, die Selbstverantwortung der Verkehrsteilnehmer wurde gestärkt. So wie Compliance Unternehmen helfen soll, sie zu durchleuchten und somit sicherer zu machen, soll Straßenbeleuchtung helfen, Verbrechen zu vermeiden. Dass dies tatsächlich nicht so ist, zeigen Untersuchungen darüber, dass die Reduzierung der Beleuchtung [Rei 10] ebenfalls nicht zu höheren Verbrechensraten führte.

Netflix, ein Unternehmen, der Onlineverleih für Filme und Serien betreibt, hat sich bewusst gegen die Misstrauenskultur entschieden. Regelungen, die nur jene drei potenziell betrügerischen Prozent der Mitarbeiter betreffen, wollte Netflix nicht. Hier gilt lediglich die Devise: „Handeln Sie in Netflix' Interesse" [Wai 15]. Das Unternehmen wird nicht enttäuscht, es ist sehr erfolgreich. 1997 mit 2,5 Millionen US-Dollar Startkapital als Alternative zu Videotheken gegründet, hat es erstmals 2014 den Sprung über die Eine-Milliarden-Umsatzmarke geschafft. Wir können nur mutmaßen, wie Netflix' Entwicklung mit dem üppigen Regelwerk des erwähnten deutschen Automobilbauers verlaufen wäre.

8.6 Kurz und knapp

- Im Unternehmensalltag sind zwar Autonomie und Entscheidungsfreude der Beschäftigten gefordert, durch fehlendes Vertrauen wird aber selbstständiges Denken und Handeln behindert.
- In der ohnehin schon komplexen Zeit wird die Komplexität durch ein Übermaß an Regulierung weiter gesteigert. Niklas Luhmann, deutscher Soziologe und Gesellschaftstheoretiker, stellte bereits 1968 fest, „dass es beim Vertrauen um Reduktion von Komplexität geht" [Luh 68]. Nur (Arbeits-)Beziehungen, die auf Vertrauen basieren, können florieren, wachsen und somit erfolgreich sein. Besser als Compliance beziehungsweise überbordende Regelwerke, die gegen Vertrauensmissbrauch helfen sollen, können gelebte Werte ethisches Handeln gewährleisten. Das stellt Vertrauen her und ist die Basis dafür, das Niveau der Zusammenarbeit zu heben, erfolgreich und innovativ zu sein und Zukunft zu sichern. Dieses Vertrauen muss von der Unternehmensspitze ausstrahlen, durch Menschen, die in keinem Falle ethische Werte beugen oder brechen würden.
- Für die sich selbst organisierenden Netzwerke – nach Ansicht von Führungskräften als die Organisationsform der Zukunft angesehen – ist mehr denn je Vertrauen das

Fundament. Denn die dafür notwendige weitgehend selbstständige Tätigkeit der Menschen, Flexibilität und Autonomie sind mit einem Übermaß an Regulierung, mit fehlendem Vertrauen schlichtweg nicht zu vereinbaren. Gehirne als Kapital hochindustrialisierter Wohlstandsgesellschaften können ihre Potenziale nur entfalten, wenn ihnen keine unnötigen Beschränkungen auferlegt werden – Vertrauen ist alternativlos.

- Vertrauen ist somit einer der Erfolgsschlüssel zur Schaffung „bunter" Unternehmen.

8.7 Handlungsempfehlungen

- Erfragen Sie (geheim), wie es um das Vertrauen Ihrer Mitarbeiter und Führungskräfte in Ihrem Unternehmen bestellt ist.
- Wird Ihr Unternehmen ausschließlich mit Blick auf kurzfristige Ziele gesteuert? Nehmen Sie bewusst und gleichwertig längerfristige Zeiträume hinzu.
- Fragen Sie Ihre Mitarbeiter und sich selbst, wo sie konkret Bereiche sehen, in denen zu viel, Überflüssiges oder mehrfach kontrolliert wird. Wie lässt sich das verbessern? Geben Sie den Menschen Möglichkeiten, Kontrollprozesse und Regelungen mitzugestalten, damit ein Gefühl der Selbstbestimmtheit aufkommen kann.
- Werden die Informationen in Berichten und Reportings überhaupt beachtet? Was wird überblättert? Welche Kontrollen sind wichtig und sinnvoll, welche als Luxus zu betrachten? Was hat sich durch Zeitablauf, durch andere Verfahrensweisen erledigt? Entrümpeln Sie!
- Welches Ausmaß an Kontrollen ist angemessen bei der Anleitung und Kontrolle unerfahrener Mitarbeiter, welches bei erwiesen zuverlässigen und erfahrenen Mitarbeitern? Bauen Sie entsprechende Leitlinien auf und berücksichtigen Sie dabei auch, dass die Dauer eines Beschäftigungsverhältnisses keine Garantie für einwandfreies ethisches Verhalten ist.
- Werden Informationen zielgerichtet verteilt oder zur Risikominimierung des Absenders gestreut? Entrümpeln Sie!
- Kontrolliert das Controlling selbst, wie sinnvoll die eigenen Maßnahmen und Handlungen sind? Fordern Sie entsprechende Informationen als Standard an.
- Wie sehr versucht Ihr Unternehmen, durch Vergleiche bessere Leistungen zu erzielen? Ist das im Sinne von Vielfalt und Teamgedanken oder gibt es bessere Wege?
- Wie sieht die Wertewelt in Ihrem Unternehmen in Bezug auf Vertrauen aus? Wird gelebt, was fixiert ist? Werden Vertrauensbrüche auf allen Ebenen geahndet? Gibt es ein Forum, in dem – notfalls auch anonym – Verstöße berichtet werden können?
- Gibt es eine Fehlerkultur, die Lernfortschritte belohnt?
- Feiern Sie gute Ergebnisse ausreichend?
- Wie können Sie Mitarbeitern zu mehr Mut verhelfen?

- Ist Delegieren bei Ihnen so gestaltet, dass Mitarbeiter sich Vertrauen und zunehmende Freiheiten erarbeiten können und Sie über das Leistungsvermögen der Einzelnen im Bilde sind?
- Leistungsunterschiede zwischen Mitarbeitern, Frauen, Männern, In- und Ausländern im Unternehmen können nach einer Untersuchung der Harvard Business School mit einem überschaubaren Bündel an Maßnahmen verschwinden. Die Wortwahl, die Orientierung am Gemeinwohl, das Aktivieren von Zusammenarbeit und nicht zuletzt das vertrauensvolle Übertragen von Verantwortung helfen dabei. Stellen Sie Leistungsunterschiede fest und erarbeiten Sie Maßnahmen, das Niveau anzuheben.
- Wie soll die Vertrauenskultur Ihres Unternehmens insgesamt aussehen? Wie kann das in möglichst kurzer, griffiger Form formuliert und vermittelt werden?
- Und bedenken Sie noch einmal die Wünsche, die von außen und von Angestellten an die Unternehmen herangetragen werden (s. Abschnitt „Vertrauen ist und hat Wert").

8.8 Literaturverzeichnis

[Cov 14] Covey, S. M. R., Schnelligkeit durch Vertrauen. Aufl. Offenbach 2014

[Del 15] Deloitte Millennial Survey 2015, unter http://www2.deloitte.com/de/de/pages/innovation/contents/millennial-survey-2015.html (letzter Aufruf 23. 5. 2016)

[Döh 15] Döhle, P., Mal ehrlich!, in: brand eins 12/2015, 24–32, unter http://www.brandeins.de/archiv/2015/geschwindigkeit/ubs-mal-ehrlich-axel-weber-sergio-ermotti/ (letzter Aufruf 1. 6. 2016)

[Dra] Drachten, unter https://de.wikipedia.org/wiki/Drachten (letzter Aufruf 1. 6. 2016)

[Düc 15] Dück, G., Schwarmdumm. So blöd sind wir nur gemeinsam, Frankfurt am Main 2015

[Gat 11] Gatterburg, A., „Jeder ist wichtig". Interview mit Götz Werner (22. 2. 2011), unter http://www.spiegel.de/spiegelwissen/a-763299.html (letzter Aufruf 31. 5. 2016)

[Gol 02] Golin/Harris International (Hrsg.), American Business Faces a Crisis of Trust (2002), unter http://www.trustenablement.com/local/Golin-Harris-Trust_Survey_Executive_Summary.pdf (letzter Aufruf 1. 6. 2016)

[Hel 16] Helliwell, J. u. a., World Happiness Report 2016, unter http://worldhappiness.report/wp-content/uploads/sites/2/2016/03/HR-V1_web.pdf (letzter Aufruf 1. 6. 2016)

[Lot 15] Lotter, W., Die Chefsache, in: brand eins 3/2015, 38 – 45, unter http://www.brandeins.de/uploads/tx_b4/038_b1_03_15_Einleitung.pdf (letzter Aufruf 23. 5. 2016)

[Luh 68] Luhmann, N., Vertrauen. Ein Mechanismus der Reduktion sozialer Komplexität, Stuttgart 1968

[Mal 00] Malik, F., Führen, Leisten, Leben, München 2000

[Rei 10] Reinboth, C., Mehr Licht = mehr Sicherheit? (1.2.2010), unter http://scienceblogs.de/frischer-wind/2010/02/01/mehr-licht-mehr-sicherheit/ (letzter Aufruf 1.6.2016)

[Rom 13] Roman Herzog Institut (Hrsg.), Vertrauen, Wohlstand und Glück (2013), unter http://www.romanherzoginstitut.de/uploads/tx_mspublication/RHI_Information_13_WEB_01.pdf (letzter Aufruf 1.6.2016)

[Töd 15] Tödtmann, C., Chefs würden andere bestechen, um ihr Unternehmen zu retten (20.5.2015), unter http://www.wiwo.de/erfolg/management/compliance-chefs-wuerden-andere-bestechen-um-ihr-unternehmen-zu-retten/11802234.html (letzter Aufruf 1.6.2016)

[Ver] Vertrauen, unter https://de.wikipedia.org/wiki/Vertrauen (letzter Aufruf 1.6.2016)

[Wai 15] Waibel, R., Die 7 Prinzipien zum Unternehmenserfolg. Einfach, zukunftsweisend, praxisorientiert, München 2015

9 Warum Schnelligkeit kein Selbstzweck ist

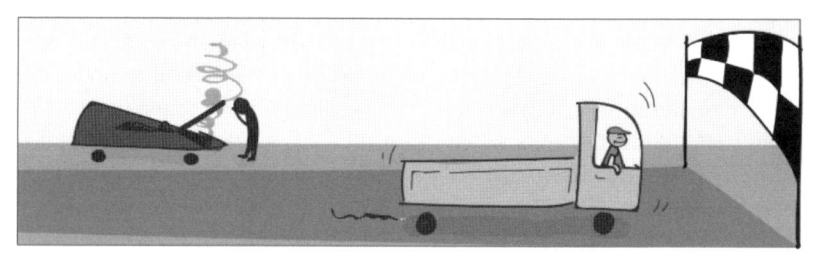

In diesem Kapitel

- Das eigene Verhältnis zu Geschwindigkeit reflektieren und einen bewussteren Umgang mit Zeit finden
- Den Wert der Entschleunigung entdecken und die Potenziale erkennen, die in einer bewussten Zeitgestaltung stecken
- Die Motivation stärken, den Umgang mit der Zeit im Unternehmen zu verändern; nicht losrennen, nicht Hamster sein, sondern Meister der Zeit werden und entscheiden, was wirklich wichtig ist
- Den Umgang mit der Zeit nicht nur managen, sondern führen
- Der Erfolgsschlüssel „Bewusster Umgang mit Geschwindigkeit" bedeutet, die Menschen im Unternehmen nicht grundlos Stress auszusetzen und in der Entfaltung ihrer Potenziale zu unterstützen.

Unser Umgang mit dem Faktor Zeit muss achtsamer werden. Unsere Kultur ist von Beschleunigung geprägt. Schnelligkeit kann zielführend sein, etwa wenn es gilt, ein Produkt auf den Markt zu bringen. Doch häufig ist sie Selbstzweck und wirkt schädlich.

„Europäer haben Uhren, wir die Zeit."
Afrikanisches Sprichwort

Schnell, schneller, schneller! Mehr, weiter, höher, perfekter! Wir rennen, tun und machen. Wie oft hören wir täglich: *Ich habe keine Zeit.* Oder: *Das würde ich gern tun, aber ich weiß nicht, wann.* Oder: *Ich weiß, das ist wichtig, aber ich schaffe es einfach nicht. Erst muss ich mal ...* Pausenlose Beschäftigung, stetige Erreichbarkeit, ständige Bewegung ist selbstverständlich. Nicht, dass das neu wäre. Funktionieren war das Mantra der Industrialisierungszeit, Wachstum mit höchstmöglicher Geschwindigkeit. Der hohe Takt der Maschinen hat das Tempo vorgegeben, Akkord wurde mit Geld belohnt. Wehe dem, der zu langsam war, er passte nicht ins Team. Das ist scheinbar lange her – und trotzdem bis heute fest in den Köpfen: Schnelligkeit hat sich als „Wert" etabliert.

Geschwindigkeit bedeutet Gefühle: Kunden an Selbstbedienungskassen im Supermarkt stören sich mehr daran, dass die Person vor ihnen zu langsam ist (29 Prozent der Nennungen), als dass die Kasse außer Betrieb ist (17 Prozent der Nennungen). Raser auf der Autobahn werden nur von sieben Prozent, „Schleicher" von 13 Prozent der Befragten für die schlimmsten Autofahrer gehalten [Frö 15]. Wir fragen nicht nach dem Sinn, den Vorteilen verschiedener Geschwindigkeiten – die intensiven Gefühle und gewohnten Denkweisen in Bezug auf Zeit verhindern das. Gerade weil Schnelligkeit so selbstverständlich ist, nehmen wir uns selten genug die Zeit, sie zu hinterfragen.

Du willst gewinnen? Lauf langsamer!

Markt ist Wettbewerb, ist Wettkampf wie im Sport: Wer ist schneller, wer ist besser? Das Tempo zählt. Doch das hohe Tempo im Wettkampf ist nicht der Normalzustand, es ist Ergebnis einer langen und gründlichen Vorbereitungsphase. In der Vorbereitung wird überwiegend eben nicht das höchstmögliche Tempo gelaufen. Mein Lebensgefährte und ich laufen beide gern – er wesentlich schneller und länger als ich. Während ich höchstens Halbmarathonstrecken laufe, trainiert er für einen oder zwei Marathons im Jahr. Unsere gemeinsamen Läufe brachten eine Überraschung: Er ließ sich oft auf mein langsameres Tempo ein, entgegen seiner sonst üblichen Vorbereitungen. Für den nächsten Marathon erwartete er also eine Verschlechterung gegenüber der Vorjahreszeit. Aber tatsächlich war das Gegenteil der Fall: Er war noch einmal deutlich schneller als im Jahr zuvor. Ein hoher Anteil langsamer Läufe hat im entscheidenden Moment zu einem Tempozuwachs geführt.

Im Gegensatz dazu setzte ein Bekannter, der erst kürzlich mit dem Laufen angefangen hat, auf Schnelligkeit. Sie ist das Größte für ihn, immer mehr tun, immer an der Leistungsgrenze, beruflich wie privat. Das darf ruhig schmerzen, dann erst zählt es. Warnungen, nicht dauernd im Maximalbereich zu trainieren, schlug er in den Wind, die

Nachhaltigkeit eines geduldigeren Trainings hat er nicht eingesehen. Das kurzfristig fühlbare Ergebnis war ihm wichtiger. Nach wenigen Monaten entschloss er sich, im Wettkampf anzutreten. Bei wegen Hitze widrigen Wetterbedingungen tat er das, was er immer tut: An das Limit gehen und Warnsignale ignorieren. Statt Zieleinlauf in persönlicher Bestzeit brachte es ihm einen Zusammenbruch und einen, wenn auch zum Glück kurzen, Krankenhausaufenthalt ein.

Vergleichbar sind viele Menschen, aber auch Unternehmen unterwegs. Statt Ergebnisse nicht nur kurzfristig, sondern gleichzeitig auf längere Sicht zu sehen, wird angespornt, angetrieben, verglichen und der Maßstab immer ein bisschen höher gelegt. Erst, wenn alle ächzen und stöhnen, wenn Krankheitsausfälle steigen, wenn die operative und gefühlte Hektik neue Bestmarken erreicht hat, scheint genug getan zu sein. Stets unzufrieden, stets auf der Suche nach neuen Mitteln zur Leistungsförderung, immerwährend nicht bereit, dazuzulernen, werden naheliegende Möglichkeiten und Weisheiten übersehen.

> Beide Philosophien, die der Nachhaltigkeit und Geduld und die der hohen Geschwindigkeit, werden von erfolgreichen Unternehmensführern praktiziert. Die ganz Erfolgreichen verfolgen beide Strategien gleichzeitig. Die Wachstumsgeschichten von Online-Versendern wie Zalando und Windeln.de zeigen: Geschwindigkeit ist wichtig, um sich im Markt zu zeigen, seine Nische zu besetzen und darin Marktführer zu werden und zu bleiben. Geschwindigkeit ist Dynamik, ist die Möglichkeit, Ziele mit Schwung anzusteuern. So ist Zalando in den ersten beiden Jahren „wild und stürmisch" gewachsen; die Organisation wurde nicht gestaltet, sondern ergab sich flexibel und sozusagen notgedrungen. Diese Flexibilität war ein Grund für das rasante Wachstum. Chaos gab es dabei immer wieder, laufend mussten durch das hohe Tempo verursachte Probleme kurzfristig gelöst werden. Nach den ersten zwei Jahren im Turbotempo festigte sich die Erkenntnis, dass Ordnung und Strukturen notwendig wären, um weiter wachsen zu können und um nicht im Chaos zu versinken [Mol 15]. Windeln.de wusste ebenso um den Wert der Schnelligkeit beim Markteintritt. Doch anders als bei Zalando setzen die Inhaber darauf, dass das Wachstum geplant sein muss, dass eben keine Panik ausbricht, kein Chaos herrscht. Bei ihnen hatte von Anfang an die Planung einen hohen Stellenwert [Syw 15]. Die Beispiele zeigen: Jede Geschwindigkeit kann – je nach Zielen – ihren Sinn haben. Beide haben Komponenten, die für den Erfolg wichtig sind – und eine kommt ohne die andere nicht aus.

Es gilt, beides im Unternehmen zu vereinbaren: zum einen das für die Außenwelt erforderliche Tempo zu gehen, zum anderen, es im Inneren des Unternehmens abzufangen und zu entschleunigen, damit weder Chaos noch Panik ausbrechen. Damit das Unternehmen nicht die Menschen führt, sondern Menschen das Unternehmen. Bewusste Entscheidungen darüber sind erforderlich, was wann Priorität hat und wie viel Flexibilität notwendig ist – damit die Sprinter für das notwendige Vorwärtskommen ohne „Analyselähmung" sorgen können und die Langstreckenläufer sicherstellen, dass das Unternehmen auch langfristig am Markt erfolgreich ist. Geschwindigkeit nicht als Selbstzweck, sondern mit bewusst kalkuliertem Risiko.

Geschwindigkeit ist relativ

Wer stillsteht, findet einen vorbeidonnernden ICE extrem schnell. Wer darin sitzt und liest, bemerkt das hohe Tempo nicht. Für Unternehmen wirkt das Marktgeschehen ähnlich: Je mehr sie in Routinen und Regeln erstarren, ähneln sie dem stillstehenden Betrachter, die Geschwindigkeit im Außen scheint hoch zu sein; die Gefahr, von Marktentwicklungen überrascht zu werden, steigt. Der ICE taucht für den am Wegrand Stehenden zwar überraschend auf und ist rasend unterwegs, doch er kommt nicht aus dem Nichts. Ebenso entstehen neue Marktentwicklungen nicht über Nacht. Das Produkt wird oft erst wahrgenommen, wenn es bereits erfolgreich am Markt platziert ist, ähnlich dem plötzlich auftauchenden ICE. Wo scheinbar rasantes Tempo herrscht, bleiben Neuentwicklungen jedoch lange Zeit unbemerkt oder werden ignoriert, ihre Chancen werden nicht erkannt. Da, wo Achtsamkeit auf den Markt gerichtet sein müsste, wo der Verstand aktiv und Kräfte zusammengetragen, Buntheit genutzt, Geschwindigkeit und Zielrichtung bewusst gestaltet werden müssten, herrscht Aktionismus vor, der vielseitiges Denken und Analysieren verhindert, mit der Gefahr, Wichtiges zu übersehen.

Die Konkurrenz braust im ICE vorbei und empfindet ihr Tempo selbst als „normal". Deren Vorbereitungen, die Veränderungen am Markt, sind den Draußenstehenden nicht aufgefallen. Panik wegen der hohen Tempodifferenzen, der vielen Überraschungen aus dem Markt, stellt sich ein. Trotzdem wird oft nicht der Sinn des eigenen Tuns hinterfragt, sondern mehr vom Gleichen soll die Lage retten, es wird mehr gemessen, mehr vorgegeben, mehr optimiert, mehr gespart. Die produktive Arbeitszeit sinkt wegen des Ballasts, der mitzuschleppen ist. Die Abwärtsspirale bewegt sich, gut genährt, schneller. Für das Überleben, die Weiterentwicklung, das Wachstum ist damit nichts getan.

Der Blick auf gleichermaßen erfolglose Konkurrenz soll trösten: Sie macht ja auch nichts anders. Der Schulterschluss der Ohnmächtigen hilft den Verantwortlichen bei Rechenschaftsversuchen. Doch es hilft nicht im Wettbewerb. Vieles von dem, was notwendig ist, hat das Unternehmen an Bord. Sinnvoll genutzt wird es nicht. Wie in einer Zentrifuge sorgt die schnellere Bewegung des immer Gleichen nur dafür, dass die Fliehkräfte wachsen. Im Zentrum, da, wo der starke Kern sein sollte, herrscht Leere.

■ 9.1 Was beschleunigt und wie lässt sich das bremsen?

Der falsche Blickwinkel – was du siehst, bekommst du!

Woran liegt es, dass das meistgebrauchte Bild von Arbeitstätigkeit das Hamsterrad ist? Das Bei-hohem-Einsatz-nirgendwohin-Gelangen? Ich hatte irgendwann einmal eine Aufgabe abgeschlossen, saß am Schreibtisch und dachte seit ungefähr einer Minute darüber nach, was ich nun als Nächstes tun würde, was am sinnvollsten sei. Die Tür ging auf, mein Chef sah mich und fragte: *Haben Sie nichts zu tun?* Meine Leistung vorher: unbeachtet. Die Unterstellung: *Sie faulenzen!* Das Hamsterrad drehte sich nicht sichtbar. Denken ist anerkannt, aber oft nicht gern gesehen – eben weil es nichts zu sehen gibt. Vielleicht Falten auf der Stirn, doch ich als Frau schätze sie nicht sehr und vermeide deswegen möglichst diese optischen Denksignale. Nachdenken ist offenbar überraschender und schwerer auszuhalten als Aktivität. Ich hatte gelernt. Künftig immer etwas auf dem Schreibtisch! Lieber ein leerer Blick ins Chaos als eine aufgeräumte Tischplatte. Denn die hat einen negativen Beigeschmack. *Bei Ihnen sieht es so gut aus, bei mir ganz anders. So schön möchte ich es auch mal haben!* Die Vermutung: Er oder sie hat nichts zu tun. Doch Neid klingt aus der Stimme: *Sieh her, wie viel ich tun muss, du hast es gut!* Das Visuelle ist mächtiger als die Vernunft. Ein Bild sagt eben mehr als tausend Worte. Auch, wenn Unternehmen sich gut strukturierte Menschen wünschen, Selbstständigkeit, Gehirne bei der Arbeit (weil der Mensch ja das Kapital des Unternehmens ist), sich wünschen, dass nichts vergessen wird, Termine eingehalten werden: Es ist immer noch all das gern gesehen und praktiziert, das diese Wünsche *nicht* Wirklichkeit werden lässt.

Abschieberitis, Mails und Meetings machen langsam

Autor und Berater Bill Jensen fand heraus: Die häufigste Tätigkeit in Büros ist das Abschieben von Arbeit auf andere. So wandert ein Auftrag von einem Schreibtisch auf den anderen, Informationen gehen unterwegs verloren. Abschieben ist möglich, wenn Verantwortung weder übernommen wird noch sauber definiert ist. Nach Jensen sind darüber hinaus 50 Prozent der Meetings verzichtbar. Aber die Meetingkultur ohne definierte Tagesordnungen, ohne engen Zeitrahmen, ohne zu klärende Punkte, ohne Vorbereitung und ohne Ergebnisse lebt weiter. Jensen empfiehlt außerdem, 75 Prozent der E-Mails zu löschen und viel öfter nein zu sagen [Alb 15]! Für viele Unternehmen sind das schon Ansätze genug, näher hinzusehen, was entschlackt werden kann. Häufig dient jedoch der so praktizierte Aktionismus der Befriedigung des gewohnten Systems, auch wenn die meisten innerlich seufzen und klagen. Nur selten werden Sinn und Un-Sinn trotz der bekannten Erkenntnisse zu schlechter Delegation, den Mengen an Meetings und Mails hinterfragt und die darin liegenden Zeitreserven gehoben. Keine Frage: Meetings und Mails sind wichtig. Aber nur dann, wenn greifbare Ergebnisse in kürzester Zeit erzielt werden können.

Perfektionismus

Perfektionismus ist ein Feind der Schnelligkeit, einer der großen Stressauslöser und ein Verhinderer von guten Ideen. Denn wo erwartet wird, dass möglichst schon Perfektes vorgelegt wird, bleiben viele gute Vorschläge aus Angst vor Spott und Hohn oder gezielter Sabotage bei Meetings in den Schubladen.

Als Unternehmen zu erwarten, dass sehr gute, aber ausdrücklich nicht perfekte Arbeit an neuen oder Entwicklungsthemen vorgelegt wird, kann helfen, die Dinge zu beschleunigen und gleichzeitig zu entspannen. Auf Basis einer solchen B-Vorlage zu diskutieren, rückt den Verfasser bei ergänzenden Ideen und abweichenden Meinungen nicht in eine Verteidigungsposition, sondern wird als Bereicherung verstanden. Ist das einmal tief von allen verinnerlicht, werden die Runden schneller und produktiver. Platzhirsche verschwinden, das Team rückt in den Vordergrund und kann konstruktiv und schnell Wissen zusammentragen. Aus der B-Vorlage kann zügig eine A-Vorlage werden, stressfrei und ohne Profilierungsstrategien Einzelner. Es lohnt sich, in eine solche Kultur des „gut ist gut genug" zu investieren, um Potenziale zu heben, die sonst aus Sorge um peinliche Auftritte und Angst vor den Platzhirschen niemals entdeckt werden.

> Zalando lebt ein solch entspanntes Verhältnis zum nicht Perfekten und bedient sich für sein Vorgehen eines „Rennmäuse"-Vergleichs. Zalando lässt Teams nicht „Elefanten bauen", weil das Jahre dauert. Stattdessen werden schnell die sogenannten Rennmäuse entwickelt, losgelassen und getestet – Erfolge und Fehlschläge sind so schnell erkennbar, meist schon in drei bis vier Wochen. Funktioniert etwas nicht, ist das gut verkraftbar, weil der Mitteleinsatz begrenzt war. Das nennt Zalando „Sprints". Der Name für das System der sich selbst organisierenden und weitgehend in ihren Entscheidungen freien Teams lautet „radical agility".

Und wenn die „Mäuse" einmal erfolgreich laufen, ist immer noch Zeit für Perfektionismus im Sinne exzellenter Ergebnisse und der Zukunftssicherung. Dann kann an Produkten und Leistungen gefeilt werden, kann stetig verbessert werden – und zwar sinnvoll auch mit dem Feedback der Kunden, die zur Verbesserung beitragen.

Multitasking – operative Hektik und Qualität

Multitasking, das kann doch jeder, der einigermaßen intelligent ist. Das alte Multitasking-Ungetüm schleicht durch die Korridore ebenso alten Denkens. Am besten zwei Telefone, zwei Computer auf dem Tisch, Wichtigkeit signalisierend. Das Bild der schreienden und springenden Börsenmakler, gestikulierend mit dem Telefon am Ohr, drängt sich auf. *Das ist doch toll, da ist was los, die setzen sich ein!* Wissen diese Börsenmakler, die 2-Computer-2-Telefon-Typen, mehr als andere? Nein, wie verschiedene Krisen zeigten.

Multitasken soll Geschwindigkeit herstellen. Außerdem ist Konzentration in aller Munde. Geht das gleichzeitig, wie die allgemeine Übung es vermittelt und uns glauben machen will? Testen Sie sich selbst:

> Nehmen Sie sich eine Stoppuhr und ein Blatt Papier zur Hand. Nachdem Sie die erste Aufgabe gelesen haben, beginnen Sie bitte sofort damit und stoppen, wie lange Sie dafür brauchen!
>
> *Erste Aufgabe:* Bitte schreiben Sie den Satz „Ich kann mehrere Sachen gleichzeitig" in Großbuchstaben auf, aber immer nur je einen Buchstaben und darunter dann aufsteigend je eine Zahl, sodass die Buchstaben am Ende durchnummeriert sind: unter das I die 1, unter das C die 2, unter das H die 3 und so weiter.
>
> Das sieht dann so aus:
>
> I C H K ...
>
> 1 2 3 4 ...
>
> Bitte starten Sie ohne Weiterlesen und notieren Sie die Zeit !
>
> Nun sofort anschließend die *zweite Aufgabe:* Schreiben Sie bitte jetzt das Gleiche, dabei aber erst den kompletten Satz, anschließend die Zahlen darunter. Stoppen Sie wieder die Zeit.

Bisher habe ich in meinen Seminaren zur effektiveren Zeitnutzung noch niemanden getroffen, der bei der zweiten Aufgabe nicht deutlich (um 20 bis oft sogar 50 Prozent) schneller ist. Wenn Sie Fehler beim Aufschreiben gemacht haben, was vor allem bei der ersten Übung die Regel ist, zeigt das eindrucksvoll: Wir können eben *nicht zwei Sachen* – schreiben und zählen – gleichzeitig, Multitasking erzeugt Fehler und kann nicht gelingen. Der Grund: Wir können uns nur auf eine Sache konzentrieren, auch wenn es uns nicht so vorkommt. Unser Gehirn kann nur ein Thema auf einmal bewusst verarbeiten. Gedanken können schnell hin- und herspringen und sich dabei einem zweiten und dritten Thema zuwenden. Doch eine ununterbrochene Linie der Konzentration ist das nicht, Denklücken tun sich auf, unbewusst zumeist. Zeit ist damit nicht gespart, das Tempo lässt nach und die Fehlerquote steigt. Doch die Mär vom Multitasking und sein hohes Ansehen leben hartnäckig weiter. Es spielt übrigens keine Rolle, ob Mann oder Frau, denn da gibt es keine Unterschiede.

Chefs fordern Hochleistung, Konzentration, Fehlerfreiheit – und gleichzeitig ständige Verfügbarkeit, immer online sein, alle Nachrichten sofort zur Kenntnis nehmen. Noch macht jeder fleißig mit bei solch ineffizienten Arbeitsweisen. Aber Multitasking bedeutet Unterbrechungen und Unterbrechungen kosten Zeit, weil wir uns immer wieder neu in unser eigentliches Thema einfinden müssen. Wir bombardieren uns mit Informationen, verlangen alles gleichzeitig, schnell und schneller. Es gilt, endlich zu begreifen, dass das nicht funktioniert.

> Statt Zeitmanagement und darin eingeschlossen Fokussierung, also Monotasking, systematisch zu schulen und nicht nur zu vertiefen, sondern sogar einzufordern, wird weiter hektisch verfahren. Daimler Benz dagegen hat erkannt, wie flexibel Unternehmen für die Zukunft sein müssen, und öffnet sich neuen Methoden und Gedanken. Daimler treibt Projekte schnell, flexibel und erfolgreich voran mithilfe der SCRUM-Methode, ursprünglich für die Softwareentwicklung erfunden, um Projekte durchzuführen. Dabei ist es für Daimler besonders wichtig, störungsfreie Zeiten zu gewährleisten, sogenannte „Sprints" für ungestörte Entwicklungstätigkeiten [Mus 16]. Das Ergebnis: Schnelligkeit durch Monotasking.

■ 9.2 100 Prozent Auslastung

> Hundertprozentige Auslastung? *Ja, das ist super, das wollen wir, das verspricht leuchtende Augen in Führung und Management.* Auch dieser Mythos ist langlebig, Sinn macht die volle Auslastung allerdings keineswegs. Die Forscher Felix Pollaczek und Alexander Chintschin haben das in eine Formel gekleidet (Pollaczek-Chintschin-Formel, zu finden bei Wikipedia). Da es sich um reine Mathematik handelt, hier der Einfachheit halber zusammengefasst: Ab einer Auslastung von 85 Prozent steigt die Wartezeit unerledigter Aufgaben exponentiell an. Wenn Sie nun 100 Prozent Ihrer Zeit verplanen, leiden nicht

nur Sie selbst an den Auswirkungen. Denn Sie müssen die sich stauenden und unerledigten Arbeiten mit hohem, weit über die 100 Prozent zur Verfügung stehender Zeit hinausgehendem Aufwand abarbeiten. Ohne Überstunden geht das nicht. Gezeigt haben die Forscher das am Beispiel einer Supermarktkasse – übertragen lässt es sich in jeden Arbeitsbereich. Wenn die Kassiererin zu 100 Prozent ausgelastet sein soll, bedeutet das durch den naturgemäß ungleichmäßigen Zustrom von Kunden, dass zeitweise trotzdem Leerlauf entsteht, im Übrigen aber lange Schlangen. Diese Schlangen führen zur Unzufriedenheit bei Kassiererin und Kunden und somit zu Kundenverlusten fürs Unternehmen und Stress bei der Kassiererin. Zeiten für Aufräumen, Übergaben, Fragen der Kunden und so weiter fehlen, wenn sie dringend benötigt werden. Effizienter werden sowohl Supermarkt als auch Kassiererin nicht. Die Folgen der 100-Prozent-Auslastung sind so gravierend, dass die guten Absichten dahinter mehr als zunichte gemacht werden – dem Unternehmen entsteht Schaden. Und nicht nur das: Die Mitarbeiter zahlen durch den Stress mit ihrer Gesundheit.

Wenn Führungskräfte zu 100 Prozent – und damit der Warteschlangentheorie und den praktischen Erfahrungen gemäß entsprechend weit über 100 Prozent – ausgelastet sind, entstehen Engpässe: Arbeit wird an einer Stelle nicht zügig erledigt, sondern staut sich auf, Entscheidungen verzögern sich, Termine können infolgedessen nicht eingehalten werden. Die Folge ist die unerwünschte Verlangsamung, im ungünstigen Fall der Zusammenbruch des Prozesses. Gleichgültig, ob Mensch oder Maschine: Der 100-Prozent-Betrieb kann allenfalls kurzfristig, keinesfalls dauerhaft aufrechterhalten werden. Die Ruhezeiten fehlen der Maschine für Rüstung, Wartung, Service, Aufspielen und Einplanen von Aufträgen. Dem Menschen fehlen sie für Unvorhergesehenes, Planung, Kreativität, kurze Erholungs- und Bewegungspausen ebenso wie fürs Denken.

> Wie sehr eine geringere Auslastung für Erfolg sorgt, zeigt das Unternehmen 3M. Bei 3M wird die Innovationsgeschwindigkeit gerade dadurch beschleunigt, dass die Entwickler mehr statt weniger Zeit zur Verfügung haben: Sie können 15 Prozent ihrer Zeit frei nutzen, was sie ebenso gern wie erfolgreich tun. Quasi am Ideen-Fließband entstanden bis heute über 50 000 Produkte und 25 000 Patente. 3M ist im Jahr 2016 bereits seit 114 Jahren erfolgreich am Markt [Han 11].

In der Vielfalt der Gedanken liegt das Kapital der Unternehmen – Lippenbekenntnissen zufolge sind denkende Mitarbeiter gefordert. Doch die zeitlichen Kapazitäten stehen weniger denn je zur Verfügung. Das Hirnvermögen ist beschäftigt, der Prozessor ausgelastet, Kapazitäten für Weiterführendes sind nicht vorhanden.

Sich Zeit zu nehmen, bei der Arbeit zeitliche Freiräume zu erhalten, das Innehalten zum Genießen des Erreichten, das Fazit ziehen, das Lernen, das Kraftsammeln für weitere Unternehmungen, mental und physisch, wird häufig vernachlässigt. Viele Mitarbeiter nehmen keine oder zu wenig Zeit für Pausen, arbeiten ununterbrochen und denken, das sei schadlos für sie und gut für das Unternehmen. Dabei ist der Wert von Pausen längst ausreichend erwiesen: Sie sind eine wichtige Grundlage für schnellere, gut funktionierende Arbeit im Anschluss und für gute Ideen. Wir wissen, dass Kreativität aus Muße entsteht, nicht aus dem Nachdenken über Probleme. Die guten Ideen der Welt entstanden häufig genau dann, wenn der Mensch *nicht* mit dem Problem oder einer Tätigkeit befasst war. Sondern in der Freizeit, beim Spaziergang, in einer Pause ... Verlangt werden Ideen aber im durchgetakteten Arbeitsalltag. Und das gelingt auch Genies nicht. Unser Gehirn arbeitet vor allem in entspannten Phasen kreativ. Einstein hat mit intensiver Denkarbeit zwar die Grundlage für seine Relativitätsformel gelegt, der Durchbruch kam aber nicht durch konzentriertes Nachdenken über das Thema, sondern unvermutet, als er sich mit etwas gänzlich anderem beschäftigte – und das ist bei Problemlösungen eher die Regel als die Ausnahme. Viele Unternehmen im hochinnovativen Silicon Valley bieten daher ihren Mitarbeitern Sportgeräte, Tischkicker und Sonstiges jederzeitig zur freien Verfügung an, um Kreativität zu fördern und das Verharren in Routinen zu verhindern.

■ 9.3 Umstrukturierung: Alles muss schnellstens anders werden

Umstrukturierungen sind ebenso wie vieles andere Bestandteil der Schnelligkeitskultur. Eine neue Struktur als vielversprechender Ansatz, der vielleicht sogar in anderen Unternehmen gute Erfolge gezeigt hat, muss ausprobiert werden. Wenn dann nicht sofort beste Ergebnisse entstehen, taugte die Idee offenbar nicht, es muss schnell etwas anderes her: Aktivität als Legitimation vermeintlich planvollen Handelns gegenüber denen, die Leistung verlangen. Viele Unternehmen wechseln in der Hoffnung auf schnelle Erfolge alle paar Monate die Strategie – oder die leitenden Manager. Bei einer deutschen Bank haben Neuorganisationen eine lange Geschichte. Bei ihr wird seit Jahren manchmal halbjährlich neu organisiert. Der Marktwert spiegelt deutlich, dass Erfolge so nicht zu erzielen sind. Wo das Konzept fehlt, eine Vision davon, was wichtig ist und wohin die Reise gehen soll, helfen keine hektischen Maßnahmen, die in der Kürze der Zeit nicht einmal nachhaltige Wirkung entfalten könnten, selbst wenn sie an sich gut waren. Das Ende: Unruhe an allen Ecken, gescheiterte Vorstände, Erträge im Sinkflug. Wo Chaos in Form der ewigen Umgestaltung ausbricht, ist Führung nicht mehr möglich, geht das Vertrauen der Mitarbeiter und Kunden als Basis des Erfolgs verloren. Bei Opel drehte sich am bitteren Ende die Drehtür beständig, um neue Manager hinein- und alte hinauszulassen. Zeit, notwendige Veränderungen auf eine solide Grundlage zu stellen, blieb keine. Renommierte Manager erlebten das Konzernfiasko, ohne tun zu dürfen, für was sie eingestellt wurden. Mit großen Plänen und viel Engagement gestartet, wurde ihnen das Vertrauen entzogen, weil kurzsichtige Konzernmütter schnelle Lösungen für alte, langfristig gewachsene Probleme forderten. Die Schuld am Fehlschlag trugen die auf kurze Sicht agierenden Aufsichtsgremien selbst – eine Chance, Erfolge zu erzielen, hatten diese Manager nicht.

Mit etwas Abstand zum Getriebe ist der Aktionismus leichter zu erkennen. *Operative Hektik ersetzt geistige Windstille* und *Als sie das Ziel aus den Augen verloren, verdoppelten sie ihre Anstrengungen* sind gute Beispiele dafür, welcher Eindruck bei der Beobachtung solcher Führungsstrategien entsteht, und geben in humorvoller Weise den Kern des Problems wieder. Gebraucht werden sie für fleißige Manager, die über der x-ten Umstrukturierung schon längst das, was sie bewirken wollen, und die, mit denen sie das können, aus den Augen verloren haben. Dinge müssen wachsen können. Gras wächst nicht schneller, wenn man daran zieht. Menschen sind mitzunehmen auf den Unternehmensweg. Untersuchungen zeigen, dass bei diesen schnellen Veränderungen Stress pur entsteht. Nicht nur, dass dem neuen Konzept keine Reifephase gegönnt wird – die Menschen sind so überlastet und teilweise desorientiert, dass die neue Richtung nicht einmal gemeinsam eingeschlagen werden *kann*, selbst wenn alle guten Willens sind – niemand weiß mehr so genau, wo es eigentlich hingehen soll. Neue Leitlinien auszugeben und zu glauben, nun könne jeder den neuen Weg gehen, hat in keinem der Experimente wie bei der Ministry Group oder bei Haufe (Kapitel 5) funktioniert. Körper, Denken, Gefühle und Verhalten müssen mitkommen, gewohnte Denkweisen und Routinen müssen durch neue ersetzt werden – und das geht nicht über Nacht.

Veränderungen sind überlebensnotwendig für Unternehmen, aber bitte mit Augenmaß. Der Veränderungsprozess darf behutsam geführt und gemanagt werden. Zu verkünden, dass ab heute alles anders, alles besser sei, genügt nicht, auch wenn das theoretisch richtig ist. Stabile Phasen der Konsolidierung, die Sicherheit und Unterstützung bieten, sind wichtig – die Bedürfnisse der Menschen danach müssen befriedigt werden, nicht zuletzt, um bessere Leistungen zu ermöglichen. Gleichzeitig ist Geduld seitens der Geschäftsleitung gefordert, denn wirksame, solide, tiefgehende Veränderung mit dem Ziel, langfristig entstandene Schwierigkeiten zu beheben und die Weichen Richtung Zukunft zu stellen, vollzieht sich allgemein langsamer als gedacht und erhofft. Manchmal ist es sinnvoll, einige Bereiche noch unverändert zu lassen, um die Mitarbeiter zu beruhigen und für die wesentlichen Veränderungen einzunehmen. Wenn grundlegende Bedenken zerstreut oder konstruktiv in Lösungen umgesetzt sind, kann die gemeinsame Aktion beginnen. Die Schlüsselprobleme müssen klargemacht und in Ziele verwandelt werden. Wo Ziele und Lösungen statt Unsicherheiten und Befürchtungen in den Fokus rücken, können Energien sich bündeln. Die dafür aufgewendete Zeit ist gut investierte Zeit. Die Geschwindigkeit insgesamt wird sich erhöhen, wenn alle oder zumindest die meisten an Bord sind.

Was ist das Wichtigste?

Vom allgemeinen Aktionismus angesteckt, geraten Ziele leicht aus dem Blick. Wir vergessen über den vielen dringlichen und wichtigen Aktivitäten, stets und ständig zu fragen, was notwendig, was das Wichtigste ist, was das ist, das Zukunft sichert. Für Unternehmen gilt es zu gewährleisten, dass die wichtigsten Ziele bekannt sind und angesteuert werden (siehe auch Kapitel 6). Und wichtig können nicht viele Ziele gleichzeitig sein.

Zeitführer, nicht Zeitmanager sein

Zeitmanagement ist wichtig und sinnvoll, keine Frage. Mit günstigen Methoden des Zeitmanagements können Menschen täglich nennenswerte Zeiteinsparungen erzielen.

Das gelingt durch bessere Planung und Anwendung von Methoden wie dem Pareto-Prinzip, nach dem 80 Prozent der Ergebnisse mit 20 Prozent des Gesamtaufwands erreicht werden; die restlichen 20 Prozent der Ergebnisse brauchen mit 80 Prozent den Löwenanteil des Arbeitsaufwands. Doch warum beleuchten wir im Alltag viel zu wenige Dinge nach dem Pareto-Prinzip und wenden weitere gute Methoden des Zeitmanagements nicht an?

Zeitmanagement wird nicht systematisch vermittelt. Vielleicht gibt es einmal ein Seminar – doch die Vertiefung am Arbeitsplatz fehlt. Und selbst wenn die Prinzipien eingesetzt werden: Statt in Ruhe an wichtigen Aufgaben zu arbeiten, sind die meisten ständig mit meist weniger wichtigen, aber dringlichen Aufgaben beschäftigt. Zeit systematisch zu managen, ist schon ein guter Anfang, aber das allein genügt nicht. Sie muss im Sinne der Führung, also strategisch, eingesetzt werden. Mit der ständigen Routine der Arbeit im dringlichen Bereich, an den allernotwendigsten Arbeiten, schadet das Unternehmen seinem wertvollsten Kapital, dem Mitarbeiter. Und es schadet sich selbst, für Verbesserungen gibt es keine zeitlichen Freiräume. Wenn nur eine einzige Arbeitsstunde täglich verschwendet wird, kann sich das Unternehmen leicht ausrechnen, wie hoch das Einsparungspotenzial ist – oder wie entspannt und kreativ die Mitarbeiter an wichtigen Themen arbeiten könnten, wenn sie diese Stunde hätten.

Die mit gutem Zeitmanagement erarbeiteten Zeitreserven und Freiräume müssen dafür dienen, dringliche Arbeiten zu reduzieren und in geringere Auslastungsbereiche zu gelangen – damit wichtige, zukunftsweisende Themen bearbeitet werden können.

Ballast

Entrümpeln oder Frühjahrsputz im Unternehmen ist ein weiteres Stichwort: Welches Unternehmen denkt schon systematisch daran? Fredmund Malik nennt die Frage danach, ob etwas überhaupt weiter getan werden sollte, einprägsam die systematische Müllabfuhr [Mal 00] und schlägt vor, diese „Müllabfuhr" wenigstens alle drei Jahre durchzuführen. Perfektionisten gefällt das aus Liebe zum Detail nicht. Messies würden sie sich nicht nennen lassen, sie stellen sich aber trotzdem stets und ständig mit Blick auf lieb gewordene Abläufe die Frage: Vielleicht kann man das ja noch brauchen? Lassen wir das mal lieber noch so, nur zur Sicherheit! Und so wie Messies unnütze Dinge sammeln, horten sie alte, nutzlose Routinen. Dringend an anderer Stelle benötigte Zeit versickert. Das führt dazu, dass Unternehmen Ballast ansammeln, langsamer werden oder zu viel Energie verbrauchen: Ganz so, wie ständig wachsende Muschelwucherungen auf Schiffsrümpfen dafür sorgen, dass Schiffe langsamer werden oder für die gleiche Geschwindigkeit mehr Treibstoff verbrauchen.

Uhren und Zeit

Uhren haben ihren Wert. Sie zeigen die Uhrzeit und das stets gleichmäßige Verrinnen der Zeit an. Unruhe ist dabei spürbar und sichtbar, nicht nur die Unruhe als Bestandteil der Uhrenmechanik, sondern auch die in den Menschen und Organisationen. Sofern diese Unruhe Leidenschaft für etwas, Freude an etwas ist, heißt es, sie zu genießen. Sofern aber aus ihr nicht Hinwendung, sondern Zwang, nicht Zweck, sondern Selbstzweck wird, gilt es, näher hinzusehen. Wir als Gesellschaft müssen ebenso wie Unternehmen an der Zeitkultur an sich ansetzen, indem wir uns fragen, wie wir gemeinsam etwas zum Positiven ändern können. Nicht die Abschaffung der Unruhe ist das Ziel, sondern der positive, der bewusste Umgang mit ihr. Nicht das Füllen der Zeit mit hektischen Aktivitäten, sondern die gezielte Gestaltung.

Uhren zeigen uns nicht, wie Zeit sinnvoll zu verbringen ist. Erst dieser Sinn ist es, der erfolgreiche Arbeit entstehen lässt. Die Zeit selbst muss wieder mehr Wert erhalten, nicht nur ihre Messung.

9.4 Kurz und knapp

- Schnelligkeit ist das Credo der Welt geworden. Dass verschiedene Geschwindigkeiten zu unterschiedlichen Zeiten Sinn haben können, wird kaum beachtet. Wir verwechseln optische Eindrücke von Schnelligkeit und schlechte Gewohnheiten im Alltag beziehungsweise Aktionismus mit dem, was wichtig für die Zielerreichung ist. Hohe Auslastung ist gewollt, tatsächlich aber kontraproduktiv und schafft eine ungesunde Überlastung mit negativen Folgen für Mensch und Unternehmen. Jeder erkennt, dass etwas im System schiefläuft, und tritt die Flucht nach vorn an – noch schneller. Damit verschlechtern sich die Ergebnisse. Der bewusste Umgang mit Zeit, damit, wann welches Tempo sinnvoll ist, wann Schnelligkeit, wann Gründlichkeit gefragt ist, hilft, bessere Ergebnisse zu erreichen. In weiteren Kapiteln dieses Buchs, insbesondere denen über Entscheidungen (Kapitel 4), Organisation (Kapitel 5) und Vertrauen (Kapitel 7), behandelte Aspekte helfen bei bewussten Entscheidungen über den besseren Umgang mit Zeit.
- Den Erfolgsschlüssel „Bewusster Umgang mit Geschwindigkeit" zu entdecken und bewusst und nach Bedarf zu nutzen, bedeutet, die Menschen im Unternehmen nicht grundlos Stress auszusetzen. Sie haben Freiräume, die es erst ermöglichen, ihre Potenziale entfalten zu können, damit der Nutzen der Heterogenität nicht von unnötigem Zeitdruck beschränkt wird.

9.5 Handlungsempfehlungen

- Untersuchen Sie den Umgang mit Zeit in Ihrem Unternehmen. Ist der Wert verschiedener Geschwindigkeiten bekannt und wird er bewusst eingesetzt? Wo ist noch mehr Bewusstheit erforderlich? Welche Anregungen gibt es seitens der Beschäftigten?
- Fragen Sie Ihre Beschäftigten: Wie wird im Unternehmen die Geschwindigkeit empfunden? Steht ausreichend Zeit für wichtige Fragen zur Verfügung, herrscht Hektik vor, sind das Regel- oder Ausnahmezustände? Wie viel Zeit steht für die Zukunftsgestaltung zur Verfügung?

- Räumen Sie auf mit optischen Vorstellungen von dem, was richtig und nützlich ist. Lassen Sie Denkzeiten beziehungsweise Pausen zu! Schätzen Sie von Ihrem eigenen Vorgehen abweichende andere Herangehensweisen – denn gerade dann werden spannende und produktive Ergebnisse erzielt und neue Wege begangen.
- Gibt es in nennenswertem Umfang „Abschieberitis" in Ihrem Unternehmen? Was lässt sich dagegen tun?
- Wie produktiv werden Meetings in Ihrem Unternehmen empfunden? Was verhilft zu mehr Produktivität? Sind Meetings im Stehen möglich, feste Redezeiten, feste Strukturen wie Problembericht und Lösungsstrategien?
- Ist die Informationsverteilung per Mail optimierbar und wenn ja, wie?
- Herrscht Perfektionismus als „Analyselähmung" vor, gibt es noch Potenzial hin zum „gut ist gut genug"?
- Wie sehr belastet Multitasking, belasten Unterbrechungen? Wie und wo können störungsfreie Zeiten eingeführt werden?
- Wie hoch würden Sie, würden die Beschäftigten ihren Auslastungsgrad beziffern? Sind die idealen 85 Prozent Alltag oder besteht Handlungsbedarf?
- Wie empfinden die Menschen in Ihrem Unternehmen das Veränderungstempo? Wie sehr achtet Ihr Unternehmen darauf, Menschen mitzunehmen mit ihren Befürchtungen und Ideen? Was haben bisherige strukturelle Veränderungen genutzt – wird das systematisch betrachtet? Was kann optimiert werden?
- Sind die wichtigsten Ziele immer präsent und verhindern sie, dass das Unternehmen im Alltagsstrudel die Orientierung zu verlieren droht?
- Sind Methoden des Zeitmanagements bekannt und verinnerlicht? Und ist jeder Mitarbeiter gleichzeitig „Zeitführer" in dem Sinne, dass seine Tätigkeiten sich höheren Zielen statt Selbstzwecken unterordnen? Wird die Anwendung der Prinzipien systematisch reflektiert, werden die Erfolge erkannt und gewürdigt?
- Haben Sie eine „systematische Müllabfuhr" eingerichtet? Fragen Sie sich zum Beispiel: Wo ist automatisch bei einer Neuerung vorgesehen, zu schauen, was dafür wegfallen kann? Was sind die wichtigsten Aufgaben? Gehört diese Aufgabe wirklich dazu? Kann das „Zweitwichtigste" weg? Muss es überhaupt getan werden? Welchen Beitrag leistet es zu den Zielen, zum Unternehmen insgesamt? Rechtfertigt es den Aufwand oder gibt es bessere Lösungen? Wer kann es tun?
- Verfolgen Sie strategische Aufgaben konsequent oder nur, wenn aus Ihrer Sicht gerade Zeit dafür übrig ist?
- Wie hoch schätzen Sie den Anteil Ihrer Sinn-voll verbrachten Zeit ein?

9.6 Literaturverzeichnis

[Alb 15] Albers, M., Strategisch ausspannen, in: brand eins 8/2015, 47–54, unter http://www.brandeins.de/archiv/2015/faulheit/ben-hammersley-strategisch-ausspannen/ (letzter Aufruf 3.6.2016)

[Frö 15] Fröhlich, H., Geschwindigkeit in Zahlen – Wirtschaft, in: brand eins 12/2015, 73–74, unter http://www.brandeins.de/archiv/2015/geschwindigkeit/geschwindigkeit-in-zahlen/ (letzter Aufruf 3.6.2016)

[Han 11] Hannemann, M., Die Freischwimmer, in: brand eins 6/2011, 94–97, unter http://www.brandeins.de/archiv/2011/grossorganisation/die-freischwimmer/ (letzter Aufruf 3.6.2016)

[Mal 00] Malik, F., Führen Leisten Leben. 2. Aufl. Stuttgart/München 2000

[Mol 15] Molitor, A., Rennmäuse, in: brand eins 12/2015, 59–65, unter http://www.brandeins.de/archiv/2015/geschwindigkeit/zalando-rennmaeuse/ (letzter Aufruf 3.6.2016)

[Mus 16] Muspach, R., Daimler: Nach den Bindern geht's den Arbeitzeiten an den Kragen (7.4.2016), unter https://www.linkedin.com/pulse/daimler-nach-den-bindern-gehts-arbeitzeiten-kragen-roald-muspach (letzter Aufruf 3.6.2016)

[Syw 15] Sywottek, C., Voll im Soll, in: brand eins 12/2015, 76–82, unter http://www.brandeins.de/archiv/2015/geschwindigkeit/windeln-de-babyprodukte-voll-im-soll/

10 Jenseits der Selbstaufopferung

? In diesem Kapitel

- Warum Heldenhaftigkeit im Business nicht durch die Überstundenmenge ausgemacht wird, sondern durch kluges Handeln
- Wie die Philosophie des „Alles Erreichen" unnötig unter Druck setzt
- Warum die innere Kommunikation, die unbewussten Selbstgespräche, erfolgsentscheidend sind
- Wie Mann und Frau klüger auf sich selbst achten und dabei mehr Freude am Leben und Arbeiten gewinnen können.
- Selbstaufopferung in Unternehmen ist häufig, gerade unter Leistungsträgern. Der Erfolgsschlüssel (Selbst-)Verantwortung macht das Phänomen bewusst und unterstützt die Mitarbeiter darin, dem entgegenzuwirken.

Die neue Führung verlangt keine Selbstaufopferung. Sie stellt das Fundament, auf dem Menschen ihren Sinn bei der Arbeit finden können, die Ziele des Unternehmens teilen können, kennt kritische Stellhebel und fördert den guten Umgang der Menschen mit sich selbst.

> *„Ich dachte lange, ich tue die falschen Dinge –
> bis ich herausgefunden habe, dass ich die Dinge falsch tue."*
> Herb Stumpf, Autor und Coach

Businessheld – oder Businesshamster?

Das Hotelportal HRS kürt jährlich werbewirksam „Businesshelden" beziehungsweise „Businessheldinnen". Seinem Geschäftsfeld entsprechend, handelt es sich bei diesen um Menschen, die beruflich viel reisen und auch sonst vor allem für ihren zeitlichen Einsatz für die Arbeit gelobt werden – für 16-Stunden-Tage oder Erreichbarkeit rund um die Uhr [Yes].

Ist ihr Einsatz nun heldenhaft im Sinne eines guten Unternehmens? Sind sie Helden für ihre Chefs, für ihre Kollegen, für sich selbst? Will das der Arbeitgeber? Zumindest scheint er das Arbeitszeitengagement gern entgegenzunehmen. Im Sinne der „alten Schule" waren Präsenz, Engagement bis zur Selbstaufgabe, Leben für die Arbeit hohe Werte. Gesundheit, dauerhafte Leistungsfähigkeit, Entwicklung treten dabei in den Hintergrund. Denkt der Arbeitgeber daran, dass dieser Einsatz die Mitarbeiter einen zu hohen Preis kosten kann? Dass eine solche Tätigkeit in jungen Jahren vielleicht noch zu leisten ist, die Kraft auf die Lebenszeit gesehen jedoch schmälert? Dass hier Sprint mit Dauerlauf verwechselt wird? Dass Mitarbeiter höchst ungleich behandelt werden? Und wie ist es mit den Kollegen? Die meisten gehen pünktlich, sie sind vielleicht froh, immer jemanden zur Stelle zu wissen, wenn man ihn braucht. Jemanden zu haben, auf den sie sich verlassen können. Doch würden sie selbst diese Leistung bringen wollen? Ist eine solche Tätigkeit heldenhaft vom Arbeitnehmer aus gesehen, der sich aus Begeisterung für seine Arbeit, dem Gefühl, heldenhaft die Welt retten zu können, dem Fehlen anderer Beschäftigungen, von der Karriereplanung her oder aus welchen Gründen auch immer zu solchem Arbeitseinsatz veranlasst fühlt? Dass die „Helden" mit Bild und echtem Namen vorgestellt werden, spricht dafür, dass sie sich gefreut haben, gewählt worden zu sein. Doch was ist mit der Selbstverantwortung? Was ist mit dem Ausgleich, der die Batterien wieder auflädt, der sie selbst nährt statt Unternehmen und Kollegen?

Nicht nur Führungsarbeit wird meist in Verbindung mit Mengen an Überstunden praktiziert. Das ist allgemein verbreitet – und oft gefordert. Doch auf Dauer zehren doppelte Arbeitstage die Energie auf. Für viele verschwimmt die Grenze zwischen Engagement und Sucht. Workaholic zu werden, ist die Gefahr dahinter, eine häufige Sucht und auch eine falsche Definition der eigenen Persönlichkeit, die ihren Ausgang neben Gewohnheiten in fragwürdigen Überzeugungen hat. Mit Workaholics sind nicht solche gemeint, die notwendige Überstunden zu gewissen Zeiten leisten, sondern dauerhaft deutliche Mehrzeiten. Sie lassen die allgemeine Zufriedenheit sowie Heiterkeit und Lebensfreude schwinden und mit ihnen die Leistungsfähigkeit. Der Ausgleich für die sinkende Leistungsfähigkeit wird häufig in noch mehr Arbeit gesucht: Die Abwärtsspirale dreht sich weiter. Eine Auslastung weit über 100 Prozent senkt die Produktivität, verursacht Fehler, lässt Arbeit sich aufstauen, behindert die Kreativität, ist schlecht für Beziehungen und nicht zuletzt für den Geldbeutel – denn irgendwann werden die Überarbeiteten zwangsweise aus dem Verkehr gezogen. Depressionen treten gern im Gefolge der Überarbeitung auf, zumindest aber ein schlechtes Gewissen: Für eine Führungskraft haben eigene Befindlichkeiten keine Rolle zu spielen. Statt den Druck für sich selbst zu mindern, negative Vorfälle und Gedanken als wichtige Signalgeber zu erkennen und statt allein die richtigen Dinge zu tun, die Dinge an sich wieder richtiger zu tun, also sein eigenes Handeln ab und zu kritisch, strategisch zu prüfen, wird das System befriedigt, das Hamsterrad in Gang gehalten.

Es gibt in jedem Unternehmen Mitarbeiter, die vorleben, wie es besser geht: Organisierte Büros, exzellente Arbeitserledigung und wenige oder keine Überstunden. Das ist also machbar, und sogar ohne dadurch zum Eigenbrötler zu werden. Diese Mitarbeiter ziehen neidische Blicke auf sich. *Der verdient mehr als ich, geht aber fast immer pünktlich* und Ähnliches. Der hohe Maßstab der guten, wirtschaftlich erzielten Ergebnisse wird nicht betrachtet, das Visuelle, die Präsenz wird überbewertet. Neid also mangels besserer Überlegungen und Einsicht in die eigenen Mängel. Den *social proof*, das psychologische Phänomen des Tuns, was alle tun, gibt es auch hier: Längere Arbeitszeiten werden automatisch mit Karrierestufen und mit mehr Arbeitsleistung verbunden. Dass es keinen Zusammenhang gibt, interessiert nicht. Denn dann müsste, um bekannt immense Gehälter zu rechtfertigen, der Tag mancher Führungskraft Hunderte von Stunden haben.

Nach einer Studie der AKAD-University, einer privaten Hochschule mit Sitz in Stuttgart [Mar 13], empfinden Arbeitnehmer 40 Prozent ihrer Arbeitszeit als unproduktiv. Die populärwissenschaftlichen Phänomene der Pareto-Verteilung und der Parkinson'schen Gesetze werden durch diese Umfragen bestätigt. Doch anstatt die Effizienten zu feiern, die, die gute Arbeit in wenig Zeit schaffen, werden die Vielarbeiter als Businesshelden gewürdigt. Vielleicht lieben sie Überstunden, arbeiten daher nicht effizient und sagen nicht nein. Oder sie fühlen sich gern als Held, schaffen vielleicht sogar Probleme, um mehr arbeiten zu können. Produktiver als „normale" Arbeiter sind sie nicht – sie lösen keine Probleme, sie schaffen sie erst. Statt die Kontrolle zu besitzen, hat der Arbeitszwang, das Gefühl der Unentbehrlichkeit, die Kontrolle über sie. Risiken sind stetige Begleiter. Für das Unternehmen, den Menschen selbst und nicht zuletzt seine Familie. Früher oder später brechen Workaholics zusammen. Aus Businessheld wird Businessopfer – und das Opfer war rege beteiligt an dieser Entwicklung.

Was ist zu tun, wenn ein Mitarbeiter eine Zeitlang den Helden gegeben hat und nun selbst feststellt, dass irgendetwas nicht stimmt? Oder wenn das Unternehmen einfordert, Zeiten und Aufgaben anders einzuteilen, damit Überarbeitung vermieden wird? Da hilft nur eines: einfach aufhören, den Helden zu mimen! Die bereits investierte Zeit ist kein Grund, weiterzumachen, genauso wenig wie für den Unternehmer bereits investiertes Geld ein Grund sein sollte, ein untaugliches Projekt weiterzuverfolgen. Der *Con-*

corde-Effekt, ein gängiger Denkfehler, darf sich nicht einstellen: Wo schon viel Geld (oder hier Zeit) ausgegeben wurde, wird gern einfach in gleicher Weise weitergemacht, in der Hoffnung auf Besserung. *Nur noch dieses Projekt, nur noch diese Aufgabe, nur noch diese Ausgabe!* Doch Besserung stellt sich nicht ein. Für eine Entscheidung, was künftig zu tun ist, sind bereits investiertes Geld und Zeit irrelevant – unabhängig davon ist zu prüfen, ob weitermachen, verändern oder aufhören wirtschaftliche Alternativen sind, und das ohne jede Emotion im Sinne guter Ergebnisse.

Nationale Schieflage – Überstunden, Krankheit, schlechte Laune

Die deutsche Wirtschaft ist erfolgreich, keine Frage. Gleichzeitig ist die Zahl der – vor allem unbezahlten – Überstunden so hoch wie in keinem anderen Euroland [Ich 15]. Sind diese Überstunden nun notwendig für den Erfolg? Es gibt keinen zwingenden Zusammenhang. Die Arbeitsergebnisse werden sogar mit zunehmender Arbeitszeit schlechter: Eine Studie der Stanford University bestätigt, dass die Produktivität von Arbeitnehmern mit steigender Anzahl von Arbeitsstunden drastisch abnimmt. Ab einer wöchentlichen Arbeitszeit von maximal 50 Stunden wird aus effizienter Arbeit Anwesenheit – die zusätzlichen Stunden bringen keine messbar positiven Effekte mehr [Pen 14]. Beim oben genannten 16-Stunden-Tag sind also bei fünf Arbeitstagen sagenhafte 30 Stunden nutzlos vertan. Vorausgesetzt, es bleibt bei nur fünf Arbeitstagen, was zu hoffen, aber nicht wahrscheinlich ist.

In Bezug auf ihre Gesundheit sind zum Beispiel norwegische Angestellte, die fast ohne Überstunden auskommen, zwar auch nicht in einer besseren Lage als Deutsche, doch in Deutschland leidet die Lebensqualität, die Lebensfreude offenbar mehr, was der Blick auf den Glücksindex zeigt: Norwegen auf Platz 4, Deutschland auf Platz 16 [Hel 16]. Glück und gute Laune hängen zusammen. Was ausländische Geschäftspartner an Deutschen beklagen, ist deren Schroffheit. Deutsche gelten als extrem zielorientiert und humorlos, sie leiden ständig unter Zeitnot. In Griechenland heißen die fleißigen, präzisen Deutschen daher „Robotika" – manchmal hilft der Blick aus fremden Augen, sich selbst besser zu erkennen. Stress ist verbreitet und wird als Zeichen von Wichtigkeit gern nach außen demonstriert. *Schneller, ich habe keine Zeit, Smalltalk ist ein überflüssiger Zeitverschwender.* Die Älteren haben sich daran gewöhnt, auf diese Weise zu arbeiten, aber die jungen Generationen fordern mehr Entspannung, mehr Verbindung, mehr Freude am Arbeitsplatz. Sie lehnen die schlechte Laune ab, die in deutschen Unternehmen vorherrscht – und schlechte Laune ist ja auch nicht naturgemäß mit guter Leistung verbunden. Andere Nationen und junge Unternehmen zeigen, dass Lachen zur Arbeit gehören kann. Stress und gängige deutsche Verhaltensweisen sagen etwas über allgemeine Übung und unser System aus, nichts dagegen über die Qualität der Ergebnisse.

10.1 Sich selbst unter Druck setzen

Du kannst alles erreichen – diese Aussage geistert durch die Literatur der Selbstoptimierer. Alles ist möglich, wenn, ja wenn Mann oder Frau sich nur richtig bemüht, zum richtigen Guru geht, alles richtig macht, nichts versäumt und ständig dranbleibt.

Das ist ein Wahn, der folgenschwer für die Einzelnen ist. Die Folge ist dauernde Selbstkritik: *Ich kann das nicht gut genug – ich habe noch nicht hart genug an mir gearbeitet. Ich kann das immer noch nicht – ich bin ein Versager. Das habe ich wieder nicht ordentlich genug gemacht! Ich schon wieder! Alle anderen können das besser, warum nicht ich?* Gedanken des Scheiterns begleiten die, die sich an der Maxime des alles Erreichbaren versucht haben. Unsicher in der Selbsterkenntnis und im Prozess des Setzens von Zielen, ja gar ganz ohne Ziele, fischen sie hier und da und in stratosphärischen Höhen. *Die Beziehung perfekt, der Job perfekt, Friede und Freude überall und jederzeit. Jeder liebt mich, ich kann einfach alles. Alles gelingt mir nach der Lektüre dieses – oder spätestens des nächsten – Buchs, nach dem Besuch des nächsten Seminars. Schau auf Richard Branson, schau auf Bill Gates, schau auf Madonna, schau auf Giselle Bündchen. Alles liegt in deiner Reichweite, du musst nur beherzt zufassen.*

Doch der Griff misslingt. Der Blick nach rechts und links könnte zeigen: Die anderen können auch nicht alles auf einmal. Vorbilder sind eine hervorragende Sache, nicht, dass wir uns missverstehen. Allerdings kommen auch sie in einem Gesamtpaket, von dem wir jedoch meist nur den einen kleinen Teil wahrnehmen, auf den wir uns konzentrieren, der uns beeindruckt. Madonna als erfolgreicher Popstar – wenig glücklich in Beziehungen. Robin Williams als Schauspieler, der viele Menschen fröhlich gemacht hat – innerlich ein trauriger Mensch, der sein Leben selbst beendete. Beispiele gäbe es zur Genüge. Genau das dürfen wir uns bewusst machen. Der Blick auf einzelne Eigenschaften verdeckt das Gesamtbild und nährt die Illusion, dass alles machbar ist. So stückeln wir aus den einzelnen Details der Vorbilder ein Gesamtbild zusammen und meinen, wir müssten all diese hervorragenden Leistungen abbilden können.

Nicht nur das: Veränderung soll immer schnell gehen. *Heute gewünscht, morgen geliefert.* Die Erfolgspropheten für Persönlichkeit, Beziehungen, Finanzen, Glück versprechen jede Menge und alles Mögliche. *Dies in 120 Minuten erreichen, jenes in vier Wochen, das mit nur einer Operation …* Wenn der Erfolg sich nicht einstellt, liegt die Schuld wieder bei uns. Wir haben einfach nicht intensiv genug getan, was erforderlich war, uns nicht ausreichend bemüht, waren nicht diszipliniert genug. Wieder werden alle mit gleichem Maß gemessen, ist der Erfolg des einen der Misserfolg des anderen.

Warum sehen wir nicht endlich ein, dass wir Individuen sind und es bleiben werden? Wir haben verschiedene Ziele aus verschiedenen Gründen. Vielleicht ist das gewählte Ziel doch gerade nicht das, was dem Menschen gut tut, was zu ihm passt. Dann gelingt nichts richtig, weil als Priorität eben etwas anderes wichtig wäre. So hantieren viele vor sich hin, probieren dies und das, scheitern, beginnen neu, hadern mit sich selbst. Versuchen wieder und wieder aus eigener Kraft zu schaffen, was von ihnen zu viel Energie erfordert oder einfach zum falschen Zeitpunkt gewollt ist. Manch Glücklicher dagegen marschiert geradlinig durch das Leben seiner Träume – oft sind es die, die genau wie

Unternehmen ihre Vision haben, aber auch Strategien und wenige, klare Ziele. Mancher Irrweg kann vermieden werden, manches sich in Maximen verheddern, wenn Mensch und Unternehmen sich Hilfe holen. Gute Sportler haben seit langem Coaches, was in Unternehmen und im Privatleben noch nicht üblich ist. Dabei kann ein guter Berater, Coach oder Mentor die Abkürzung sein, kann oft schon in kurzer Zeit helfen, Klärung für bisher Diffuses, Lösungen für noch nicht Erreichtes zu erwirken.

■ 10.2 Du bist, wie du denkst – die inneren Störenfriede

Nicht allein die Ziele selbst, die wir ansteuern, die Ideale, denen wir nacheifern, sind Ursache von Verhaltensweisen, die uns Ziele nicht oder nur auf Umwegen erreichen lassen. Unsere Kommunikation hat tiefgehende Wirkung, nicht zuletzt die innere Kommunikation, unsere Selbstgespräche, gleichgültig, ob jemand sich selbst dabei duzt oder in Ich-Form anspricht. *Quäl dich, du Sau!* las ich auf einem Schild bei einem Lauf-Event. Auf den ersten Blick lustig. Nach den folgenden Gedanken nicht mehr. Warum sollte ich mich quälen? Der von einem Teamkollegen stammende Satz sollte den Radfahrer Jan Ullrich dazu anspornen, die Leistung des Teams durch eigenen maximalen Einsatz zu honorieren. Doch hier war jeder für sich selbst unterwegs. Warum sich also nicht nur anstrengen, sondern sogar quälen? Um ein für mich gewünschtes, aber relativ unwichtiges Ziel zu erreichen, mit dem einzigen Zweck, dies möglichst schnell zu tun? Genau so sind Gedanken gestaltet, die Menschen zusammenbrechen lassen. Diese Gedanken treiben an, wider jede Vernunft und nur, wenn es mangels besserer Überlegungen keine besseren Optionen gibt. Dazu kommt Selbstbeschimpfung als Mittel der Wahl – wie gesund, wie förderlich mag ein solches Selbstbild sein?

Nur die Harten kommen in den Garten! Das Leben ist kein Ponyhof! Das muss perfekt sein! Wenn du dich ordentlich reinhängst, klappt das schon. Du kannst das nicht! Das ist nichts für dich! Wenn ich noch mehr arbeite, sieht jeder, dass ich unverzichtbar bin. Wenn ich nicht für Ordnung sorge, tut es keiner. Das wird von mir verlangt. Ich darf keine Schwäche zeigen. Das ist heute normal. Sätze wie diese gibt es zuhauf, endlos könnte die Liste sein. Mit ein wenig Überlegung fallen jedem viele davon ein. Sie werden uns von Kindheit an immer wieder eingetrichtert, verbal eingehämmert, so lange, bis sie feste Bestandteile unseres Weltbilds, unserer Überzeugungen sind. Wie Felsen stehen sie im Weg, teilweise als unüberwindliche Hindernisse je nach Stärke dieser sogenannten Glaubenssätze. Wären sie positiv, wäre das wunderbar: Doch die meisten von ihnen sind negativ. Auch ohne dass sie uns bewusst sind, wirken diese Glaubenssätze durch unsere Sicht auf die Welt. Sie schränken unser Denken ein und sind somit feste Bestandteile jeder Lösung, die uns einfällt – und damit auch jedes Problems. Stress entsteht, denn unsere Bedürfnisse und Werte können mit dermaßen eingeschränktem Denken nicht optimal erfüllt werden. Selbst wenn es bei etwas Nachdenken genügend Beispiele dafür gibt, in denen diese tief verinnerlichten Sätze wie *das ist nichts für dich* nicht zutreffend waren, sind sie durch die stete Wiederholung und Anwendung mächtiger als diese Beispiele und harmlos getarnt als „richtige" Weisheiten. Doch sie sind allenfalls schlechte Ratgeber, denen wir nur mit höchster Achtsamkeit entkommen können. Auszuräumen sind sie schwer, denn unser Gehirn ist durch die vielen Wiederholungen konditioniert: Es sucht Bestätigungen statt Gegenbeispiele. So quälen die meisten sich täglich mit diesen trügerischen Ratgebern, machen ständig Ähnliches oder gar Gleiches mit immer ähnlichen oder gleichen, meist wenig zufriedenstellenden Ergebnissen. Im Falle der Überarbeitung oder Überforderung so lange, bis der Mensch endlich die Reißleine zieht oder ziehen muss. Im schlimmsten Falle, bis der Arzt kommt, bis nichts mehr geht, was die vielen psychischen Erkrankungen zeigen, die mit der Arbeit zusammenhängen.

■ 10.3 Veränderungen beginnen mit guten Fragen

Wenn negative Einflüsse nicht gewollt sind, positive Veränderungen herbeigeführt werden sollen, können Unternehmen und Mensch beginnen, nützliche, weiterführende Fragen zu stellen wie:

Wo sehen Sie sich heute? War das von Anfang an Ihr Plan? Ist die Entwicklung gut oder könnte sie besser sein – und wenn ja, in welchen Bereichen? Wie sieht Ihre Zukunftsplanung aus? Wann haben Sie sich zuletzt darüber Gedanken gemacht? Wann werden Sie sich dazu Gedanken machen – und wie regelmäßig? Wenn alles ideal wäre, wie würde es aussehen? Wie kann der Weg dorthin sein? Was könnten Sie täglich tun, um die Situation zu verbessern?

Unter anderem zeigt fast jedes Kapitel dieses Buchs Wege auf, die der Fremd- und Selbstaufopferung entgegenwirken. Besonders die Frage nach den Bedürfnissen, den Werten und den Zielen sind Aspekte davon, die nicht nur seitens des Unternehmens, sondern auch seitens der einzelnen Menschen betrachtet werden müssen.

Wie sieht es mit der Erfüllung von Bedürfnissen aus?

Wie gut erfüllt Ihr Unternehmen, erfüllen Sie selbst sich Ihre Bedürfnisse? Bedürfnisse nach

- *Sicherheit* (beruflich, finanziell, familiär, im Freundeskreis; wie Selbst-bewusst sind Sie in Ihren Stärken?);
- *Abwechslung* (ist immer alles gleich oder gibt es immer neue Anregungen?);
- *Bedeutung* (behandeln wir die, die ihr Leben, ihre Zeit in gemeinsame Zeit und gemeinsame Ziele investieren, also unsere Liebsten, unsere Kunden, unsere Mitarbeiter wie Freiwillige, die jederzeit entscheiden können, ob sie weiter für uns tätig sind?);
- *Beziehungen* (sind die gewünschten Beziehungen vorhanden und erfüllend?);
- *Wachstum* (Wie erfüllt das Unternehmen dieses Bedürfnis? Entwickeln sich Ihre Lebensbereiche in Ihrem Sinne? Wohin wollen Sie gelangen?) und nach

- *Beitrag* (Erkennen Sie einen Sinn in dem, was Sie tun, tragen Sie zu einem größeren Ganzen bei? Unterstützen, helfen Sie anderen?).

Aus der „Ich-Sicht" macht erst die zufriedenstellende Lösung dieser Themen Selbst-Bewusstsein, Selbst-Bestimmung, Selbst-Wert und Lebensqualität aus.

Ziele

Gute persönliche Ziele kommen ebenso wie gute Unternehmensziele im „Bauch" an. Herz, Gefühle und Emotionen werden positiv bewegt und ermöglichen es, beschwingt in Richtung Ziel zu gehen. Es gilt, das Ziel oder die Ziele nicht aus den Augen zu verlieren, denn dann verdoppeln nicht nur Unternehmen, sondern auch Menschen gern ihre Anstrengungen und wundern sich, dass die Ergebnisse sich nicht nennenswert ändern. Mehr Partner, mehr Jobs, äußerliche Veränderungen, doch tiefergehend betrachtet lediglich mehr von dem gleichen Verhalten. Da, wo die richtige Einstellung, das Bewusstsein fehlt, werden auch Ziele regelmäßig verfehlt.

Die genaue Analyse des angestrebten Ziels mit seinen Begleiterscheinungen, Rahmenbedingungen und der Passgenauigkeit für den Planer müssen überprüft werden. Welche Bedürfnisse werden damit erfüllt und warum? Entspricht das Ziel meiner Wertewelt? Und was kostet es mich? Denn einem Ziel Priorität einzuräumen, wie beispielsweise dem Wunsch nach Kindern, bedeutet, bei anderen Zielen Rücksicht zu nehmen oder zumindest Abstriche hinnehmen zu müssen. Viele Dinge lassen sich miteinander vereinbaren, doch die Qualität der Erreichung einzelner Ziele wird in jedem Fall je nach Prioritäten schwanken.

Wer bin ich?

Das „Wo will ich hin", das Ziel, gilt es zu klären, doch erst in zweiter Linie. Zuerst sind die Fragen „Wer bin ich?" und „Wo stehe ich?" wichtiger, die Frage nach den persönlichen Eigenschaften, Stärken, Talenten, Neigungen und Werten. Davon ausgehend kann eine Vision formuliert werden. Hinsichtlich formulierter Ziele ist die Frage wichtig: Wer bin ich als Mensch, wenn ich mein Ziel erreicht habe – und will ich dieser Mensch sein?

Es gibt einige gute, erfolgversprechende Ansätze zur Ermittlung dessen, was uns wirklich etwas wert ist und wer wir sein wollen. John Izzo hat für sein Buch *Die fünf Geheimnisse, die Sie entdecken sollten, bevor Sie sterben,* recherchiert, was Menschen vor dem Tod in der Rückschau auf ihr Leben bewegt [Izz 10]. Die fünf Geheimnisse sind: *Seien Sie sich treu. Leben Sie so, dass Sie später nichts zu bereuen haben. Lassen Sie die Liebe in sich lebendig werden. Leben Sie im Augenblick. Geben Sie mehr, als Sie nehmen.* Die, die jeden einzelnen Tag danach leben und sich klar machen, was diese Grundsätze heute für sie bedeuten, erreichen bewusster und schneller ihre Ziele. Ein weiterer Ansatz ist die „Löffel-Liste" aus dem im Jahr 2007 erschienenen Film *Das Beste kommt zum Schluss*. Dabei handelt es sich um eine Liste all der Dinge, die man noch tun will, bevor man „den Löffel abgibt". Oder der selbst verfasste Nachruf auf das eigene Leben, bei dem im gedachten Alter von 80 Jahren der Rückblick auf ein in jeder Hinsicht befriedigendes Leben erfolgt.

Welche von den Methoden Sie auch wählen: Ihnen ist gemeinsam, sich auf das zu fokussieren, was Ihnen wirklich etwas bedeutet. Auf das, was jetzt Priorität erhalten soll. Auf den Menschen, der Sie sein wollen, und das Verhalten, das Sie leben möchten.

10.4 Ein Hoch dem Müßiggang

Bei all der Aktivität, bei allen Wünschen und Zielen, gilt es, nicht nur die Pausen (Kapitel 9), sondern auch die Mußezeiten nicht zu vergessen. Die Bedeutung sichtbarer Aktivitäten hat uns bereits beschäftigt – in unserer Leistungsgesellschaft stören Menschen, die scheinbar müßig herumsitzen. Müßiggang wirkt wie Faulheit. Die haben wir nicht gern: Die verabscheuenswürdigste Eigenschaft der Deutschen ist laut Selbsteinschätzung mit Abstand die Faulheit (46 Prozent), gefolgt von Feigheit (30 Prozent) und Inkompetenz (22 Prozent) [Frö 15]. Doch dieser Ansatz greift zu kurz: Jeder Fortschritt, den wir heute sehen, jede Erfindung war zunächst einmal nicht mehr als ein Gedanke. Antrieb für Erfindungen war meist, „Faulheit", also Freizeit und Entlastung für die Menschen zu erreichen. Warum laufen, wenn man fahren kann, warum Treppensteigen, wenn es Aufzüge gibt? Warum soll der Mensch sich plagen, wenn eine Maschine die Arbeit übernehmen kann?

Doch kulturell gilt Müßiggang oder „Faulheit" in Europa, vor allem in Deutschland, als tadelnswert. *Wer nicht arbeitet, soll auch nicht essen.* Zeit muss spätestens seit Martin Luther genutzt werden, Faulheit ist eine Sünde, Arbeit eine Tugend. So sind wir geradezu verdammt dazu, eine Verwendung für unsere Zeit finden. Wohin nun mit ihr? Freizeit genannt und theoretisch zur freien Verfügung stehend, muss sie gefüllt werden mit achtenswerten Aktivitäten. Kaum zu Hause, ist der Mensch weiter tätig. Sport in Extremen, Gartenarbeit in Perfektion, ehrenamtliche Tätigkeiten, Hobbys jeder Art – das bringt Bewunderung von außen ein. Die in Jahrzehnten durch Arbeitszeitverkürzungen gewonnene Zeit: restlos verplant. Von Freizeitstress ist die Rede. Zu viele Zerstreuungen, zu viel, was heute im Angebot ist und erstrebenswert erscheint. Statt Selbst-Bestimmung, statt (klugen) Müßiggangs Tätigkeit in gesellschaftlich akzeptiertem Sinn. Aktivität ist Statussymbol. Je intensiver ein Hobby ausgeübt wird, desto mehr Anerkennung. *Was hast du am Wochenende getan? Was habt ihr Tolles unternommen?* Eine Aktivität muss die andere überbieten – ein Spaziergang wirkt altmodisch und lächerlich. Am Wochenende wegfahren? Eine Flugreise muss es schon sein, ein Base Jump oder eine rauschende Party, Kopfweh inklusive. Müßiggang ist eindeutig nicht unser Thema, nicht unser Ding. Stattdessen die Verzettelung im Büro und außerhalb, das Herumhetzen und fast schon zwanghafte Tätigsein. Operative Hektik gewinnt und wieder einmal muss es mehr von dem Gleichen sein, um das System zu befriedigen. Wir lernen nicht aus unserem Verhalten: Wir glauben, unsere Einstellung sei richtig, und übertragen sie auf die Kinder – Schulstress hat sich für sie zu einem ernstzunehmenden Phänomen entwickelt.

Dabei könnten wir es besser machen: Studien und kluge Menschen haben schon längst den Wert der „Faulheit" erkannt (siehe Kasten).

> General Helmuth von Moltke, Chef des deutschen Generalstabs von 1858 bis 1888, Stratege und Schriftsteller, entlastete sich selbst in der Durchführung von Einsätzen durch die weitgehende Handlungsfreiheit, die er seinen Führungskräften gab. Diese wählte er weise aus. Dazu ging Moltke davon aus, dass es vier Menschentypen gibt [Tay 11]:
> 1. den geistig stumpfen, körperlich trägen Typ A
> 2. den geistig klaren, körperlich dynamischen Typ B
> 3. den geistig stumpfen, körperlich dynamischen Typ C
> 4. den geistig klaren, körperlich faulen Typ D
>
> Typ A erhält einfache Routineaufgaben ohne große Herausforderungen, man kann ihn getrost vor sich hinarbeiten lassen.
>
> Typ B gilt als zwanghaft penibel und zu detailversessen, um eine gute Führungskraft zu sein. Er soll nicht in die höheren Dienstgrade des Generalstabs aufsteigen, er ist nützlich, um Befehle ordnungsgemäß auszuführen und sich gewissenhaft auch um kleine Details zu kümmern.
>
> Typ C stuft Moltke als potenziell gefährlich ein. Er muss permanent beaufsichtigt werden, was zu viel Zeit und Geld kostet und von wichtigeren Dingen ablenkt. Darüber hinaus kann dieser Typ schnell Unruhe stiften, schneller, als andere für Ruhe und Ordnung sorgen können. Daher musste er nach Moltke aus der Armee entlassen werden.
>
> Typ D dagegen ist dazu berufen, die höchsten militärischen Ränge zu besetzen. Klug genug, um zu erkennen, was getan werden muss, ist er gleichzeitig faul genug, um aus eigenem Interesse immer den leichtesten und einfachsten Weg ans Ziel zu finden. Er kann mit minimalem Aufwand maximalen Erfolg erzielen, ohne sich zu verzetteln.

Gezielter Müßiggang, das Nachdenken darüber, was genau unsere Arbeit ist, was genau uns als Person ausmacht, lässt uns Leben und Arbeiten einfacher gestalten. Und nebenbei schneller und kreativer werden. Aber die effizienten Mitarbeiter werden ja, wie wir gesehen haben, meist nicht gefeiert. Kaum ein Mensch, kaum ein Unternehmen prüft sich immer wieder unter diesen Gesichtspunkten. Bill Gates stellte immer dann eine faule Person ein, wenn es einen schwierigen Job zu machen galt. Denn faule Menschen finden einfache Wege, Dinge zu erledigen [Ist 15]. Der Volksmund kennt eine Weisheit dazu: „Faulheit denkt scharf". Zum Umdenken helfen wieder nützliche Fragen: Wenn wir extrem faul wären, wie würden wir das Thema angehen wollen? Kennen Sie jemanden, der (diese) Probleme eleganter löst? Wie tut er es? Kann er Ihnen Vorbild sein? Das Nachdenken über kluge Entlastung, kluge Entrümpelung ist keine Faulheit. Im Gegenteil: Es fordert Mensch und Organisation heraus und ist anspruchsvoll, vor allem, weil es mit den gängigen Vorstellungen vom immer emsigen Menschen bricht. Das erfordert, dass wir Dinge grundlegend in Frage stellen – und vor allem das Hamsterrad verlassen.

> Doch wir machen weiter wie bisher. Unsere emsigen Aktivitäten, die Deutschland im Industrialisierungszeitalter neben unserem Perfektionsdenken an die Spitze der Wirtschaftswelt gebracht haben, müssten heute durch ebenso emsige Nutzung des Gehirnpotenzials ersetzt werden. Warum achten wir noch immer so wenig darauf? Weil das immer Gleiche nicht nur (trügerisch) verführerisch, sondern für Menschen geradezu zwanghaft ist. Paul Watzlawick, der berühmte Kommunikationswissenschaftler, Psychotherapeut und Autor, beschreibt in seinem Vortrag *Wenn die Lösung das Problem ist* bereits im Jahr 1987, dass Mensch die fatale Neigung haben, an einer einmal gefundenen Lösung stur festzuhalten, auch wenn die Umweltbedingungen sich so weit geändert haben, dass die Lösungen nicht mehr passend sind. So wird die Lösung selbst zum Problem [Wat 87]. An Probleme nicht bereits mit den Scheuklappen einer fertigen Theorie heranzugehen, ist uns schwerlich möglich. Unsere hochkomplexen Denkstrukturen stehen uns im Weg. Wir quälen uns wie der Mann in der Geschichte des bekannten Autors und Experten für Managementfragen, Stephen R. Covey [Cov 14]. Der Mann ist fleißig und ununterbrochen damit beschäftigt, Holz zu sägen, und leidet dabei sichtlich. Ein anderer Mann kommt vorbei, beobachtet ihn eine Weile und empfiehlt ihm dann, doch erst einmal die Säge zu schärfen, dann ginge die Arbeit deutlich schneller und leichter von der Hand. Der Sägende antwortet, sägend, schwitzend und stöhnend, dass das nicht gehe – aus Zeitmangel!

Schlafmütze oder Schlaukopf?

Um Zeit zu gewinnen, wird infolge der allgemeinen Umtriebigkeit auch gern am Schlaf gespart. Es gibt Menschen, die empfehlen, kürzere Schlafzeiten systematisch zu trainieren. Das war nach den Erkenntnissen der Harvard Medical School noch in den 1990er-Jahren auch verständlich, denn sie verkündete, dass die einzig erwiesene Aufgabe des Schlafes sei, unsere Schläfrigkeit zu kurieren. Heute gibt es viele gegenteilige Erkenntnisse zur Wichtigkeit des Schlafs [Sti 16]. Die positive Wirkung erstreckt sich auf das Immunsystem, das hormonelle Gleichgewicht, die emotionale und psychische Gesundheit, Lernen und Gedächtnis sowie die „Entgiftung" des Gehirns. Schlafentzug führt sogar zum vorzeitigen Tod. Schon eine einzige teilweise oder ganz durchwachte Nacht hat negative Folgen für uns. Gedächtnis und Gewichtsregulation sind eingeschränkt, unser Fokus konzentriert sich stärker auf das Negative als auf Positives. Schlaf ist Informationsverarbeitung mit dem Ziel, Erfahrungen auszuwerten und uns die Ergebnisse am nächsten Tag und in Zukunft für ein – meist sinnvolleres – Verhalten in der Zukunft zur Verfügung zu stellen. Diese Erkenntnisse vertragen sich nicht mit Heldentum im Business, mit übermäßigem Aktivismus und auch nicht mit langen Fernsehabenden, bei denen das natürliche Schlafbedürfnis herabgesetzt wird. Es bedeutet: Je mehr Anforderungen der Alltag an uns stellt, desto mehr müssen wir auf ausreichenden Schlaf achten.

Glück, gute Laune und Geld

Oft ist zu hören: Wir bezahlen schließlich gut für die Arbeit! Nach dem Motto: Wenn nur die Bezahlung stimmt, kann alles verlangt werden. Doch die Menschen sind eben nicht käuflich. Wenn die Rahmenbedingungen nicht stimmen, stimmen auch Arbeitsleistung und Loyalität nicht, wie die Untersuchungen des Gallup-Instituts und anderer Forscher zeigen. In einer Wohlstandsgesellschaft lebend, sind unsere zum Überleben wichtigen Grundbedürfnisse wie Nahrung und Wohnung erfüllt. Das Glücksgefühl lässt sich sogar ab einer Einkommenshöhe von rund 50 000 Euro jährlich nicht mehr grundsätzlich messbar, sondern allenfalls noch kurzfristig steigern. Selbst ein Lottogewinn macht nicht dauerhaft glücklicher. Einen Zusammenhang zwischen Geld und Glück gibt es also – abgesehen von der Erfüllung der elementaren Bedürfnisse – nicht [Her 15]. Der Versuch, Loyalität und Einsatz mit Geld zu kaufen, muss folglich regelmäßig scheitern. Es ist nicht das Geld, das Menschen engagiert arbeiten lässt, es sind emotionale Gründe wie das Wohlfühlen am Arbeitsplatz, ein höherer Sinn und mehr.

> Das Wohlfühlen beeinflusst sogar die geistige Leistungsfähigkeit: Je entspannter beziehungsweise glücklicher Menschen sind, desto mehr nehmen sie wahr. Schlecht gelaunten Menschen gehen essenzielle Informationen regelrecht durch die (Hirn-)Lappen, sie bemerken nur noch kleine Teile von Informationseinheiten. So wurden Menschen für eine Versuchsanordnung gebeten, zu beschreiben, was sie auf einem Bild sehen. Sie versetzten sich dafür vorher entweder in eine früher erlebte Situation, in der sie entspannt waren, oder in eine, in der ihnen alles über den Kopf gewachsen war. Die entspannt Gestimmten bemerkten deutlich mehr Details als die Gestressten, denen mit zunehmendem Stresslevel immer mehr wesentliche Informationen entgingen [Kit 11].

Als Arbeitgeber für mehr Wohlbefinden am Arbeitsplatz zu sorgen, aber es auch als Beschäftigter selbst aufzuspüren, zählt somit zu einer der wichtigsten Herausforderungen im Arbeitsleben. *Einer sinnvollen Arbeit* nachzugehen und sein Einkommen aus eigener Kraft erzielen zu können, gehört zu den größten Glücksbringern [Rom 13].

■ 10.5 Die Dinge richtig tun – die richtigen Dinge tun

Viele Menschen behaupten von sich, die falschen Dinge zu tun. Oft fehlt es jedoch am Bewusstsein dafür, wie erfüllend schon das ist, was wir tun und dass unser Tun unseren Bedürfnissen und Werten bei näherer Betrachtung entspricht beziehungsweise entsprechen würde, wenn wir bewusster handeln oder Kleinigkeiten anders erledigen würden. Oder es fehlt am selbstkritischen Bewusstsein dafür, dass wir selbst häufig Ursache und Auslöser von negativen Gefühlen sind und dass uns auch andersgeartete Umstände keinesfalls zufriedener stimmen könnten. Vielleicht auch, weil im Umfeld gern über alles

Mögliche gejammert wird; weil gleichgültig, wo und mit wem wir zusammen sind, oft – auf hohem Niveau – nach einem Grund zur Unzufriedenheit gesucht wird, nach einem „Mehr", mit dessen Erreichen dann erst alles richtig gut wird – was nie eintritt.

Statt negativer (Gefühls-)Äußerungen helfen nützliche Fragen wie: Was genau an meinem Tun gefällt mir? Wenn heute eine Kleinigkeit helfen könnte, den Tag besser zu gestalten – was wäre das und wie kann ich das umsetzen? Für was kann ich heute dankbar sein? Was kann ich heute tun, um die Dinge zu verbessern? Diese Fragen sind konstruktiv und positiv, sie klären und helfen, Macht über das eigene Leben zu gewinnen, es positiv zu gestalten und den Weg zum Wohlfühlen zu ebnen.

10.6 Kurz und knapp

- „Businesshelden" sind keineswegs heldenhaft, sondern ein Risiko für sich und ihr Unternehmen. Viel „Heldenhaftigkeit" entsteht aus Überforderung und mangelnden besseren Strategien seitens des Unternehmens wie auch der Beschäftigten. Der gängige Überstundenkult hat nichts mit besseren Ergebnissen zu tun. Ein Arbeitsleben ist eben kein Sprint – niemand käme auf die Idee, bei einem Dauerlauf im Sprinttempo zu rennen, doch im Arbeitsalltag wird diese Strategie noch als beeindruckend und vorbildhaft betrachtet. Stattdessen wäre der nicht überlastete, am Ende seiner täglichen Arbeitszeit immer noch leistungsfähige Mitarbeiter ein echtes Vorbild, denn wer abends völlig ausgebrannt die Firma verlässt, es gerade noch bis zum Fernseher schafft und sich dort betäubt, kann schon tagsüber keine gute Leistung mehr geliefert haben. Weder gute Leistung noch ein als gut empfundenes Leben entstehen daraus auf Dauer.

- Ein bewussteres Leben schützt vor Aufopferung. Eine Portion Müßiggang ist dabei nicht aller Laster Anfang, sondern Bestandteil eines Lebens, in dem es Raum gibt, Gutes und Neues zu entdecken. Nur der kluge Faule, der Effiziente, kann neue Wege wirkungsvoll beschreiten und sollte als Businessheld gefeiert werden. Jeder trägt dabei selbst große Verantwortung für sein Leben – die Lösungen werden daher höchst unterschiedlich, eben bunt, aussehen. Eine Unternehmenskultur, die Individualität wertschätzt, wird zum Nutzen aller beitragen.

- Leistungsträger zu unterstützen, die Gesundheit der Mitarbeiter zu fördern, wird immer wichtiger. Der Erfolgsschlüssel (Selbst-)Verantwortung hilft dabei, das Phänomen der Selbstaufopferung und Arbeitswut bewusst im Blick zu behalten und dem (Selbst-)Missbrauch vorzubeugen.

10.7 Handlungsempfehlungen

- Welcher Typ von „Businessheld" sind Sie, sind Ihre Mitarbeiter? Der Selbstaufopfernde oder der Effiziente? Was können Sie verbessern?
- Prüfen Sie Ihr Selbstbild: Geht es auch weniger perfektionistisch? Sind Sie ein „fauler kluger" Mensch?
- Behalten Sie bei jeglichem Engagement den „Concorde-Effekt" im Sinn.
- Welche Ansätze finden Sie, aus der unproduktiven Arbeitszeit produktive Zeit zu machen?
- Was kann das Stimmungsbarometer des Unternehmens dauerhaft anheben, aus individueller und aus Unternehmenssicht?
- Wie konstruktiv ist die Kommunikation im Unternehmen? Und wie konstruktiv ist Ihre innere Kommunikation?
- Ist die Atmosphäre im Unternehmen eher entspannt oder angespannt? Was kann jeder Einzelne zu mehr Wohlgefühl beitragen?
- Haben Sie für sich eine Vision, wenige klare Ziele, kennen Sie sich selbst gut? Und erreichen Sie Ihre Ziele gut oder gibt es Schwierigkeiten, bei denen Unterstützung sinnvoll wäre?
- Prüfen Sie die Erfüllung von Bedürfnissen, Werten und Zielen aus persönlicher Sicht.
- Sollten Sie den Stellenwert des Müßiggangs in Ihrem Leben steigern?
- Schlafen Sie ausreichend, um Ihre Leistungsfähigkeit zu erhalten?
- Entwickeln Sie nützliche Fragen und konzentrieren Sie sich auf die zielführendsten.

10.8 Literaturverzeichnis

[Bor 13] Borsch, R., Land ohne Überstunden (2013), unter http://www.kulturaustausch.de/index.php?id=5&tx_amkulturaustausch_pi1[view]=ARTICLE&tx_amkulturaustausch_pi1[auid]=1687&cHash=72891c93634178ab5b3637033d842a83 (letzter Aufruf 3.6.2016)

[Cov 14] Covey, S. R., Die sieben Wege zur Effektivität, Offenbach 2014

[Frö 15] Fröhlich, H., Faulheit in Zahlen, in: brand eins 8/2015, 106–107, unter http://www.brandeins.de/archiv/2015/faulheit/faulheit-in-zahlen/ (letzter Aufruf 3.6.2016)

[Hel 16] Helliwell, J. u. a., World Happiness Report 2016, unter http://worldhappiness.report/wp-content/uploads/sites/2/2016/03/HR-V1_web.pdf (letzter Aufruf 1.6.2016)

[Her 15] Herrmann, S., Mehr Geld, mehr Glück? (1.3.2015), unter http://www.sueddeutsche.de/geld/2.220/forschung-zur-zufriedenheit-mehr-geld-mehr-glueck-1.2370429 (letzter Aufruf 3.6.2016)

[Ich 15] Ich bleibe heute wieder länger (23. 7. 2015), unter http://www.zeit.de/wirtschaft/2015-07/arbeitszeit-ueberstunden (letzter Aufruf 3. 6. 2016)

[Ist 15] Ist Faulheit produktiv? Fragen an Stephan A. Jansen, in: brand eins 8/2015, 88 – 89, unter http://www.brandeins.de/archiv/2015/faulheit/ist-faulheit-produktiv/ (letzter Aufruf 3. 6. 2016)

[Izz 10] Izzo, J., Die fünf Geheimnisse, die Sie entdecken sollten, bevor Sie sterben, München 2010

[Kit 11] Kitz, V./Tusch, M., Psycho? Logisch! Nützliche Erkenntnisse der Alltagspsychologie, München 2011

[Pen 14] Pencavel, J., The Productivity of Working Hours (April 2014), unter http://ftp.iza.org/dp8129.pdf (letzter Aufruf 3. 6. 2016)

[Mar 13] Markgraf, D. Arbeitswelten im Wandel. Auswirkungen von etablierten Kommunikationsmitteln und sozialen Medien auf die Effizienz modernen Arbeitens (17. 10. 2013), unter http://blog.akad.de/wp-content/uploads/2013/10/Studie_Markgraf_2013_Arbeitswelten_im_Wandel.pdf (letzter Aufruf 3. 6. 2016)

[Rom 13] Roman Herzog Institut, Vertrauen, Wohlstand und Glück. Forschungsergebnisse zu Wachstum, Wohlstand und Wohlbefinden (2013), unter http://www.romanherzoginstitut.de/uploads/tx_mspublication/RHI_Information_13_WEB_01.pdf (letzter Aufruf 23. 6. 2016)

[Sti 16] Stickgold, R., Schlaf drüber!, in: Gehirn und Geist 4/2016, 58 – 63

[Tay 11] Taylor, P., Projektmanagement für Faulenzer. Wie Sie Ihre Produktivität verdoppeln und dennoch früher Feierabend machen können, Offenbach 2011

[Wat 87] Watzlawick, P., Wenn die Lösung das Problem ist (1987), unter https://www.youtube.com/watch?v=cl4aZTPsTSs (letzter Aufruf 3. 6. 2016)

[Yes] Yes! Wir sind die Business-Helden 2015, unter http://hrs.de/businesshelden/winner/ (letzter Aufruf 3. 6. 2016)

11 Darum haben Sie dieses Buch gelesen!

Sie haben mit der Lektüre entdeckt, dass im Thema Buntheit, Vielfalt, Diversity oder Heterogenität, wie auch immer der Name für die konstruktive Zusammenführung menschlicher Individualität ist, viel positive Zukunft, viel Freude und viel Gewinn stecken, die, spannend und interessant behandelt, endlich aus „lästiger Pflichtaufgabe" Begeisterung machen. Damit Sie, damit Ihr Unternehmen nicht dem Beispiel vieler Unternehmen folgt, die zwar klar die Herausforderungen der Zukunft sehen und doch hinter ihren Möglichkeiten weit zurückbleiben. Sie haben die Kraft der Unterschiede verinnerlicht! Vielfalt macht kreativ, Vielfalt schafft Lösungen und Vielfalt macht Laune, Lust statt Last ist dabei die Devise. Und es ist höchste Zeit, der Buntheit endlich den Wert einzuräumen, den sie verdient.

Darum dieses Thema!

Die erfolgreiche Bewältigung der Zukunft ist das zentrale Thema unternehmerischer Aktivitäten. Und wer macht Zukunft? Wer überlebt am Markt? Wer setzt Trends? Sind es die Unternehmen, die Compliance-Regeln am besten beachten? Die Unternehmen, die am besten durchorganisiert sind? Nein! Es sind die Unternehmen, die erkennen, wie die Welt sich wandelt, welche Strukturen neu aufkommen, wie das Wesen des Business und der Menschen sich wandelt. Die, die vorausschauen und den Mut haben, Dinge auszuprobieren und zu verändern. Die, die den Mut haben, auf die Menschen in ihrem Unternehmen zu vertrauen und auf das, was diese einbringen können. Denn in einer vielfältigen Welt, in der vor allem Wissen und Fähigkeiten zählen, können nicht mehr Einzelne die besten Ideen und Entscheidungen hervorbringen.

Ideen – Querdenken – Verbesserungsvorschläge: Alles entspringt Gehirnen. Gehirnen, die willig und fähig bei der Arbeit sind. Und die Zeit und Raum haben, ihre Potenziale zu nutzen. Potenziale, die derzeit noch weitgehend ungenutzt bleiben. Wir wollen und müssen Gehirne bei der Arbeit sehen. Nutzen, was vorhanden ist und noch schlummert, freilassen, was durch überbordende Regeln und Vorschriften gebunden ist oder sich gar demotiviert einrichtet im Arbeitsleben. Wir brauchen Hirn statt Hamster. Und wir wissen, dass bestimmte Rahmenbedingungen geschaffen sein müssen, wenn wir Bestleistungen sehen wollen – den Weg dazu bereitet dieses Buch.

Dieses Buch schaut auf Aspekte, die Führung bei der Visionsentwicklung und Festlegung von Diversity-Schwerpunkten besonders bedenken sollte, bevor es in detaillierte

Maßnahmen geht. Die Rahmenbedingungen, die Schlüssel des Erfolgs, haben Sie, kapitelweise dargestellt, praxisbezogen und mit spannenden Geschichten unterlegt, kennengelernt:

- Erfolgsschlüssel *Wert der Vielfalt* erkennen:
  Grundsätzlich erkennen, welche Schätze – bisher meist noch unerkannt – im Thema Buntheit liegen.
- Erfolgsschlüssel *Gute Führung:*
  Die Wichtigkeit guter Führung mit dem situationsbedingten Einsatz von Führungsstilen für die Entfaltung von Individualität und Potenzialen erkennen – und dass bessere Führung bisher weder selbstverständlich ist, noch dass es sie „auf Rezept" gibt.
- Erfolgsschlüssel *Menschenkenntnis:*
  Den Wert der besseren Menschenkenntnis entdecken – denn ohne Menschen zu kennen, können keine besseren Arbeitsergebnisse geschaffen werden, kann sich Buntheit nur ansatzweise entfalten.
- Erfolgsschlüssel *Gedanklicher Austausch:*
  In unserer vielfältigen Welt müssen Entscheidungen beziehungsweise zumindest deren Vorbereitung breiter aufgestellt werden. Der Beitrag des Austauschs, der Ideen und Diskussionen vieler Menschen für Innovationen und bessere Entscheidungen wird noch weit unterschätzt, „einfältige" Entscheidungen mit hohen Risiken sind die Folge.
- Erfolgsschlüssel *Flexible Organisation, der Mensch im Mittelpunkt:*
  Mensch vor Organisation: Das bedeutet, nicht die Menschen zurechtzubiegen, bis sie zur vorhandenen Stelle passen, sondern genug Flexibilität in der Unternehmensorganisation zu ermöglichen, damit individuelle Stärken zum Einsatz kommen können.
- Erfolgsschlüssel *Sinn und Ziele:*
  Ein großes „Warum" anzubieten, und das in einer Weise, die jedem einzelnen Menschen entspricht, lässt die Menschen ihren Sinn bei der Arbeit entdecken und weckt Selbstmotivation. Damit jeder im besten Sinn seinen Beitrag zum Ganzen liefern kann und vor allem will.
- Erfolgsschlüssel *Vertrauen:*
  Ohne Vertrauen ist keine kreative und innovative Arbeit möglich. Wer die Potenziale der vielen nutzen will, muss ihnen Freiräume und geschützte Räume anbieten, statt sie in Regeln einzuschnüren. Eine gute Fehlerkultur gehört dazu.
- Erfolgsschlüssel *Bewusster Umgang mit Geschwindigkeit:*
  Schnelligkeit ist zum Selbstzweck geworden, Druck ist oft ohne Not allgegenwärtig. Das „richtige" Verhältnis zur Geschwindigkeit zu finden, hilft dabei, den Druck auf das erforderliche Maß zu reduzieren und dringend benötigte Freiräume zu schaffen, damit agiert statt reagiert werden kann.
- Erfolgsschlüssel *(Selbst-)Verantwortung:*
  Verantwortung für Menschen übernehmen bedeutet auch, sie zur Eigenverantwortung anzuleiten und dem Selbstmissbrauch, der Fremd- und der Selbstaufopferung, entgegenzuwirken. Wenn jeder Mensch sich selbst und auf sich selbst achtet, kann er sein Bestes geben – und das im Dauerlauf, nicht nur im Sprint.

Erst Diversity-Führung, dann Diversity-Management

Diversity: Elementare Notwendigkeit oder Pflicht? Die Führungs- und Arbeitswelt von heute hat sich noch nicht darauf eingerichtet, Menschen so zu fördern und zu fordern, dass sie den Anforderungen der Zeit und der Zukunft gerecht werden können. Noch immer führen und arbeiten wir nach alten, überholten Methoden. Doch die nachindustrielle Arbeitswelt hat sich komplett verändert – und das gilt es, im Unternehmen lebendig werden zu lassen.

Die Zukunft fängt mit den richtigen Fragen an, nicht mit Vorschriften oder Checklisten. Der Blick des Diversity-Managements geht ins Detail – und die Führung überlässt ihnen das Management zu Recht gern. Doch für die richtigen Fragen ist die Führung verantwortlich. Nicht unbedingt, indem sie jede Frage selbst stellt, sondern indem sie dafür sorgt, dass der Sinn erkennbar ist, die Vision, und dass auf dieser Grundlage jeder gute Fragen stellen kann und will. Nicht die Jammer-Fragen wie: *Warum nur ist der Wettbewerb so hart; warum nur funktioniert ... nicht?* Und so weiter. Sondern Fragen wie: *Wie müsste es sein, damit es gut ist? Was tun wir, um heute etwas zu verbessern?* Oder: *Wenn es ideal wäre, wie wäre es dann?* Oder: *Alle Bedenken außen vor, wie sähe ... aus?* Fragen, die auch gängige Vorgehensweisen und Meinungen immer wieder auf den Prüfstand stellen, denn die bedeutenden Erkenntnisse der Wissenschaften sind häufig gegen geläufige Meinungen erlangt worden. Die Erfolge der Vielfaltsnutzung schreiten langsam voran, solange mehr gemanagt als geführt, mehr organisiert als gefragt wird. Denn ohne inspirierte Führung fehlt der Schwung, der die Aktivitäten in Gang hält, fehlt der Sinn, der Menschen zur Handlung, zur Veränderung inspiriert.

Und dieser Sinn ist nach Reinhard K. Sprenger nicht zu unterschätzen: „*Der Sinn aller Arbeit in einem Unternehmen ist es, die Lebensqualität anderer Menschen zu verbessern – dafür zu sorgen, dass es anderen gut geht.*" Buntheit ist das Mittel der Wahl – und der Gewinn daraus ist nicht nur die bessere Lebensqualität anderer, sondern auch der Führung selbst und natürlich nicht zuletzt der Kunden, die ihre Bedürfnisse besser befriedigt sehen.

Beginnen Sie noch heute. Der Ertrag wird reichhaltig sein!

Index

Symbole

3M *160*

A

Abgabe von Verantwortung *103*
Ablehnung *37*
Abschieben *157*
Adhocracy *86*
Agiles Teamwork *86*
Analyse *78, 92*
Andersdenkende *18*
Anerkennung *20, 65, 113*
Angst vor Fehlern *142*
Anpassungsprozess *136*
Antriebskraft *125*
Arbeitsort, flexibel *106*
Arbeitsqualität *39*
Arbeitsteilung *112, 145*
Arbeitszeitreduzierung *107*
Aufgaben- und Zieldefinition *107*
Auslastung *159*
Autonomie *144*
Availability Bias *58*

B

Ballast *163*
Basisdemokratie *85*
Bauchentscheidung *78 f.*
Bedürfniserfüllung *118, 123*
Bedürfnisse *112, 173*
Betrug *135*
Bewegungsfreiraum *97*
Bewertungsportale *44*
Buntheit *3*
Bürokratie *134, 136*
Businesshelden *168, 179*

C

Charta der Vielfalt *15*
Coco-Mat *25*
Commitment *86*
Community Dance *13*
Compliance *133, 136, 142*
Compliance-Regeln *133*
Concorde-Effekt *169*
Corporate Governance *133*
Crowdsourcing *87*

D

Daten *78*
Datensammlung *90*
Defensive Entscheider *79*
Delegation *157*
Demotivation *37*
Denkfehler *59*
Denkweise verändern *60*
Dialogische Führung *68*
Dienst nach Vorschrift *51*
Digital Natives *38*
Diskussionsstruktur *91*
Diversity *5, 11, 15, 183, 185*
Diversity-Management *20, 185*
Dokumentation *92*
Drogeriemarkt dm *68*
Dunkle Triade *44*
Dunning-Kruger-Effekt *57*

E

ECI (Emotional Competence Inventory) *66*
Effizienz durch Hierarchieabbau *102*
Eigenschaften des idealen Chefs *47*
Einzelkämpfer *140*
Emotion *65, 111, 123*
Emotionale Intelligenz *55, 66*
Empathie *66*

Engagement Index Deutschland 64
Entmächtigung 82
Entscheider 78
Entscheidung 75, 184
Entscheidungsfreude 75
Entscheidungskompetenz 82, 108
Entscheidungsroutine 90 f.
Entscheidungs- und Handlungsfähigkeit 89
Entschleunigung 153
Erfolg 3
Erfolgsaspekt 18
Erfolgskultur 142
Ergebnisfokussierung 107
Ergebnisorientierung 106
Etappenziel 21

F

Faktor Zeit 154
Familienbewusste 58
Fangemeinde 118
Fehlentscheidung 83
Fehler 142
Fehlerkultur 142
Fehlertoleranz 24
Fehlzeiten 37
Flexibilität 95, 97
Flexible Organisation 108
Flexible Organisationsform 102
Fluktuation 105
Fokus der Lehre 42
Frauen in Führungspositionen 45
Freiheit 146
Freiheit für Mitarbeiter 102
Freiräume 96
Freizeit 175
Führungsdisziplin 18
Führungskraft 6, 44, 97
Führungskultur 44
Führungskultur, offene 38
Führungspersönlichkeiten 44 f.
Führungsqualitäten 40
Führungsstil 33 f., 42, 51, 184
Führungsstil, autoritär 33
Führungsverantwortung 40
Funktionieren von Teams 87

G

Gedanklicher Austausch 75, 91
Geduld 78, 80, 155
Gemeinschaft 19
Gender Diversity 17
Gender-Thema 3
Generationen Y und Z 38
Geschwindigkeit 153 f.

Gesundheit 113
Gewinn 51
Glaubenssätze 172
Glücksgefühl 178
Glücksindex 170
Grundbedürfnisse 112

H

Haltung, ablehnend 37
Hamsterrad 156
Handlung 81
Handlungsspielraum 136
Haufe-Gruppe 43
Heidi-Howard-Experiment 56
Heterogene Führung 6
Heterogenität 11, 95
Heuristik 90
Hierarchie 103
Hierarchiefrage 102
Human-Resources-Orientierung 122
Hypothekenkrise 134

I

IAT-Test (Implicit Associaton Test) 59
Ideale Führung 51
Ideen 20
Individualität 3, 39, 68, 96, 183
Informationsbeschaffung 91
Informationsmenge 88
Initiative Neue Qualität der Arbeit 38
Innovation 142
Inspiration 126
Intelligenz 78
Intuition 79

K

Kammerphilharmonie Bremen 97
Karriere 40, 106
Kommunikation 49, 55, 101, 107
Kommunikationsbedarf 108
Kommunikationskultur 82, 91
Konflikt 108
Kontrolle 147
Kontrollklima 138
Kontrollsystem 133, 137
Kontrollverzicht 147
Kosmetikmarke Dove 23
Kostenmanagement 115
Kreativität 160
Kritik 146
Kulturelle Unterschiede 3

L

LAB, Language and Behaviour Profile *62*
Lebensqualität *38, 185*
Linienhierarchie *96*
Lösungsansätze *78*

M

Machtausübung *36*
Machtmenschen *36*
Mägli, René *28*
MCS Basel *27*
Mehrheitsentscheidung *84*
Meinung der Verbraucher *76*
Mensch als Teil des Ganzen *19*
Menschenkenntnis *49, 55, 62, 184*
Menschenverachtung *137*
Menschenverstand *139*
Mensch im Mittelpunkt *108*
Mensch im Vordergrund *18*
Metamodell *61 f.*
Ministry Group *100*
Mission *123*
Mission des Unternehmens *21*
Misskredit *144*
Misstrauen *131*
Misstrauenskultur *137*
Mitarbeiterbindung *28*
Mitarbeitergewinnung *28*
Mitarbeitermotivation *28*
Mitarbeiter, mündig *82*
Mitarbeiterpotenzial *51*
Mitarbeitersuche *62*
Monotasking *159*
Motivation *112*
Multitasking *158*
Müßiggang *175*
Mut *183*
Mutmaßungen *90*

N

Nachhaltigkeit *155*
Neue Erwartungstheorie *60*
Neurolinguistisches Programmieren *61*
Nichtstun *80*
Nutzen der Vielfalt *108*

O

Offenheit *8, 25, 49*
Omission Bias-Phänomen *81*
Opportunitätskosten *147*
Organisation *184*

Organisationsform *29, 103*
Orientierung an Vorbildern *121*

P

Patagonia *116*
Perfektionismus *157*
Personalauswahl *61*
Persönliches Wachstum *20*
Persönlichkeitsmerkmale *45*
Persönlichkeitstest *61*
Pflichterfüllung *114*
Planet der Affen *63*
Präsenzdenken *106*
Präsenzkultur *105*
Priorität der Werte *121*
Prohibition in den USA *135*
Psyche *113*

R

Ratio *78*
Referenzen *61*
Regeln *133*
Regelungsdickicht *135*
Regelwerk *137*
Regulierungswut *41, 142*
Re-Inventing *22*
Rendite *50*
Respekt *102*
Rhythm is it *14*
Routineentscheidungen *82*
Rückschläge *108*

S

Schlaf *177*
Schnelligkeit *29, 35, 78, 154*
Schnelligkeitskultur *161*
Schwächen *68*
Schwarmintelligenz *85*
Selbstaufgabe *168*
Selbstaufopferung *168*
Selbstbeherrschung *66*
Selbstbild *61, 172*
Selbstkritik *171*
Selbstmotivation *184*
Selbstorganisation *103*
Selbstständigkeit *82*
Selbstverantwortung *68, 168*
Selbstvertrauen *144*
Selbstwahrnehmung *66*
Serendipitätseffekt *86*
Shareholder Value *96*
Sicherheitsgefühl *20*

Sinn 115, 125
Sinnfindung 123
Sinnhaftigkeit 123
Sinnkultur 116
Social Brand Value 117
Social proof 169
Soziale Verantwortung 96
Spannungsfelder 96
Stabilität 97
Stärken 108
Stärkenanalyse 67
Stetiges Verbessern 22
Stress 37, 79, 170
Stromlinienförmigkeit 35
Studien 8

T

Talent 67
Team 7
Teamarbeit 86, 92, 97
Teilzeitarbeit 104
Teilzeitmodell 104
Tesco 25
Transaktionskosten 137

U

Überarbeitung 169, 173
Überforderung 173
Überstunden 103, 168
Überzuversichtliche 58
Umgang mit Geschwindigkeit 153
Umgang mit Zeit 153
Umstrukturierung 161
Unaufmerksamkeitsblindheit 83
Unterlassen 81
Unternehmenserfolg 121
Unternehmensintelligenz 86
Unternehmenskultur 34, 43 f., 49, 70, 131
Unternehmenswerte 121
Unterordnung 96
Unzufriedenheit 41, 104, 179

V

Valve 103
Veränderung 2
Veränderungsprozess 162
Verantwortung 108
Verantwortungsbewusstsein 81
Verbesserungspotenzial 142
Verbesserungsvorschläge 183
Verbindung 113
Vernetzung 40, 97, 117

Vernetzung von Mitarbeitern 107
Vertrauen 131 f., 138, 143
Vertrauensbruch 140
Vertrauenskultur 145
Vertrauensmissbrauch 134
Vertrauensverlust 135
Vielfalt 1, 11 f., 96, 183
Vielfalt als Führungsaufgabe 11
Vielfalt der Menschen 95
Vision 102, 123, 174
Visionsentwicklung 183

W

Wachstum 2, 51
Wachstum, persönliches 115
Weisheit der Vielen 87
Werkzeugkasten 42
Wert der Vielfalt 184
Werte 119
Wertegewichtung 120
Wertehierarchie 67, 120, 143
Wertekultur 135
Werteorientierung 121
Wertesystem 120
Wertschätzung 65, 102
Wettbewerb 96, 154
Widerstand 17, 36 f.
Widerstandshaltung, innere 17
Wir-Gefühl 118
Wir-Phänomen 117
Wisdom of the crowd 87
Wissen 87
Wohlbefinden 64
Wohlfühlen 178
Workaholics 168
Work-Life-Balance 37, 39

Z

Zalando 155
Zeitkultur 164
Zeitmanagement 159, 162
Zeitreserven 163
Ziel 21, 125, 174
Zielausrichtung 21
Zielerreichung 107
Zielsetzung des Strategiewechsels 101
Zugänge zu einer Person 61
Zukunft 183
Zukunft gestalten 124
Zuviel an Hierarchie 102

13 Die Autorin

Beate Hackmann ist Unternehmerin sowie Coach, Trainerin und Referentin für das Thema „Nutzen von Unterschieden". Sie zeigt Unternehmen, wie sie sich „Buntheit" aneignen dürfen, können – und müssen.

Die „neue Führung" ist ihr dabei ein echtes Herzensanliegen, denn sie hat im Bankensektor die Schattenseiten heutiger Führung selbst und – auch – schmerzlich erlebt. Unterschiede wertschätzen, vereinen statt trennen, Emotionen wahrnehmen, Außen und Innen sehen, hinter die Fassaden blicken – das alles ist Beate Hackmann wichtig.

Von „Allerwelts-Trainer/inn/en" unterscheidet sie sich deutlich durch ihre Erfahrung und exzellente Fachkenntnis. Als langjähriger und erfolgreicher Vorstand einer Genossenschaftsbank kennt sie den Führungsalltag nicht nur von außen, sondern von innen. Ihre Botschaft: Fachliche Exzellenz plus menschliche Ebene ist möglich. Sie plädiert für eine Arbeitswelt, die zielgerichtet, potenzialorientiert und von Freude bestimmt ist.

Nach einer klassischen Bankaus- und -weiterbildung hat Beate Hackmann zunächst als Prüferin gearbeitet, dann ca. 16 Jahre lang Leitungsfunktionen in Banken innegehabt, zuletzt 13 Jahre als Vorstand einer Genossenschaftsbank. Mit dem Durchlaufen vieler Stationen hat sie fundiertes Business- und Management-Know-how aufgebaut. 2008 führte sie „ihre" Bank vollkommen schadlos für Inhaber und Kunden durch die Finanzmarktkrise – nicht durch Glück und Zufall, sondern durch eine besondere, behutsame und nachhaltige Form der Führung, die sie schon seit längerem praktizierte.

Beate Hackmann hat die Bank verlassen, um selbständig tätig zu sein und unterstützt heute Unternehmen, Führungskräfte und Privatleute darin, ihre vollen Potenziale zu erschließen.

HANSER

In 7 Zügen zum Unternehmer!

Grichnik
Entrepreneurial Living
Unternimm dein Leben
In 7 Zügen zur Selbstständigkeit
232 Seiten. Gebunden
€ 24,99. ISBN 978-3-446-44631-1

Auch einzeln als E-Book erhältlich
€ 19,99. E-Book-ISBN 978-3-446-44972-5

Egal, ob wir uns vornehmen, das neue Amazon zu entwickeln, eine Bar zu eröffnen oder mit unseren Freunden ein Hilfswerk ins Leben zu rufen: Es gibt tausend Gründe, um zu gründen – und in uns allen steckt ein Unternehmer!

Dieses Buch zeigt in sieben Zügen, was es braucht, um sich mit Humor und Freude an das unternehmerische Leben heranzuwagen und das persönliche Glück in der Eigenverantwortung zu finden.

»Ein exzellenter Leitfaden zum Start der eigenen Unternehmerkarriere. Einfach anzuwenden, unterhaltsam und vielfach erprobt mit Unternehmern an der Universität St. Gallen.«
Prof. Dr. Miriam Meckel, Chefredakteurin der Wirtschaftswoche

Mehr Informationen finden Sie unter www.hanser-fachbuch.de

HANSER

Wecke die 7 Kreativen in dir!

Friesike, Gassmann
Kreativcode
Die sieben Schlüssel für persönliche und berufliche Kreativität
200 Seiten
€ 14,99. ISBN 978-3-446-44557-4

Auch als E-Book erhältlich
€ 11,99. E-Book-ISBN 978-3-446-44610-6

Wir alle tragen den Kreativcode in uns, doch wir lassen unsere Kreativität zu oft verkommen. Im Laufe unserer Kindheit, unserer Jugend und auch noch im Erwachsenenalter wird sie durch die unterschiedlichsten Zwänge unterdrückt, bis sie vollkommen verschwunden ist. Doch wer nicht versucht, kreativ zu sein und neue Problemlösungen zu entwickeln, läuft Gefahr, bald selbst zum Problem zu werden.

Unser Kreativcode lässt sich auf sieben grundlegende Eigenschaften reduzieren, auf sieben Eigenschaften, die jeweils einen ganz eigenen Charakter darstellen: der Künstler, der Rebell, der Enthusiast, der Asket, der Träumer, der Imitator und der Virtuose. Wenn wir alle sieben Eigenschaften vereinen, dann sind wir KREATIV! Dieses Buch zeigt – überaus anschaulich und unterhaltsam – was diese Charaktere ausmacht und wie sie der Leser selbst entschlüsseln kann.

Mehr Informationen finden Sie unter **www.hanser-fachbuch.de**

HANSER

Ungehemmte Problemlösung

Mack
Muster durchbrechen – Neue Kreativität finden – Probleme lösen
Mit systemischem Denken zum Erfolg
280 Seiten. Pappband
€ 26,43. ISBN 978-3-446-44929-9

Auch einzeln als E-Book erhältlich
€ 21,99. E-Book-ISBN 978-3-446-44975-6

Die Lösung für eine Fragestellung ist auf das begrenzt, was wir momentan denken können. Unter Stress engt sich unser Blickwinkel dann noch auf die Reproduktion von Mustern ein. Doch genau in solchen Situationen ist eine hohe Problemlösekompetenz gefragt! Wir müssen also unsere gewohnten Denkmuster durchbrechen, um neue Ideen entwickeln zu können.

Wie das funktionieren kann, zeigt dieses Buch. Anhand von gezielten Fragen, Perspektivenwechsel und Stören des Gewohnten wird der Leser nach und nach dazu befähigt, die eigene Denk- und Reflexionsfähigkeit zu entdecken und zu stärken. Dabei werden 48 hemmende Denkmuster vorgestellt (z.B. sich selber im Weg stehen oder wenn Feindbilder wirken) und gezeigt, wie diese überwunden werden können.

Mehr Informationen finden Sie unter www.hanser-fachbuch.de

Die Weisheit der List

Von Senger
36 Strategeme für Manager
5., überarbeitete Auflage
240 Seiten. Pappband
€ 26,00. ISBN 978-3-446-45105-6

Auch einzeln als E-Book erhältlich
€ 20,99. E-Book-ISBN 978-3-446-45090-5

Harro von Senger gilt als DER Experte für chinesische Planungskunst – insbesondere für die »36 Strategeme«, die er im Westen bekannt gemacht hat. Die 36 Strategeme sind »Techniken der List« in Gestalt von Sprachformeln wie »Das Schaf mit leichter Hand wegführen« oder »Den dürren Baum mit Blüten schmücken«. So gut wie jeder Chinese kennt sie und wendet sie an, während ihre Bedeutung hierzulande unterschätzt oder gar ignoriert wird.

»In unserem europäischen Kulturkreis müssen wir lernen, listensensibler zu sein und die List nicht von vornherein zu verteufeln, sondern sie als etwas zum Alltag Gehörendes anzuerkennen. (...) Im Chinesischen wird übrigens für die Worte List und Weisheit dasselbe Schriftzeichen benutzt.«
Harro von Senger

Mehr Informationen finden Sie unter **www.hanser-fachbuch.de**

ANZEIGE

Noch mehr Gutes ?

„Bunt gewinnen" – statt einsam zu führen,
gemeinsam Kräfte entfalten - Führung erleichtern,
Zukunft sichern – dabei unterstützen wir Sie in Form von
- Interimsmanagement
- Führungskräfte-Coaching und Training
- Strategieentwicklung und –umsetzung
- Motivational speaking und Trainings

Weitere Informationen finden Sie unter:
www.beatehackmann.com.

Stöbern Sie in blog, podcast und mehr...
Damit auch Sie „bunt gewinnen".

Ihre Beate Hackmann

Hauptstr. 41, 77960 Seelbach
info@beatehackmann.com
www.beatehackmann.com
Telefon: +49 (0)176 / 316 966 36